Personengesellschaften in Steuerverfahren

FINANZ- UND STEUERRECHT IN DEUTSCHLAND UND EUROPA

Herausgegeben von Klaus-Dieter Drüen,
Hanno Kube und Rainer Wernsmann

Band 33

Zur Qualitätssicherung und Peer Review der vorliegenden Publikation

Die Qualität der in dieser Reihe erscheinenden Arbeiten wird vor der Publikation durch Herausgeber der Reihe geprüft.

Notes on the quality assurance and peer review of this publication

Prior to publication, the quality of the work published in this series is reviewed by editors of the series.

Nina Erm

Personengesellschaften in Steuerverfahren

Verfahrensklarheit trotz Einheit und Vielheit

PL ACADEMIC RESEARCH

Bibliografische Information der Deutschen Nationalbibliothek
Die Deutsche Nationalbibliothek verzeichnet diese Publikation in der Deutschen Nationalbibliografie; detaillierte bibliografische Daten sind im Internet über http://dnb.d-nb.de abrufbar.

Zugl.: Düsseldorf, Univ., Juristische Fakultät, Diss., 2016

Erstgutachter: Prof. Dr. Klaus-Dieter Drüen
Zweitgutachterin: Prof. Dr. Charlotte Kreuter-Kirchhof
Jahr der mündlichen Prüfung: 2016

D 61
ISSN 1863-141X
ISBN 978-3-631-67931-9 (Print)
E-ISBN 978-3-653-07140-5 (E-Book)
DOI 10.3726/978-3-653-07140-5

PL Academic Research ist ein Imprint der Peter Lang GmbH.

Peter Lang – Frankfurt am Main · Bern · Bruxelles · New York · Oxford · Warszawa · Wien

Diese Publikation wurde begutachtet.

www.peterlang.com

Meiner Familie

Vorwort

Die Juristische Fakultät der Heinrich-Heine-Universität Düsseldorf hat die vorliegende Abhandlung im Sommersemester 2015 als Dissertation angenommen.

Herzlich danken möchte ich zunächst meinem Doktorvater, Prof. Dr. *Klaus-Dieter Drüen*, für die engagierten Denkanstöße bei der Themenfindung, die fortwährende Betreuung meiner Dissertation sowie die überaus angenehme und lehrreiche Zeit sowohl als studentische als auch wissenschaftliche Mitarbeiterin an seinem Lehrstuhl.

Prof. Dr. *Charlotte Kreuter-Kirchhof* danke ich für die rasche Erstellung des Zweitgutachtens.

Ich danke den Herausgebern Prof. Dr. *Klaus-Dieter Drüen*, Prof. Dr. *Hanno Kube* und Prof. Dr. *Rainer Wernsmann* für die Aufnahme meiner Arbeit in diese Schriftenreihe.

Meinen ehemaligen Kolleginnen und Kollegen vom Lehrstuhl für Unternehmenssteuerrecht, Bilanzrecht und Öffentliches Recht in Düsseldorf danke ich für die gute Zusammenarbeit und die vielen schönen Jahre am Lehrstuhl.

Mein ganz besonderer Dank gebührt meinen Eltern, meiner Schwester und meinem Ehemann für ihre verständnisvolle Unterstützung während meiner gesamten Ausbildung. Ihres Rückhalts kann ich mir immer sicher sein.

Düsseldorf, im Mai 2016 *Nina Erm*

Inhaltsverzeichnis

Dritter Teil
Bestandsaufnahme verfahrensrechtlicher Probleme im einheitlichen und gesonderten Feststellungsverfahren bei Personengesellschaften und ihren Gesellschaftern

Abkürzungsverzeichnis

a.A.	Anderer Ansicht
Abs.	Absatz
Abschn.	Abschnitt
AcP	Archiv für civilistische Praxis (Zeitschrift)
AdV	Aussetzung der Vollziehung
AEAO	Anwendungserlass zur Abgabenordnung
a.F.	alte Fassung
AGG	Arbeitsgerichtsgesetz
Anm.	Anmerkung
AO	Abgabenordnung
AO-StB	Der AO-Steuerberater (Zeitschrift)
AöR	Archiv des öffentlichen Rechts (Zeitschrift)
Art.	Artikel
AStG	Gesetz über die Besteuerung bei Auslandsbeziehungen
Aug.	August
Az.	Aktenzeichen
BB	Betriebs-Berater (Zeitschrift)
Bd.	Band
Begr.	Begründer
betr.	betreffend
BFH	Bundesfinanzhof
BFH / NV	Sammlung amtlich nicht veröffentlichter Entscheidungen des Bundesfinanzhofs
BFH / PR	Entscheidungen des BFH für die Praxis der Steuerberatung (Zeitschrift)
BGB	Bürgerliches Gesetzbuch
BGBl.	Bundesgesetzblatt
BGH	Bundesgerichtshof
BGHZ	Amtliche Sammlung von Entscheidungen des Bundesgerichtshofs in Zivilsachen
BStBl. I bis III	Bundessteuerblatt, Teil I bis III
BStGB-E	Bundessteuergesetzbuch Entwurf
BT-Drucks.	Drucksachen des deutschen Bundestages
BVerfG	Bundesverfassungsgericht

BVerfGE	Amtliche Sammlung von Entscheidungen des Bundesverfassungsgerichts
BVerwG	Bundesverwaltungsgericht
bzw.	beziehungsweise
DB	Der Betrieb (Zeitschrift)
ders.	derselbe
Dez.	Dezember
dies.	dieselbe / dieselben
DÖV	Die öffentliche Verwaltung (Zeitschrift)
DStJG	Deutsche Steuerjuristische Gesellschaft e.V.
DStR	Deutsches Steuerrecht (Zeitschrift)
DStZ	Deutsche Steuerzeitung (Zeitschrift)
DVBl.	Deutsches Verwaltungsblatt (Zeitschrift)
EFG	Entscheidungen der Finanzgerichte (Zeitschrift)
Einf.	Einführung
EMRK	Europäische Menschenrechtskonvention
EStG	Einkommensteuergesetz
EU	Europäische Union
f., ff.	folgend, folgende
Feb.	Februar
FG	Finanzgericht
FGO	Finanzgerichtsordnung
Fn.	Fußnote
FR	Finanzrundschau (Zeitschrift)
GbR	Gesellschaft bürgerlichen Rechts
gem.	gemäß
GewStG	Gewerbesteuergesetz
GG	Grundgesetz
ggf.	gegebenenfalls
GmbH	Gesellschaft mit beschränkter Haftung
GmbH & Co. KG	Gesellschaft mit beschränkter Haftung & Compagnie Kommanditgesellschaft
GmbHR	GmbH-Rundschau (Zeitschrift)
GmbH-StB	Der GmbH-Steuer-Berater (Zeitschrift)
GmS-OGB	Gemeinsamer Senat der obersten Gerichtshöfe des Bundes
GrCH	Charta der Grundrechte der EU

grds.	grundsätzlich
GrEStG	Grunderwerbsteuergesetz
GrS	Großer Senat
GVG	Gerichtsverfassungsgesetz
HFR	Höchstrichterliche Finanzrechtsprechung (Zeitschrift)
HGB	Handelsgesetzbuch
Hrsg.	Herausgeber
IStR	Internationales Steuerrecht (Zeitschrift)
ISR	Die internationale Steuer-Rundschau (Zeitschrift)
i.S.d.	im Sinne der / des
i.V.m.	in Verbindung mit
Jan.	Januar
JbFSt.	Jahrbuch der Fachanwälte für Steuerrecht
JR	Juristische Rundschau (Zeitschrift)
JStG	Jahressteuergesetz
Jura	Juristische Ausbildung (Zeitschrift)
jurisPR-SteuerR	Juris Praxis Report Steuerrecht (Zeitschrift)
JZ	Juristen Zeitung (Zeitschrift)
KG	Kommanditgesellschaft
KÖSDI	Kölner Steuerdialog (Zeitschrift)
KSt	Körperschaftsteuer
KStG	Körperschaftsteuergesetz
KStG-E	Entwurf eines Körperschaftsteuergesetzes
Lfg.	Lieferung
m.w.N.	mit weiteren Nachweisen
n.F.	neue Fassung
NJW	Neue Juristische Wochenschrift (Zeitschrift)
Nov.	November
Nr.	Nummer
NVwZ	Neue Zeitschrift für Verwaltungsrecht (Zeitschrift)
NWB	Neue Wirtschaftsbriefe (Zeitschrift)
NZI	Neue Zeitschrift für Insolvenz und Sanierungsrecht (Zeitschrift)
OHG	Offene Handelsgesellschaft
Okt.	Oktober

RAO	Reichsabgabenordnung
Rdnr.	Randnummer
Rev.	Revision
RFH	Reichsfinanzhof
RGBl.	Reichsgerichtsblatt
Rn.	Randnummer
Rspr.	Rechtsprechung
RStBl.	Reichssteuerblatt
Rz.	Randzahl
S.	Seite
Sept.	September
SGB X	Zehntes Buch Sozialgesetzbuch
SGG	Sozialgerichtsordnung
sog.	sogenannt (e)
st. Rspr.	ständige Rechtsprechung
StB	Der Steuerberater (Zeitschrift)
Stbg	Die Steuerberatung (Zeitschrift)
StbJb.	Steuerberater-Jahrbuch
SteuerStud	Steuer und Studium (Zeitschrift)
SteuK	Steuerrecht kurzgefaßt (Zeitschrift)
StuW	Steuer und Wirtschaft (Zeitschrift)
Tz.	Textziffer
Ubg	Die Unternehmensbesteuerung (Zeitschrift)
UStG	Umsatzsteuergesetz
VerwArch	Verwaltungsarchiv – Zeitschrift für Verwaltungslehre, Verwaltungsrecht und Verwaltungspolitik (Zeitschrift)
VVDStRL	Veröffentlichungen der Vereinigung der Deutschen Staatsrechtslehrer
VwGO	Verwaltungsgerichtsordnung
VwVfG	Verwaltungsverfahrensgesetz
z.B.	zum Beispiel
ZIP	Zeitschrift für Wirtschaftsrecht (Zeitschrift)

Erster Teil

Einleitung

§ 1 Gegenstand und Gang der Untersuchung

Die richtige Erfassung des Verhältnisses zwischen dem Verfahrensrecht und dem materiellen Recht ist in allen Rechtsgebieten seit jeher problematisch[1]. *Zöllner* hat bereits für das Zivilrecht festgestellt, dass das materielle Recht stets „nur die halbe Wahrheit" sei[2].

Der überwiegende Teil der steuerrechtlichen Literatur und auch die Finanzrechtsprechung befassen sich zumeist mit komplexen materiell-rechtlichen Problemen, die Personengesellschaften aufwerfen, während verfahrensrechtliche Fragen eher selten erörtert werden[3]. Dies entspricht einer allgemeinen Tendenz das Verfahrensrecht, dem gerne nur eine „dienende Funktion"[4] zugesprochen wird, im Verhältnis zum materiellen Recht als nachrangiges Recht anzusehen[5].

Gleichwohl fällt auf, dass zurzeit vermehrt rein verfahrensrechtlich geprägte Streitfälle bis an das höchste Steuergericht – den Bundesfinanzhof – gelangen[6]. Anhand der neueren Entscheidungen des Bundesfinanzhofs wird deutlich, dass im Hinblick auf Personengesellschaften in Steuerverfahren enorme Probleme bestehen[7]. Nicht zu Unrecht wurde die Personengesellschaft im Ertragsteuerrecht daher bereits vor über 25 Jahren als eine „persona mystica" bezeichnet[8].

---

1 Für das Zivilrecht: *Henckel*, Prozessrecht und materielles Recht, 1970, passim; *Rupp*, in Festschrift Bachof, 1984, S. 151 (162 ff.); *Zöllner*, AcP 90 (1990), S. 471. Für das Steuerrecht: *von Groll*, FR 2007, 540; *ders.* DStJG 18 (1995), S. 47; *Tipke*, StuW 2004, 3.

2 *Zöllner*, AcP 90 (1990), S. 471 (474).

3 *Seer* stellt in DStJG 31 (2008), S. 1 zur Eröffnung der Jahrestagung treffend fest, dass man unter den Generalthemen vergebens nach dem Steuerverfahren suche.

4 Zur dienenden Funktion des Verwaltungsverfahrens jüngst *Quabeck*, Dienende Funktion des Verwaltungsverfahrens und Prozeduralisierung, 2010.

5 Für das Steuerrecht feststellend: *Tipke*, StuW 2004, 3; ferner *von Groll*, DStJG 18 (1995), S. 47 (48); zum allgemeinen Verwaltungsverfahren: *Quabeck*, Dienende Funktion des Verwaltungsverfahrens und Prozeduralisierung, 2010; *Schmidt-Aßmann*, Grundlagen des Verwaltungsrechts, Bd. II², 2012, § 27 Rn. 64; *J.-P. Schneider*, Grundlagen des Verwaltungsrechts, Bd. II², 2012, § 28 Rn. 1; *Gurlit*, Der Eigenwert des Verfahrens im Verwaltungsrecht, in VVDStRL 70 (2011), S. 227 (238).

6 Dazu Teil 3 der Arbeit.

7 Dazu Teil 3 der Arbeit.

8 *Groh*, DB 1991, 879 (881).

Ein Abgleich zwischen dem materiellem Recht und dem Verfahrensrecht der Personengesellschaft ist in der Literatur – soweit ersichtlich – kaum erfolgt[9]. Indes ist bei genauerer Betrachtung festzustellen, dass das steuerliche Verfahrensrecht für die Personengesellschaft und ihre Gesellschafter mit der materiell-rechtlichen Lage nicht optimal abgestimmt ist[10]. Während die Personengesellschaft von der Rechtsprechung im Einkommensteuerrecht als begrenztes Steuerrechtssubjekt angesehen wird[11], wird verfahrensrechtlich entweder auf die Gesellschaft als Rechtssubjekt oder auf die Gesellschafter als Rechtssubjekt abgestellt. Sowohl auf der materiell-rechtlichen Ebene als auch auf der verfahrensrechtlichen Ebene ist keine klare Linie zu erkennen.

Das Grundproblem der Behandlung von Personengesellschaften im Ertragsteuerrecht resultiert daraus, dass es eine Einkommensbesteuerung der Personengesellschaft als solcher nicht gibt[12]. Während die Kapitalgesellschaft als juristische Person[13] selbst Steuerrechtssubjekt ist und daher der Körperschaftsteuer unterliegt, ist die Personengesellschaft mangels der Eigenschaft als natürlicher oder juristischer Person, weder Einkommen- noch Körperschaftsteuerrechtssubjekt[14]. Darum können nur die Gesellschafter als Rechtssubjekte einer Besteuerung im Einkommensteuerrecht unterliegen.

Gleichwohl wird der Personengesellschaft von der Rechtsprechung des Bundesfinanzhofs im Einkommensteuerrecht die Stellung eines Einkünfteerzielungs- und

---

9 Dazu nur *Herrmann*, DStZ 1998, 87 (90 ff.); allein feststellend: *von Groll*, Gedächtnisschrift Trzaskalik, 2005, S. 19 (29); *ders.*, FR 2007, 540 (541).

10 *Herrmann*, DStZ 1998, 87 (91); *Steinhauff*, in Hübschmann/Hepp/Spitaler, AO/FGO, § 48 FGO Rz. 22 (März 2012); *Drüen*, in Tipke/Kruse, AO/FGO, § 33 AO Tz. 68 (Okt. 2015); *von Groll*, Gedächtnisschrift Trzaskalik, 2005, S. 19 (29).

11 BFH, Urteil vom 25.6.1984 – GrS 4/82, BStBl. II 1984, 751 (761 f.); BFH, Beschluss vom 3.7.1995 – GrS 1/93, BStBl. II 1995, 617; BFH, Beschluss vom 11.4.2005 – GrS 2/02, BStBl. II 2005, 679 (682).

12 Ebenso *Steinhauff*, in Hübschmann/Hepp/Spitaler, AO/FGO, § 48 FGO Rz. 18 (März 2012); *Kempermann*, DStZ 1995, 225. Darum ist der häufig verwendete Begriff „Besteuerung der Personengesellschaften" – insbesondere gerne als Buchtitel aufzufinden – geeignet zu einer Fehleinschätzung der Lage zu verleiten. Er sollte daher vermieden werden. Ebenso *Birk/Desens/Tappe*, Steuerrecht[18], 2015, Rz. 1102.

13 Zur juristischen Person als Rechtssubjekt im Körperschaftsteuerrecht eingehend *Palm*, Person im Ertragsteuerrecht, 2013, S. 28 ff., 472 ff.

14 Dazu *Hennrichs*, in Tipke/Lang, Steuerrecht[22], 2015, § 10 Rz. 10; *Reiß*, in Kirchhof, EStG[15], 2016, § 15 Rz. 162; *ders.*, in Leitgedanken des Rechts, Bd. II, 2013, § 177 Rz. 4; *Hüttemann*, Einkünfteermittlung bei Gesellschaften, DStJG 34 (2011), S. 291 (292).

Gewinnermittlungssubjekt zugesprochen[15]. Darum existieren der Rechtsprechung zufolge im Rahmen des materiellen Rechts zwei Rechtssubjekte – die natürliche Person und die Personengesellschaft. Es stellt sich nunmehr die Frage, wie die mangelnde Abstimmung zwischen den Rechtssubjekten im Verfahrensrecht und den Rechtssubjekten im materiellen Recht bestmöglich aufzulösen ist.

Ziel dieser Untersuchung soll es sein, Lösungsansätze zu entwickeln, um das materielle Recht und das Verfahrensrecht der Personengesellschaft besser aufeinander abzustimmen[16]. Fraglich wird hierbei sein, welches Recht sich anzupassen hat. Zum einen könnte die These vertreten werden, dass sich das Verfahrensrecht aufgrund seines nur „dienenden Charakters“ dem materiellen Recht anzupassen habe. Gleichermaßen könnte aber verlangt werden, dass sich das materielle Recht dem Verfahrensrecht anzupassen habe.

Ausgangspunkt der Arbeit ist eine Bestandsaufnahme der Behandlung der Personengesellschaft und ihrer Gesellschafter im materiellen Recht durch die Rechtsprechung[17]. Im Anschluss daran folgt eine Darstellung der verfahrensrechtlichen Probleme einer Personengesellschaft, um sich die Mängel des gegenwärtigen Rechts bewusst zu machen[18]. Sodann erfolgt ein Abgleich zwischen Verfahrensrecht und materiellem Recht[19]. Dem folgt die Darstellung eines „Positiv-Beispiels“, namentlich der Gewerbesteuer[20]. Im Folgenden wird erörtert, ob die aus der mangelnden Abstimmung zwischen Verfahrensrecht und materiellem Recht herrührenden Konsequenzen mit höherrangigem Recht vereinbar sind[21]. Im vierten Teil der Arbeit werden Lösungsansätze erarbeitet. Am Ende werden die wesentlichen Ergebnisse sowie ein Ausblick aufgezeigt[22].

Der etwas weiter geschnittene Titel der Arbeit „Personengesellschaften in Steuer*verfahren*“ soll bereits verdeutlichen, dass sich die folgenden Erörterungen nicht nur auf das Verfahrensrecht der Abgabenordnung beziehen sollen. Vielmehr wird auch die Finanzgerichtsordnung in den Blick genommen. Darum ist unter der Begrifflichkeit „Steuerverfahren“ sowohl das finanzbehördliche als

---

15 Grundlegend BFH, Beschluss vom 25.6.1984 – GrS 4/82, BStBl. II 1984, 751 (762); zudem BFH, Beschluss vom 3.7.1995 – GrS 1/93, BStBl. II 1995, 617; BFH, vom 11.4.2005 – GrS 2/02, BStBl. II 2005, 679 (682).

16 Dazu Teil 4 der Arbeit.

17 Dazu Teil 2 der Arbeit.

18 Dazu Teil 3 der Arbeit.

19 Dazu § 8 der Arbeit.

20 Dazu § 9 der Arbeit.

21 Dazu § 10 der Arbeit.

22 Dazu § 14 der Arbeit.

auch das finanzgerichtliche Verfahren zu verstehen. Zudem beziehen sich die Begrifflichkeiten „formelles Recht“ und „Verfahrensrecht“ sowohl auf die Abgabenordnung als auch auf die Finanzgerichtsordnung. Eine gesonderte Unterscheidung zwischen Verfahrens- und Prozessrecht erfolgt damit nicht[23].

23 Gleichermaßen bezieht sich *Steinhauff*, in Hübschmann/Hepp/Spitaler, AO/FGO, § 48 FGO Rz. 18, 62 (März 2012) mit dem Begriff „Verfahrensrecht“ sowohl auf Normen der Abgabenordnung als auch auf solche der Finanzgerichtsordnung. Ferner *von Groll*, FR 2007, 540 (541); *Tipke*, StuW 2004, 3 (4 ff.).

Zweiter Teil

Zum materiellen Recht der Personengesellschaft und ihrer Gesellschafter im einheitlichen und gesonderten Feststellungsverfahren: „Stand des Irrtums“

§ 2 Das Wechselspiel von Einheits- und Vielheitsbetrachtung

I. Einführung

Das Verfahrensrecht und das materielle Recht der Personengesellschaft und ihrer Gesellschafter im Rahmen der einheitlichen und gesonderten Feststellung sind bei der Einkommensteuer nicht voll aufeinander abgestimmt. Dass Unklarheiten hinsichtlich der ertragsteuerlichen Behandlung von Personengesellschaften bestehen, verdeutlichen bereits die zahlreichen Entscheidungen des Großen Senats des Bundesfinanzhofs zu diesem Themenkreis seit den 1980er Jahren[24]. Ursache für diese mangelnde Abstimmung ist das bis in die Gegenwart bestehende, unklare Verhältnis zwischen den Rechtssubjekten Gesellschaft und Gesellschafter[25]. Die Rechtsprechung schwankt seit Aufgabe der Bilanzbündeltheorie, welche das Transparenzprinzip in Reinform verwirklichte, zwischen den materiellen Besteuerungskonzepten „Einheit der Gesellschaft" und „Vielheit der Gesellschafter"[26]. Im Zuge dessen hat die Rechtsprechung die Personengesellschaft im Ertragsteuerrecht als „partielles Steuerrechtssubjekt" anerkannt[27].

Die Hauptursache für das „Schwanken" zwischen Transparenz- und Trennungsprinzip und die dadurch bedingte mangelnde Abstimmung zwischen Verfahrensrecht und materiellem Recht der Personengesellschaft liegt darin, dass die Personengesellschaft im geltenden Besteuerungssystem der einheitlichen und gesonderten Feststellung keine gesetzliche Steuersubjekteigenschaft innehat. Sie wird weder als natürliche Person nach dem Einkommensteuerrecht besteuert noch als juristische Person nach dem Körperschaftsteuerrecht. Vielmehr werden Personengesellschaften transparent durch ihre Gesellschafter hindurch im Einkommensteuerrecht besteuert (sog. Durchgriff). Die Kapitalgesellschaft wird hingegen als Steuerrechtssubjekt nach dem sog. Trennungsprinzip besteuert.

---

24 Dazu die Übersicht von *Schön*, StuW 1996, 275 ff.

25 *Groh*, DB 1991, 879 (881) bezeichnet die Personengesellschaft im Ertragsteuerrecht in diesem Zusammenhang treffend als eine „persona mystica".

26 Dazu *Schön*, StuW 1996, 275 (288); *ders.*, in Dötsch/Herlinghaus/Hüttemann/Lüdicke/Schön, Die Personengesellschaft im Steuerrecht, 2011, S. 139 ff; *Hallerbach*, Die Personengesellschaft im Einkommensteuerrecht, 1999, S. 136; *Pinkernell*, Einkünftezurechnung bei Personengesellschaften, 2001, S. 41 ff.; jüngst *Hennrichs*, FR 2010, 721 f.; *ders.*, in Tipke/Lang, Steuerrecht[22], 2015, § 10 Rz. 12.

27 Dazu im Folgenden unter § 2 III. 2. a).

Damit werden im deutschen Steuerrecht Personengesellschaften und Kapitalgesellschaften einer unterschiedlichen Besteuerung unterworfen – sog. rechtsformabhängige Unternehmensbesteuerung. Im Folgenden soll dieser Dualismus von Einkommensteuer und Körperschaftsteuer kurz umrissen werden[28].

II. Zum Dualismus der Unternehmensbesteuerung. Die Rechtsnatur der Personengesellschaft als Problem

Die Unternehmensbesteuerung ist im deutschen Steuerrecht traditionell rechtsformabhängig ausgestaltet[29]. Es besteht ein Dualismus von proportionaler Körperschaftsteuer und progressiver Einkommensteuer[30], dessen Überwindung schon immer im Fokus von Reformvorschlägen stand[31]. Je nachdem ob ein Unternehmen in Form einer Personen- oder Kapitalgesellschaft besteht, wird entweder nach dem sog. Transparenzprinzip im Einkommensteuerrecht besteuert oder auf das Körperschaftsteuerrecht für die Gesellschaft abgestellt (sog. Trennungsprinzip). Das Bundesverfassungsgericht erhebt gegen die rechtsformabhängige Besteuerung – trotz enormer Kritik im Schrifttum[32] – keine verfassungsrechtlichen Bedenken[33].

---

28 Zu umfassenden Nachweisen zum Dualismus der Unternehmensbesteuerung siehe nur *Hennrichs*, in Tipke/Lang, Steuerrecht[22], 2015, § 10 Rz. 1 ff. sowie *Hey*, in Tipke/Lang, Steuerrecht[22], 2015, § 13 Rz. 168 ff.; *Tipke*, Die Steuerrechtsordnung, Bd. II[2], 2003, S. 1191 ff. Zudem die zahlreichen Tagungsbände der DStJG. Statt vieler siehe „Perspektiven der Unternehmensbesteuerung", DStJG 25 (2002).

29 Eine getrennte steuerliche Behandlung von juristischen Personen im Körperschaftsteuergesetz und natürlichen Personen im Einkommensteuergesetz erfolgt seit dem Reichskörperschaftsteuergesetz vom 30.3.1920 (RGBl. I 1920, 393 ff). Zur historischen Entwicklung näher *Seer*, Die Entwicklung der GmbH-Besteuerung, 2005, S. 40 f. Zudem *Lang*, NJW 2006, 2209; *Drüen*, GmbHR 2008, 393.

30 *Drüen*, GmbHR 2008, 393; *Lang*, NJW 2006, 2209.

31 Zu der Forderung nach rechtsformneutraler Besteuerung siehe nur die mannigfaltigen Dissertationen aus jüngerer Zeit im Rahmen der Literaturauswahl bei *Hey*, in Tipke/Lang, Steuerrecht[22], 2015, § 13 vor Rz. 168. Zudem die umfangreichen Literaturbeiträge – statt vieler *Lang*, StuW 1989, 3 (6 ff.) und *Hey*, DStJG 24 (2001), S. 155 ff.

32 Statt vieler *Hey*, DStJG 24 (2001), S. 155 ff.; *Hennrichs*, in Tipke/Lang, Steuerrecht[22], 2015, § 10 Rz. 1 ff. m.w.N.

33 BVerfG, Nichtannahmebeschluss vom 24.3.2010 – 1 BvR 2130/09, NJW 2010, 2116: „Art. 3 Abs. 1 GG enthält kein allgemeines Verfassungsgebot einer rechtsformneutralen Besteuerung". Ferner BVerfG, Beschluss vom 21.6.2006 – 2 BvL 2/99, BVerfGE 116, 164. Im Grundsatz gleiche Ansicht *Pelka*, StuW 2000, 389 ff. und *Drüen*, GmbHR 2008, 393 ff., die beide in ihren Beiträgen untersuchen, inwieweit das Grundgesetz eine

Das Grundproblem der Behandlung von Personengesellschaften im Ertragsteuerrecht beruht also darauf, dass es eine Einkommensbesteuerung der Personengesellschaft als solcher nicht gibt[34]. Die Personengesellschaft – von ihrem Rechtscharakter weder natürliche noch juristische Person – ist daher nicht einkommen- oder körperschaftsteuerpflichtig. Auch wird sie im Gegensatz zu einem nichtrechtsfähigen Verein, der nach § 1 Abs. 1 Nr. 5 KStG der Körperschaftsteuer unterliegt, nicht wie eine juristische Person behandelt[35]. Darum können nur die Gesellschafter einer Personengesellschaft im geltenden Recht einer Einkommensbesteuerung unterliegen.

Im Folgenden sollen die Entwicklungen in der Rechtsprechung zum Verhältnis der Personengesellschaft und ihrer Gesellschafter ausgehend von der sog. Bilanzbündeltheorie nachgezeichnet werden[36].

III. Die Entwicklung in der Rechtsprechung

1. Die Bilanzbündeltheorie

a) Die Anfänge der Bilanzbündeltheorie

Unter dem maßgebenden Einfluss von *Enno Becker*[37] wurde die Existenz der Personengesellschaft im Einkommensteuerrecht durch die Rechtsprechung des

rechtsformneutrale Besteuerung fordert. Auch der 66. Deutsche Juristentag 2006 führte hinsichtlich des Gebots einer rechtsformneutralen Besteuerung aus: „Die dualistische Struktur der Unternehmensbesteuerung – Trennungsprinzip bei juristischen Personen und Transparenzprinzip bei Personenunternehmen – hat sich bewährt. Sie entspricht – bei typisierender Betrachtung – zivilrechtlichen Rechtsformunterschieden und sollte daher beibehalten werden" (Verhandlungen Des Sechsundsechzigsten Deutschen Juristentages, Bd. II/1, 2006, Teil Q 170 Rz. 18). Kritisch hingegen betreffend BVerfG vom 21.6.2006 *Hennrichs/Lehmann*, StuW 2007, 16 ff; *Hennrichs*, FR 2010, 721 (723) sowie *Keß*, FR 2006, 869 ff.

34 Dazu *Reiß*, Stbg 1999, 356 (357); *Steinhauff*, in Hübschmann/Hepp/Spitaler, AO/FGO, § 48 FGO Rz. 18 (März 2012); *Kempermann*, DStZ 1995, 225.

35 *Kempermann*, DStZ 1995, 225.

36 Ebenso die Entwicklungen darstellend: *Pinkernell*, Einkünftezurechnung bei Personengesellschaften, 2001, S. 20 ff.; *Kuck*, Steuerrechtssubjektivität mitunternehmerischer Innengesellschaften, 2009, S. 26 ff.; *Bodden*, Einkünftequalifikation bei Mitunternehmern, 2001, S. 18 ff.; *Schön*, StuW 1996, 275 ff.

37 *Becker*, Die Grundlagen der Einkommensteuer, 1940, S. 92 ff.

Reichsfinanzhofs[38] weitestgehend negiert[39]. Nach dieser Konstruktion, die in späteren Jahren als sog. Bilanzbündeltheorie[40] bezeichnet wurde, sollte jeder Gesellschafter einkommensteuerrechtlich den Betrieb der Gesellschaft anteilig als einen eigenen Gewerbebetrieb führen[41]. Die Personengesellschaft als solche wurde für steuerliche Zwecke völlig außer Acht gelassen. Allein der einzelne Gesellschafter wurde als Steuerrechtssubjekt angesehen[42]. Es sollte steuerlich eine Gleichstellung des Gesellschafters mit dem Einzelunternehmer erfolgen[43]. Die Abweichung vom Zivil- und Handelsrecht rechtfertigte *Enno Becker* damit, dass „die Verwendung bürgerlich-rechtlicher Krücken, Notbehelfe und Vorwände nur störend und verwirrend" wirke[44]. Hierbei sollte die Bilanz einer Personengesellschaft nichts anderes sein als ein „Bündel" der Einzelbilanzen der einzelnen Gesellschafter[45]. Der Reichsfinanzhof führt hierzu im Jahre 1937 deutlich aus:

> „Das Einkommensteuergesetz sieht die OHG nicht als selbstständiges Steuersubjekt an, sondern behandelt die Teilhaberschaft daran als selbständigen Gewerbebetrieb jedes einzelnen Mitunternehmers. Die einheitliche Bilanz des Unternehmers ist steuerlich nur eine Zusammenfassung der an sich für jeden einzelnen Mitunternehmer besonders aufzustellenden Bilanz"[46].

---

38 Zur Chronologie der Rechtsprechung des RFH ausführlich *Meßmer*, StbJb. 1972/73, S. 127 (134 ff.); ferner *Kraneis*, Die Grenzen der Bilanzbündeltheorie, 1963, S. 9 ff. Allgemein zur Entstehung der Bilanzbündeltheorie *Haas*, DStR 1997, 1706 (1707 f.).

39 Treffend insoweit *Becker*, Die Grundlagen der Einkommensteuer, 1940, S. 94: „Die Mitunternehmerschaften [...] sind, wenn Sie auch wirtschaftlich noch so lebenskräftige selbständige Gebilde sind, als solche, als besondere steuerfähige und steuerpflichtige Gebilde für die Einkommensteuer [...] überhaupt nicht da".

40 Nach *Meßmer*, StbJb. 1972/73, S. 127 (129), ist die Bezeichnung „Bilanzbündeltheorie" im Schrifttum erstmals von *Böttcher* in StbJb. 1953/54, S. 241 (269) gebraucht worden. Von der Rechtsprechung ist die Bezeichnung „Bilanzbündeltheorie" erstmals in BFH, Urteil vom 11.12.1956 – I 194/56 U, BStBl. III 1957, 105 (106) verwendet worden.

41 Bereits angedeutet RFH, Urteil vom 6.2.1930 – VI A 1506/28, StuW 1930, 525 (526); RFH, Urteil vom 31.8.1937 – I A 216/37, RStBl. 1937, 1272 f.

42 Dazu *Lang*, in Festschrift L. Schmidt, 1993, S. 291.

43 RFH, Urteil vom 14.7.1937 – VI A 422/37, RStBl. 1937, 937.

44 *Becker*, Die Grundlagen der Einkommensteuer, 1940, S. 429. Weiter *Becker*: „[...] wie notwendig es ist, daß das Steuerrecht [...] losgelöst von bürgerlich-rechtlichen oder handelsrechtlichen Vorstellungen seinen eigenen Weg gehen muß."

45 Bereits angedeutet RFH, Urteil vom 20.6.1928 – VI A 281/28, StuW 1928, 940 (943); deutlich: RFH, Urteil vom 14.7.1937 – VI A 422/37, RStBl. 1937, 937.

46 RFH, Urteil vom 14.7.1937 – VI A 422/37, RStBl. 1937, 937.

Die Bilanzbündeltheorie stellt mithin auf das Prinzip der Vielheit der Gesellschafter ab und verwirklicht das Transparenzprinzip in Reinform, indem sie steuerlich nur auf die einzelnen Gesellschafter durchgreift[47].

b) *Die Übernahme der Bilanzbündeltheorie durch den Bundesfinanzhof*

Der Bundesfinanzhof übernahm zunächst die sog. Bilanzbündeltheorie[48]. Sowohl der Bundesfinanzhof[49] als auch das Bundesverfassungsgericht[50] akzeptierten die völlige Negierung der Personengesellschaft. Der Große Senat des Bundesfinanzhofs führte noch 1970 zum Verständnis der Vorschrift des § 15 Nr. 2 EStG a.F. aus:

> „Diese Vorschrift beruht nach der Rechtsprechung darauf, daß die Personengesellschaft einkommensteuerrechtlich kein Steuersubjekt ist und daß deshalb die einzelnen Mitunternehmer als Steuersubjekte die auf sie entfallenden Gewinnanteile als Einkünfte zu versteuern haben. Sie klärt abweichend vom bürgerlichen Recht das Verhältnis der Personengesellschaft zu ihren Gesellschaftern die der Gesellschaft Dienste leisten (oder Wirtschaftsgüter überlassen), dahin, daß grundsätzlich alles, was die Gesellschafter für ihre Leistungen beziehen, im Rahmen ihres Gewerbebetriebs anfällt und deshalb zu den Gewinnanteilen gehört (…). Der Gesellschafter einer Personengesellschaft soll nach Möglichkeit so gestellt werden, wie er als Einzelunternehmer stünde. Jeder Gesellschafter hat seinen eigenen Betrieb, belastet durch die Rechte seiner Mitgesellschafter“[51].

c) *Die steuerlichen Konsequenzen der Bilanzbündeltheorie*

Die Behandlung der Personengesellschaft als steuerlich nicht existent hatte zur Folge, dass Rechtsbeziehungen zwischen den Gesellschaftern und der Personengesellschaft steuerlich nicht anerkannt wurden[52]. Veräußerungsgeschäfte gegen Entgelt zwischen den Gesellschaftern und der Gesellschaft wurden in Folge dessen als Einlagen oder Entnahmen eingeordnet, wenn die Gegenstände aus dem

---

47 Dazu *Rätke*, in Herrmann/Heuer/Raupach, EStG/KStG, § 15 EStG Anm. 85 (März 2013).

48 Zur Chronologie der Rechtsprechung des BFH ausführlich *Meßmer*, StbJb. 1972/73, S. 127 (177 ff.).

49 BFH, Urteil vom 19.10.1970 – GrS 1/70, BStBl. II 1971, 177.

50 BVerfG, Beschluss vom 15.7.1969 – 1 BvR 457/66, BStBl. II 1969, 718 (720).

51 BFH, Urteil vom 19.10.1970 – GrS 1/70, BStBl. II 1971, 177.

52 RFH, Urteil vom 7.5.1941 – VI 413/40, RStBl. 1941, 554 (555); zu den Konsequenzen der Bilanzbündeltheorie ausführlich *Meßmer*, StbJb. 1972/73, S. 127 (148 ff.); kurz und präzise: *Reiß* in Kirchhof/Söhn/Mellinghoff, EStG/KStG/GewStG, § 15 EStG Rdnr. E 29 ff. (Sept. 1995).

Privatvermögen der Gesellschafter stammten oder in dieses überführt wurden[53]. Gegenstände, welche bürgerlich-rechtlich im Eigentum eines oder mehrerer Gesellschafter standen und dem Betrieb der Gesellschaft dienten, stellten nach der Rechtsprechung notwendiges Betriebsvermögen der Gesellschaft dar[54]. Sonderbetriebsvermögen der Gesellschafter wurde folglich nicht anerkannt.

d) Die Abkehr von der Bilanzbündeltheorie

Die seit Ende der sechziger Jahre verstärkt aufkommende Kritik an der Bilanzbündeltheorie entzündete sich vor allem daran, dass sie im Gesetz, d.h. in der Vorschrift des § 15 Abs. 1 Nr. 2 EStG, keine Stütze fand[55]. Im Schrifttum wurde insbesondere die über den Wortlaut des § 15 Abs. 1 Nr. 2 EStG hinausgehende Einordnung der überlassenen Wirtschaftsgüter als Betriebsvermögen der Gesellschaft kritisiert, da dies im Falle einer Veräußerung, Entnahme oder Betriebsaufgabe immer eine Gewinnrealisierung nach sich zog[56]. Zudem widersprach die völlige Negierung der Personengesellschaft durch die Bilanzbündeltheorie dem handelsrechtlichen Verständnis von der Einheit der Personengesellschaft[57].

Erstmals stellte der Bundesfinanzhof die Bilanzbündeltheorie im Jahre 1971 in Frage und führte hierzu aus:

> „Der in weitem Felde gegen die Bilanzbündeltheorie vorgetragenen Kritik [...] ist darin zuzustimmen, daß die zahlreichen Durchbrechungen dieser „Theorie" Zweifel daran begründen können, ob sie tatsächlich geeignet ist, das Verhältnis der Personengesellschaft zu ihren Gesellschaftern in allen auftauchenden Fragen zufriedenstellend zu klären"[58].

---

53 BFH, Urteil vom 15.11.1957 – IV 43/56 U, BStBl. III 1958, 68 (69).

54 RFH, Urteil vom 23.11.1932 – VI A 782/31, RStBl. 1933, 222 (223); RFH, Urteil vom 19.9.1940 – III 238/39, RStBl. 1940, 980 (981); BFH, Urteil vom 15.11.1957 – VI 43/56 U, BStBl. III 1958, 68 (69); BFH, Urteil vom 3.12.1964 – IV 419/62 U, BStBl. III 1965, 92 (93).

55 Grundlegend *Meßmer*, StbJb. 1972/73, S. 127 ff; *Keuk*, StuW 1974, 1 ff.; *Döllerer*, JbFSt. 1974/75, S. 142; *ders.* DStZ 1974, 211 ff.; *ders.* DStZ 1976, 435 ff.; *Woerner*, BB 1974, 592 ff.; *ders.* BB 1975, 645 ff.; *ders.* BB 1976, 220 ff.; *von Zezschwitz*, FR 1970, 133 ff.; *ders.* FR 1970, 158 ff.; *Markefski*, DStR 1971, 301 ff. Dagegen hatte das BVerfG die Vereinbarkeit der Bilanzbündeltheorie mit dem Gesetz bejaht, da die Bilanzbündeltheorie auf einer zulässigen Auslegung einkommensteuerrechtlicher Vorschriften beruhe (siehe bereits oben).

56 *Fink*, Ist die Bilanzbündeltheorie noch haltbar? StBJb. 1955/56, S. 525 ff.

57 *Knobbe-Keuk*, Bilanz- und Unternehmenssteuerrecht[9], 1993, S. 363 m.w.N.

58 BFH, Urteil vom 29.9.1971 – I R 161/68, BStBl. II 1972, 118 (120).

Mitte der siebziger Jahre erfolgte die endgültige Abkehr von der Bilanzbündeltheorie. Der Bundesfinanzhof erkannte im Jahr 1976 Veräußerungsgeschäfte zwischen der Personengesellschaft und ihren Gesellschaftern[59] sowie Einbringungsvorgänge[60] steuerrechtlich an[61]. Im Jahr 1980 stellte der Große Senat des Bundesfinanzhofs klar, dass der Gewinn oder Verlust der Gesellschaft durch einen Vermögensvergleich der Gesellschaft und nicht durch Vermögensvergleiche der einzelnen Gesellschafter zu ermitteln sei[62]. Zwei Jahre später bezeichnete der Bundesfinanzhof das Gedankengut der Bilanzbündeltheorie explizit als „überholt" und die hierauf beruhende Rechtsprechung als nicht mehr anwendbar[63]; im Jahr 1984 die Bilanzbündeltheorie dann als „aufgegeben"[64].

2. Die Einheitsbetrachtung

a) Die Entwicklung bis zum Beschluss des Großen Senats vom 25. Juni 1984

In seiner Entscheidung vom 24.3.1983 bezeichnete der Bundesfinanzhof die Personengesellschaft erstmalig als „Subjekt der Gewinnerzielung"[65]. Im Beschluss vom 25.6.1984[66] bekannte sich der Große Senat dann ausdrücklich zu einer begrenzten Steuerrechtssubjektivität der Personengesellschaft und führte hierzu aus:

> „Eine Personengesellschaft ist jedoch für die Einkommensteuer oder Körperschaftsteuer insoweit Steuerrechtssubjekt, als sie in der Einheit ihrer Gesellschafter Merkmale

---

59 BFH, Urteil vom 28.1.1976 – I R 84/74, BStBl. II 1976, 744 (745).

60 BFH, Urteil vom 15.7.1976 – I R 17/74, BStBl. II 1976, 748 (750).

61 *Knobbe-Keuk*, Bilanz- und Unternehmenssteuerrecht[9], 1993, S. 364 Fn. 7 sieht die Abkehr von der Bilanzbündeltheorie bereits in BFH, Urteil vom 8.1.1975 – I R 142/72, BStBl. II 1975, 437 (438 f.) als vollzogen an; gleiche Ansicht *Kraft*, DStR 1995, 921 Fn. 2. *Kempermann*, DStZ 1995, 225 (226) stellt ebenfalls auf das Jahr 1976 ab. Auf einer Tagung der DStJG zum Thema „Die Grundprobleme der Personengesellschaft im Steuerrecht" im Jahr 1978 wird von *Kruse*, in DStJG 2 (1979), S. 3 bereits die Aufgabe der Bilanzbündeltheorie wie selbstverstndlich erwähnt.

62 BFH, Beschluss vom 10.11.1980 – GrS 1/79, BStBl. II 1981, 164 (167).

63 BFH, Urteil vom 8.12.1982 – I R 9/79, BStBl. II 1983, 570.

64 BFH, Beschluss vom 25.6.1984 – GrS 4/82, BStBl. II 1984, 751 (764).

65 BFH, Urteil vom 24.3.1983 – IV R 123/80, BStBl. II 1983, 598 (600). Der Begriff „Subjekt der Gewinnerzielung" wurde von *Döllerer* in einer Anmerkung zu dem BFH-Urteil vom 19.1.1982 – VIII R 21/77, DStZ 1982, 267 (271) erstmalig verwendet: „Diese Rechtsprechung ist dadurch gekennzeichnet, daß sie die Gesellschaft, obgleich sie nicht Subjekt der Besteuerung ist, als Subjekt der Gewinnerzielung anerkennt".

66 BFH, Beschluss vom 25.6.1984 – GrS 4/82, BStBl. II 1984, 751.

eines Besteuerungstatbestandes verwirklicht, welche den Gesellschaftern für deren Besteuerung zuzurechnen sind. Solche Merkmale sind insbesondere die Verwirklichung oder Nichtverwirklichung des Tatbestands einer bestimmten Einkunftsart und das Erzielen von Gewinn oder Überschuß im Rahmen dieser Einkunftsart"[67].

Die Rechtsprechung ging nunmehr von der Einheit der Gesellschafter in ihrer gesamthänderischen Verbundenheit aus und verwarf das Prinzip der Vielheit der Gesellschafter, auf welchem noch die Bilanzbündeltheorie beruhte[68]. Diese neue Sichtweise bezog der Große Senat ausdrücklich auf alle Einkunftsarten und sprach damit auch der vermögensverwaltenden Personengesellschaft eine partielle Steuerrechtsfähigkeit zu:

> „Dies gilt gleichermaßen für alle in § 2 Abs. 3 Nrn. 1 bis 7 EStG aufgeführten und nach §§ 13 bis 24 EStG zu bestimmenden Einkunftsarten mit Gewinn- oder Überschußeinkünften, soweit sie bei der Tätigkeit oder der Vermögensnutzung einer Personengesellschaft anfallen können"[69].

Überdies stellte der Große Senat des Bundesfinanzhofs fest, dass das Prinzip der Vielheit der Gesellschafter im Gesetz nur vereinzelt Ausdruck gefunden habe und daher regelmäßig ohne Auswirkung auf die Qualifikation der Einkünfte der Gesellschaft bleibe[70]. Durch diesen Beschluss hat die Rechtsprechung hinsichtlich der Behandlung von Personengesellschaften somit einen Wechsel von der „Vielheitsbetrachtung" zu der „Einheitsbetrachtung" vollzogen[71].

b) Der Beschluss des Großen Senats vom 25. Februar 1991

Unstimmigkeiten betreffend den Inhalt und die Reichweite der Einheitsbetrachtung zwischen dem IV. Senat des Bundesfinanzhof („Verfechter der Vielheitsbetrachtung")[72] und dem VIII. Senat des Bundesfinanzhof („Verfechter der Einheitsbetrachtung")[73] führten schließlich zu dem Beschluss des Großen Senats vom 25.2.1991[74].

---

67 BFH, Beschluss vom 25.6.1984 – GrS 4/82, BStBl. II 1984, 751 (761 f.).

68 BFH, Beschluss vom 25.6.1984 – GrS 4/82, BStBl. II 1984, 751 (764).

69 BFH, Beschluss vom 25.6.1984 – GrS 4/82, BStBl. II 1984, 751 (762).

70 BFH, Beschluss vom 25.6.1984 – GrS 4/82, BStBl. II 1984, 751 (764).

71 Ebenso *Bodden*, Einkünftequalifikation bei Mitunternehmern, 2001, S. 18 ff.; *Neumann*, GmbHR 1997, 621 (622).

72 BFH, Urteil vom 2.9.1985 – IV B 51/85, BStBl. II 1986, 10 (11).

73 BFH, Urteil vom 12.11.1985 – VIII R 286/81, BStBl. II 1986, 55 (57).

74 BFH, Beschluss vom 25.2.1991 – Grs 7/89, BStBl. II 1991, 691; zu den Streitigkeiten zwischen IV. und VIII. Senat ausführlich *Pinkernell*, Einkünftezurechnung bei Personengesellschaften, 2001, S. 30 f.

In dieser Entscheidung zu Tätigkeitsvergütungen bei mehrstöckigen Personengesellschaften hat der Große Senat die steuerrechtliche Verselbständigung der Personengesellschaft erneut bestätigt und auf die Einheit der Personengesellschaft abgestellt[75]. Im Vergleich zu seiner Entscheidung vom 25.6.1984 betonte er nunmehr noch ausdrücklicher die Einheit der Personengesellschaft und damit die Trennung von Gesellschafter- und Gesellschaftssphäre[76]. Hierzu führt der Große Senat aus:

> „Der Große Senat geht davon aus, daß eine *Personengesellschaft* als eine *von den Gesellschaftern zu unterscheidende Einheit* grundsätzlich Gesellschafter und Mitunternehmer einer Personenhandelsgesellschaft als Untergesellschaft sein kann, ohne daß auch ihre Gesellschafter Mitunternehmer der Untergesellschaft wären. Er folgert hieraus, daß die Gesellschafter als Mitunternehmer lediglich der Obergesellschaft Sondervergütungen nur aus Geschäftsbeziehungen zu dieser Gesellschaft erlangen können"[77]. [Hervorhebung durch die Verfasserin]

c) Der Beschluss des Großen Senats vom 3. Mai 1993

In seiner nächsten Entscheidung vom 3.5.1993[78] musste der Große Senat zu der Vorlagefrage Stellung nehmen, ob bei einer Personengesellschaft der Verlustabzug nach § 10a GewStG beim Wechsel oder Ausscheiden von Gesellschaftern wegen Fehlens der sog. Unternehmeridentität eingeschränkt werden kann. Nachdem der Große Senat feststellte, dass für den Verlustabzug neben der Unternehmensidentität auch die Unternehmeridentität erforderlich sei, musste er weiter der Frage nachgehen, ob die Personengesellschaft als solche oder die Gesellschafter als Unternehmer des Betriebs anzusehen seien.

Da der Große Senat in seinen zwei vorherigen Beschlüssen zur steuerlichen Behandlung der Personengesellschaft[79] explizit auf die Einheit der Gesellschaft

---

75 Zu zivilrechtlichen Erwägungen siehe *Kraft*, DStR 1995, 921 (925).

76 Treffend bezeichnet *Schön*, StuW 1996, 275 (279) diese Einheitsbetrachtung als „streng" mit Verweis auf *Crezelius*, JZ 1991, 546 (549) der von „vorher nicht gekannter Schärfe" spricht. *Best* spricht in DStR 1991, 1545 sogar von der Personengesellschaft auf dem Weg zur „Kleinen Kapitalgesellschaft"; kritisch zu dieser Entwicklung *Raupach*, StuW 1991, 278 (282 f.).

77 BFH, Beschluss vom 25.2.1991 – GrS 7/89, BStBl. II 1991, 691 (697).

78 BFH, Beschluss vom 3.5.1993 – GrS 3/92, BStBl. II 1993, 616.

79 BFH, Beschluss vom 25.6.1984 – GrS 4/82, BStBl. II 1984, 751 (764) und BFH, Beschluss vom 25.2.1991 – GrS 7/89, BStBl. II 1991, 691.

abgestellt hatte[80], wäre zu erwarten gewesen, dass er auch diesmal die Gesellschaft in den Fokus stellen würde und die Personengesellschaft als Unternehmerin des Betriebes ansehen würde[81]. Diesmal entscheidet der Große Senat aber anders:

> „Das Einkommensteuerrecht geht bei der Besteuerung der von Personengesellschaften erzielten Einkünfte von der Grundwertung aus, daß bei den Personengesellschaften die Gesellschafter, nicht die Gesellschaft als solche die Träger des Unternehmens und des Gesellschaftsvermögens sind. [...] Auch der Mitunternehmer ist ein Unternehmer des Betriebs. Der Mitunternehmer unterscheidet sich vom Einzelunternehmer dadurch, daß er seine unternehmerische Tätigkeit nicht allein, sondern zusammen mit anderen (Mit-) Unternehmern in gesellschaftlicher Verbundenheit ausübt. [...] Weil die Gesellschafter die Mitunternehmer des Betriebs sind, der Betrieb auf ihre Rechnung und auf ihre Gefahr geführt wird, werden ihnen die Ergebnisse, Gewinn und Verlust, der gemeinschaftlichen Tätigkeit anteilig als originäre eigene Einkünfte zu gerechnet"[82].

Dieser Beschluss lässt die aus den zwei vorherigen Beschlüssen bekannte Feststellung, dass die Gesellschaft als partielles Steuerrechtssubjekt anzusehen sei, vermissen. Zudem fällt auf, dass der Bundesfinanzhof nunmehr den „Gesellschafter als Unternehmer des Betriebs" ansieht, während er in den zwei vorherigen Beschlüssen noch auf „die Gesellschaft als Unternehmerin" abstellte. Als ob der Bundesfinanzhof um seine „Ungereimtheiten" hinsichtlich der steuerlichen Behandlung von Personengesellschaften wüsste[83], betont er ausdrücklich, dass die Wertung der Gesellschafter als (Mit-) Unternehmer des Betriebs nicht in Widerspruch zu der neueren Rechtsprechung des Bundesfinanzhofs (sog. „Einheitsbetrachtung") stünde[84]. Einerseits gibt der Große Senat damit zu verstehen, dass er die Einheitsbetrachtung nicht ganz aufgeben möchte, andererseits lässt er die gesellschafterbezogene Sicht wieder in den Vordergrund treten[85].

---

80 Treffend sprechen *Gosch*, DStZ 1996, 417 (418) von „Hoch-Zeit der Einheitsbetrachtung"; *Kempermann*, DStZ 1995, 225 (228) von „Kulminationspunkt der Einheitsbetrachtung" und *Weber-Grellet*, DStR 1995, 1341 von „Höhepunkt der sog. Einheitsbetrachtung".

81 Ebenso *Schön*, StuW 1996, 275 (279); *Kraft*, DStR 1995, 921 (926).

82 BFH, Beschluss vom 3.5.1993 – GrS 3/92, BStBl. II 1993, 616 (621). *Gosch*, DStZ 1996, 417 (418) bezeichnete diese überraschende Entwicklung treffend als „Roll-back".

83 Schön, StuW 1996, 275 (280) bezeichnet dies treffend als „offensichtliche(n) Divergenzen".

84 BFH, Beschluss vom 3.5.1993 – GrS 3/92, BStBl. II 1993, 616 (622).

85 Dazu *Schön*, StuW 1996, 275 (280, 287); *Kuck*, Steuerrechtssubjektivität mitunternehmerischer Innengesellschaften, 2009, S. 39. Die Abkehr von der reinen Einheitsbetrachtung begrüßend: *Kempermann*, DStZ 1995, 225 (226); *Gosch*, DStZ 1996, 417 (418);

3. Zwischen Einheit und Vielheit

a) Der Beschluss des Großen Senats vom 3. Juli 1995

In seiner Entscheidung zum gewerblichen Grundstückshandel vom 3.7.1995 musste der Große Senat zu der Vorlagefrage Stellung nehmen, ob Grundstücksverkäufe einer Gesellschaft einem Gesellschafter, der auch eigene Grundstücke veräußert, in der Weise zugerechnet werden, daß unter Einbeziehung dieser Veräußerungen ein gewerblicher Grundstückshandel des Gesellschafters besteht[86]. Zunächst lieferte der Große Senat einen Abriss hinsichtlich der steuerlichen Behandlung von Personengesellschaften und verwies hierfür auf die Grundentscheidungen der drei vorangegangenen Beschlüsse vom 25.6.1984[87], vom 25.2.1991[88] und vom 3.5.1993[89].[90] Sodann stellt er aber für den konkreten Einzelfall auf die sog. Vielheitsbetrachtung ab. Durch diese Sichtweise konnte er den in Frage stehenden gewerblichen Grundstückshandel des Gesellschafters bejahen. Der Große Senat führt hierzu aus:

> „Subjekt der Einkünfteerzielung ist auch bei gemeinschaftlich erzielten Gewinnen oder Überschüssen immer der einzelne Gesellschafter. [...] Der Grundsatz der Einheit der Personengesellschaft muß jedoch gegenüber dem Gedanken der Vielheit der Gesellschaft zurücktreten, wenn andernfalls eine sachlich zutreffende Besteuerung des Gesellschafters nicht möglich wäre. [...] Im Interesse einer sachlich zutreffenden Besteuerung des Gesellschafters/Gemeinschafters sind alle ihm zuzurechnenden Tätigkeiten auf dem Gebiet des Grundstückshandels in eine Gesamtwürdigung [...] einzubeziehen“[91].

Bei Betrachtung des Beschlusses ist bezeichnend, dass der Große Senat zum einen auf seine vorherigen Entscheidungen zurückgreift und damit explizit die Personengesellschaft als „Subjekt der Gewinnerzielung“ anerkennt, aber andererseits den einzelnen Gesellschafter als „Subjekt der Einkünfteerzielung“ bezeichnet.

Weber-Grellet, DStR 1995, 1341; *Fischer*, in Festschrift Beisse, 1997, S. 189 (199). Die Abkehr von der Einheitsbetrachtung kritisierend *G. Söffing*, DB 1994, 747 (749).

86 BFH, Beschluss vom 3.7.1995 – GrS 1/93, BStBl. II 1995, 617.

87 BFH, Beschluss vom 25.6.1984 – GrS 4/82, BStBl. II 1984, 751.

88 BFH, Beschluss vom 25.2.1991 – GrS 7/89, BStBl. II 1991, 691.

89 BFH, Beschluss vom 3.5.1993 – GrS 3/92, BStBl. II 1993, 616.

90 *Schön*, StuW 1996, 275 (280) bemerkt hierzu treffend, dass sich der Große Senat bemühe „den Verdacht einer Divergenz zwischen und zu seinen bisherigen Entscheidungen nicht aufkommen zu lassen“.

91 BFH, Beschluss vom 3.7.1995 – GrS 1/93, BStBl. II 1995, 617 (621 f.). *Kuck*, Steuerrechtssubjektivität mitunternehmerischer Innengesellschaften, 2009, S. 40 Fn. 72 weist bereits zutreffend darauf hin, dass es statt „Vielheit der Gesellschaft“ wohl „Vielheit der Gesellschafter“ heißen muss.

Diese Divergenz wird im Rahmen der Entscheidung nicht aufgelöst[92]. Vielmehr ist sie Anzeichen dafür, dass über das Verhältnis „Einheit der Gesellschaft – Vielheit der Gesellschafter“[93] in der Rechtsprechung keine Klarheit herrscht[94].

Während der Bundesfinanzhof seit dem Geprägebeschluss durchgängig auf die sog. Einheitsbetrachtung abstellte, lässt er diese nun zugunsten der Vielheitsbetrachtung zurücktreten. Das Kriterium der sachlich zutreffenden Besteuerung soll darüber entscheiden, ob auf die „Einheit der Personengesellschaft“ oder auf die „Vielheit der Gesellschafter“ abgestellt wird. Damit hat sich der Bundesfinanzhof von der strikten Einheitstheorie gelöst und verfolgt nunmehr ein „gestuftes Miteinander“[95] oder auch ein „duales System“[96] von Einheit und Vielheit[97]. Klarheit für die Rechtspraxis ist damit nicht geschaffen[98].

b) Entscheidungen zur Übertragung von Wirtschaftsgütern bei Schwesterpersonengesellschaften

Dass bis heute noch in die Gegenwart hinein ein Spannungsverhältnis zwischen Einheits- und Vielheitsbetrachtung besteht, zeigt der „Problemfall“ der Übertragung von Wirtschaftsgütern zwischen beteiligungsidentischen Schwesterpersonengesellschaften[99].

Problematisch ist, ob die Übertragung eines Wirtschaftsguts des Gesamthandsvermögens einer Personengesellschaft auf eine Schwesterpersonengesellschaft zur Aufdeckung stiller Reserven führt.

Der I. Senat des Bundesfinanzhofs gelangte zu dem Ergebnis, dass die Übertragung zu einer Aufdeckung stiller Reserven führe[100]. § 6 Abs. 5 Satz 1 EStG

---

92 *Kuck*, Steuerrechtssubjektivität mitunternehmerischer Innengesellschaften, 2009, S. 40 spricht in diesem Zusammenhang treffend vom „Geheimnis des BFH“.

93 Bezeichnung von *Kempermann*, DStZ 1995, 225.

94 Ebenso *Kuck*, Steuerrechtssubjektivität mitunternehmerischer Innengesellschaften, 2009, S. 40 f.

95 *Weber-Grellet*, DStR 1995, 1341 (1342).

96 *Bordewin*, in Festschrift L. Schmidt, 1993, S. 421 (424 f.); *Haas*, DStR 1997, 1706 (1707); *von Beckerath*, in Beermann/Gosch, AO/FGO, § 48 FGO Rz. 32 (März 2012).

97 Hierbei für einen Vorrang der Vielheitsbetrachtung: *Kempermann*, DStZ 1995, 225 (230); *Weber-Grellet*, DStR 1995, 1341; *Paus*, DStZ 1996, 172; *Best*, DStR 1991, 1545 (1546); *Groh*, DB 1991, 879 (881).

98 Ebenso *Kuck*, Steuerrechtssubjektivität mitunternehmerischer Innengesellschaften, 2009, S. 41.

99 Dazu *Hennrichs*, FR 2010, 721; *Hüttemann*, Einkünfteermittlung bei Geselschaften, DStJG 34 (2011), S. 291 (305). Dies andeutend *Ley*, Ubg 2011, 274 (277).

100 BFH, Urteil vom 25.11.2009 – I R 72/08, BStBl. II 2010, 471 (475).

(„von einem Betriebsvermögen in ein anderes Betriebsvermögen desselben Steuerpflichtigen") sei nicht einschlägig, weil die Mitunternehmerschaft als selbständiges Steuersubjekt mit einem eigenen Betriebsvermögen anzusehen sei.

Während der I. Senat des Bundesfinanzhofs[101] zur Lösung der materiellrechtlichen Frage somit die Einheitsbetrachtung in den Vordergrund rückte, stellte der IV. Senat[102] für seine Lösung auf die Vielheitsbetrachtung ab[103]. Mit ausdrücklicher Bezugnahme auf die Entscheidung des Großen Senats vom 3.7.1995[104] führt er aus:

> „Mit § 15 Abs. 1 Satz 1 Nr. 2 EStG hat sich der Gesetzgeber für eine transparente Besteuerung von Personengesellschaften entschieden. Die Personengesellschaft ist Steuerrechtssubjekt bei der Qualifikation und der Ermittlung der Einkünfte. Subjekt der Einkünfteerzielung ist hingegen der Gesellschafter".

Zu einer Entscheidung des Großen Senats kam es allerdings nicht, weil es sich in der Sache des IV. Senats um ein AdV-Verfahren handelte. In einem solchen Verfahren kommt eine Vorlage nach § 11 Abs. 3 FGO wegen einer materiellen Rechtsfrage nicht in Betracht[105]. Der I. Senat hat sein Urteil aus dem Jahr 2009 im Jahre 2013 bestätigt[106]. Im Zuge dessen hat der Senat dem Bundesverfassungsgericht die Frage vorgelegt, ob § 6 Abs. 5 Satz 3 EStG insoweit gegen den allgemeinen Gleichheitssatz des Art. 3 Abs. 1 GG verstößt, als hiernach eine Übertragung von Wirtschaftsgütern zwischen Schwesterpersonengesellschaften nicht zum Buchwert möglich ist[107]. Eine Entscheidung des Bundesverfassungsgerichts bleibt abzuwarten.

---

101 BFH, Urteil vom 25.11.2009 – I R 72/08, BStBl. II 2010, 471.

102 BFH, Urteil vom 15.4.2010 – IV B 105/09, BStBl. II 2010, 971 (972 f.).

103 Dazu *Gosch*, DStR 2010, 1173, der treffend von „Zoff im BFH" spricht; ferner *Niehus/Wilke*, SteuK 2010, 385 (386) die mit der Auffassung des IV. Senats sympathisieren.

104 BFH, Beschluss vom 3.7.1995 – GrS 1/93, BStBl. II 1995, 617.

105 BFH, Urteil vom 15.4.2010 – IV B 105/09, BStBl. II 2010, 971 (973). *Kanzler*, FR 2010, 761 (762) weist darauf hin, dass jedoch trotz AdV eine informelle Anfrage möglich gewesen wäre.

106 BFH, Vorlagebeschluss vom 10.4.2013 – I R 80/12, BStBl. II 2013, 1004.

107 Anhängiges Verfahren beim BVerfG unter dem Az. 2 BvL 8/13.

§ 3 Zur Steuerrechtsfähigkeit der Personengesellschaft

I. Grundlegung: Die Rechtsfähigkeit

Die Frage, ob einem Rechtssubjekt eine Rechtsfähigkeit zuzuerkennen ist, stellt sich nicht nur im Steuerrecht[108], sondern gleichermaßen im Zivilrecht und in den anderen Rechtsgebieten des öffentlichen Rechts[109]. Darum soll im Folgenden zunächst die zivilrechtliche und die allgemeine öffentlich-rechtliche Rechtsfähigkeit dargestellt werden.

1. Zivilrechtliche Rechtsfähigkeit

a) Definition und Umfang der Rechtsfähigkeit

Unter der Rechtsfähigkeit wird die Fähigkeit verstanden, Träger von Rechten und Pflichten zu sein[110]. Die Rechtsfähigkeit eines Subjektes kann nicht allgemein für das gesamte Recht bestimmt werden[111]. Vielmehr wird die Rechtsfähigkeit eines Rechtssubjekts relativiert durch die einzelnen Rechtssätze[112]. Beispielsweise ist die natürliche Person in vielen, indes nicht in allen Rechtsgebieten rechtsfähig[113]. Darum ist die Rechtsfähigkeit notwendig relativ[114].

Neben dem gegensätzlichen Begriffspaar „Rechtsfähigkeit" und „Nicht-Rechtsfähigkeit" wird zusätzlich eine Zwischenform – die „Teilrechtsfähigkeit"

---

108 Dazu *Stadie*, in Rau/Dürrwächter, UStG, § 2 UStG Rz. 83 (Juli 2014), der der Bezeichnung „Steuerrechtsfähigkeit" kritisch gegenübersteht.

109 Eingehend dazu *Palm*, Person im Ertragsteuerrecht, 2013, S. 152 ff.

110 Statt vieler *Ellenberger*, in Palandt, BGB[75], 2016, Überblick vor § 1 BGB Rz. 1. Eingehend zum Begriff der Rechtsfähigkeit *Fabricius*, Die Relativität der Rechtsfähigkeit, 1963, S. 31 ff; ferner aus jüngerer Zeit *Palm*, Person im Ertragsteuerrecht, 2013, S. 156 ff.

111 *Fabricius*, Die Relativität der Rechtsfähigkeit, 1963, S. 61.

112 *Fabricius*, Die Relativität der Rechtsfähigkeit, 1963, S. 61.

113 *Palm*, Person im Ertragsteuerrecht, 2013, S. 159.

114 *Fabricius*, Die Relativität der Rechtsfähigkeit, 1963, S. 61; *Palm*, Person im Ertragsteuerrecht, 2013, S. 156, 159; *Drüen*, in Tipke/Kruse, AO/FGO, § 33 AO Tz. 35 (Okt. 2015).

anerkannt[115]. Diese erlangt vornehmlich im Zusammenhang mit Personengesellschaften an Bedeutung[116]. Im Rahmen der (Voll-)Rechtsfähigkeit wird dem jeweiligen Rechtssubjekt ein „Gesamtkomplex von Rechten und Pflichten" zugesprochen während im Rahmen der Teilrechtsfähigkeit dem Rechtssubjekt allein einzelne Rechte und Pflichten zugesprochen werden[117].

b) *Natürliche und juristische Personen als Rechtssubjekte*

Sowohl natürliche Personen als auch juristische Personen sind im Zivilrecht rechtsfähig[118]. Die Rechtsfähigkeit der natürlichen Person beginnt nach § 1 BGB einheitlich mit der Vollendung der Geburt. Der Beginn der Rechtsfähigkeit einer juristischen Person hängt indes davon ab, um welche konkrete Art von juristischer Person es sich handelt[119].

c) *Personengesellschaft als Rechtssubjekte*

Der Gesetzgeber hat im Zivilrecht insbesondere durch die Vorschrift des § 14 Abs. 2 BGB klar gestellt, dass auch Personengesellschaften[120] als Rechtssubjekte und damit als rechtsfähig angesehen werden[121].

Die offene Handelsgesellschaft ist nach § 124 Abs. 1 HGB Trägerin von zivilrechtlichen Rechten und Pflichten[122]. Durch diese gesetzliche Regelung wird ihre

---

115 *Ellenberger*, in Palandt, BGB[75], 2016, Überblick vor § 1 BGB Rz. 1. Näher dazu *Fabricius*, Die Relativität der Rechtsfähigkeit, 1963, S. 111 ff.

116 Dazu auch *Palm*, Person im Ertragsteuerrecht, 2013, S. 158, 226 f.; *Fabricius*, Die Relativität der Rechtsfähigkeit, 1963, S. 117 ff.

117 *Palm*, Person im Ertragsteuerrecht, 2013, S. 158.

118 Zu natürlichen Personen: *Ellenberger*, in Palandt, BGB[75], 2016, Überblick vor § 1 BGB Rz. 1; zu juristischen Personen: *Ellenberger*, in Palandt, BGB[75], 2016, Einführung vor § 21 BGB Rz. 1. Ferner *Drüen*, in Tipke/Kruse, AO/FGO, § 33 AO Tz. 28 (Okt. 2015).

119 *Ellenberger*, in Palandt, BGB[75], 2016, Einführung vor § 21 BGB Rz. 3 ff.

120 In dieser Arbeit werden allein die OHG, die KG sowie die BGB-Gesellschaft erörtert.

121 *Ellenberger*, in Palandt, BGB[75], 2016, § 14 BGB Rz. 3; *Palm*, Person im Ertragsteuerrecht, 2013, S. 23. Die Vorschrift § 14 Abs. 2 BGB lautet: „Eine rechtsfähige Personengesellschaft ist eine Personengesellschaft, die mit der Fähigkeit ausgestattet ist, Rechte zu erwerben und Verbindlichkeiten einzugehen". Zu weiteren zivilrechtlichen Normen, welche die Rechtsfähigkeit von Personengesellschaften belegen siehe *Palm*, Person im Ertragsteuerrecht, 2013, S. 23 f.

122 *Roth*, in Baumbach/Hopt, HGB[36], 2014, § 124 HGB Rz. 2; *K. Schmidt*, in Münchener Kommentar zum HGB[3], Bd. 2, 2010, § 124 HGB Rz. 1. Es ist umstritten, ob sich die Rechtsfähigkeit erst aus der Vorschrift des § 124 Abs. 1 HGB oder bereits aus der

Rechtsfähigkeit ausdrücklich bestätigt[123]. Ebenso ist die Kommanditgesellschaft Trägerin von zivilrechtlichen Rechten und Pflichten[124]. Ihre Rechtsfähigkeit hat der Gesetzgeber durch den Verweis in § 161 Abs. 2 HGB auf § 124 Abs. 1 HGB geregelt[125].

Im Gegensatz zu diesen beiden Gesellschaftsformen wird der BGB-Außengesellschaft allein eine Teilrechtsfähigkeit zugesprochen[126]. Die Rechtsnatur der BGB-Außengesellschaft war allerdings lange Zeit im Schrifttum umstritten[127]. Eine der offenen Handelsgesellschaft und der Kommanditgesellschaft vergleichbare Regelung, welche die Rechtsfähigkeit ausdrücklich normiert, fehlt im BGB[128]. Der Bundesgerichtshof hatte sich bis zum Jahre 2001 nicht deutlich dazu geäußert, ob und inwieweit der BGB-Außengesellschaft Rechtsfähigkeit zugesprochen werden kann[129]. Derweil hat das Gericht in einem grundlegenden Urteil vom 29.1.2001 entschieden, dass die BGB-Außengesellschaft Rechtsfähigkeit besitzt, soweit sie durch die Teilnahme am Rechtsverkehr eigene Rechte und Pflichten begründet[130].

Begründung der Gesamthand durch die Gesellschafter ergibt. Näher *K. Schmidt*, Gesellschaftsrecht[4], 2002, § 46 II.1.

123 *K. Schmidt*, Gesellschaftsrecht[4], 2002, § 8 III.4, § 46 II.1; *Schindler*, in Beermann/Gosch, § 33 AO Rz. 29 (April 2015). Zudem *Hallerbach*, Die Personengesellschaft im Einkommensteuerrecht, 1999, S. 27.

124 *K. Schmidt*, in Münchener Kommentar zum HGB[3], Bd. 2, 2010, § 124 HGB Rz. 1.

125 *K. Schmidt*, Gesellschaftsrecht[4], 2002, § 8 III.4, § 53 I.2.b; *Boesche*, in Oetker, HGB[4], 2015, § 124 HGB Rz. 2. Ferner *Drüen*, in Tipke/Kruse, AO/FGO, § 33 AO Tz. 28 (Okt. 2015); *Schindler*, in Beermann/Gosch, § 33 AO Rz. 29 (April 2015).

126 *Ellenberger*, in Palandt, BGB[75], 2016, Überblick vor § 1 BGB Rz. 1; *Drüen*, in Tipke/Kruse, AO/FGO, § 33 AO Tz. 28 (Okt. 2015). Zur Teilrechtsfähigkeit näher *Huber*, in Festschrift Lutter, 2000, S. 107 (110 ff.); *Meschkowski*, Zur Rechtsfähigkeit der BGB-Gesellschaft, 2006, S. 33 ff. sowie im Jahr 1963 bereits *Fabricius*, Die Relativität der Rechtsfähigkeit, 1963, S. 158 ff., S. 236.

127 Dazu die Darstellung des Meinungsstandes bei *K. Schmidt*, Gesellschaftsrecht[4], 2002, § 8 III.4.d ff.; *ders.* NJW 2001, 993 ff.

128 Ebenso *Geschwendtner*, in Festschrift Klein, 1994, S. 751 (764); ferner *Hallerbach*, Die Personengesellschaft im Einkommensteuerrecht, 1999, S. 55.

129 *Huber*, in Festschrift Lutter, S. 107; ferner die Rechtsprechungsanalyse von *Wertenbruch*, Die Haftung von Gesellschaften und Gesellschaftsanteilen in der Zwangsvollstreckung, 2000, S. 196–210.

130 BGH, Urteil vom 29.1.2001 – II ZR 331/00, BGHZ 146, 341. Eingehend hierzu *K. Schmidt*, NJW 2001, 993 ff., der dieses Urteil als „Meilenstein in der Fortentwicklung des Rechts der Personengesellschaften“ bezeichnet. Zudem *Sprau*, in Palandt, BGB[75], 2016, § 705 BGB Rz. 24 m.w.N.

2. Öffentlich-rechtliche Rechtsfähigkeit

Rechtsfähig im öffentlichen Recht ist, wer Zuordnungssubjekt von öffentlich-rechtlichen Rechtsnormen und damit Träger von öffentlich-rechtlichen Rechten und Pflichten sein kann[131]. Rechtsfähigkeit nach dem öffentlichen Recht besitzen vor allem natürliche und juristische Personen[132].

Freilich kann auch im öffentlichen Recht die Rechtsfähigkeit nur relativ gesehen werden, so dass es dort auch Rechtssubjekte geben kann, welche allein mit Teilrechtsfähigkeit ausgestattet sind[133]. Darum wird auch im öffentlichen Recht zwischen (Voll-) Rechtsfähigkeit und Teilrechtsfähigkeit unterschieden[134]. Eine Teilrechtsfähigkeit ist gegeben, wenn einem Rechtssubjekt nur hinsichtlich bestimmter Rechtsgebiete oder hinsichtlich bestimmter Rechtsnormen Rechtsfähigkeit zugesprochen wird[135]. Ansonsten ist das Rechtssubjekt kein Träger von öffentlich-rechtlichen Rechten und Pflichten[136].

II. Grundlegung: Die Steuerrechtsfähigkeit

1. Keine steuergesetzliche Regelung

Die steuerrechtliche Rechtsfähigkeit (im Folgenden die Steuerrechtsfähigkeit) ist eine besondere Form der öffentlich-rechtlichen Rechtsfähigkeit[137]. Sowohl in der Abgabenordnung als auch in den Einzelsteuergesetzen wird der Begriff der Steuerrechtsfähigkeit nicht genannt[138]. Vornehmlich hätte sich eine gesetzliche

131 *Maurer*, Allgemeines Verwaltungsrecht[18], 2011, § 21 Rz. 4; *Wolff/Stober/Kluth*, Verwaltungsrecht, Bd. I[12], 2007, § 32 Rz. 7; *Burgi*, in Ehlers/Pünder, Allgemeines Verwaltungsrecht[15], 2016, § 8 Rz. 7; *Drüen*, in Tipke/Kruse, AO/FGO, § 33 AO Tz. 30 (Okt. 2015).

132 *Maurer*, Allgemeines Verwaltungsrecht[18], 2011, § 21 Rz. 4.

133 *Burgi*, in Ehlers/Pünder, Allgemeines Verwaltungsrecht[15], 2016, § 8 Rz. 7.

134 *Maurer*, Allgemeines Verwaltungsrecht[18], 2011, § 21 Rz. 6; *Wolff/Stober/Kluth*, Verwaltungsrecht, Bd. I[12], 2007, § 32 Rz. 8, 9; *Burgi*, in Ehlers/Pünder, Allgemeines Verwaltungsrecht[15], 2016, § 8 Rz. 7. Zudem *Drüen*, in Tipke/Kruse, AO/FGO, § 33 AO Tz. 32 (Okt. 2015).

135 *Maurer*, Allgemeines Verwaltungsrecht[18], 2011, § 21 Rz. 6; *Wolff/Stober/Kluth*, Verwaltungsrecht, Bd. I[12], 2007, § 32, Rz. 9. Ferner *Drüen*, in Tipke/Kruse, AO/FGO, § 33 AO Rz. 32 (Okt. 2015).

136 *Wolff/Stober/Kluth*, Verwaltungsrecht, Bd. I[12], 2007, § 32 Rz. 9.

137 *Drüen*, in Tipke/Kruse, AO/FGO, § 33 AO Tz. 33 (Okt. 2015); *Heidner*, DStR 1992, 201 (204); *Boin*, GmbHR 2001, 513 (514).

138 *Seer*, in Tipke/Lang, Steuerrecht[22], 2015, § 6 Rz. 31.

Verortung der Steuerrechtsfähigkeit in der Vorschrift des § 33 AO, welche den Steuerpflichtigen umschreibt, angeboten. Indes setzt § 33 AO die Steuerrechtsfähigkeit lediglich voraus[139].

2. Definition und Reichweite der Steuerrechtsfähigkeit

Steuerrechtsfähigkeit bezeichnet die Fähigkeit, Träger steuerrechtlicher Rechte und Pflichten zu sein[140]. Der Träger der steuerrechtlichen Rechte und Pflichten ist wiederrum das Steuerrechtssubjekt[141]. Die Steuerrechtsfähigkeit deckt sich nicht mit der Rechtsfähigkeit im Zivilrecht[142]. Vielmehr ist sie von der zivilrechtlichen Rechtsfähigkeit unabhängig[143] und reicht sogar weiter als diese[144]. Die Steuerrechtsfähigkeit und damit auch das Steuerrechtssubjekt können nicht allgemein für das gesamte Steuerrecht bestimmt werden[145]. Vielmehr ist die Steuerrechtsfähigkeit stets nach der jeweiligen Steuerart und damit dem jeweiligen Einzelsteuergesetz zu beurteilen[146]. Eine natürliche Person ist beispielsweise einkommensteuerrechtsfähig, allerdings nicht körperschaftsteuerrechtsfähig[147]. Darum ist die Steuerrechtsfähigkeit stets nur relativ[148]. Von der (Voll-) Steuerrechtsfähigkeit, welche

139 *Schindler*, in Beermann/Gosch, AO/FGO, § 33 AO Rz. 6 (April 2015); *Drüen*, in Tipke/Kruse, AO/FGO, § 33 AO Tz. 33 (Okt. 2015).

140 BFH, Urteil vom 20.11.1979 – VII R 97/77, BStBl. II 1980, 301 (302); *Drüen*, in Tipke/Kruse, AO/FGO, § 33 AO Tz. 33 (Okt. 2015); *Boeker*, in Hübschmann/Hepp/Spitaler, AO/FGO, § 33 AO Rz. 28a (Juni 2014); *Schindler*, in Beermann/Gosch, AO/FGO, § 33 AO Rz. 24 (April 2015); *Dumke*, in Schwarz/Pahlke, AO, § 33 AO Rz. 11 (Juni 2011).

141 *Drüen*, in Tipke/Kruse, AO/FGO, § 33 AO Tz. 33 (Okt. 2015); *Boeker*, in Hübschmann/Hepp/Spitaler, AO/FGO, § 33 AO Rz. 28a (Juni 2014).

142 *Drüen*, in Tipke/Kruse, AO/FGO, § 33 AO Tz. 33 (Okt. 2015); *Boeker*, in Hübschmann/Hepp/Spitaler, AO/FGO, § 33 AO Rz. 28a (Juni 2014); *Seer*, in Tipke/Lang, Steuerrecht[22], 2015, § 6 Rz. 31; *Heidner*, DStR 1992, 201 (204).

143 *Seer*, in Tipke/Lang, Steuerrecht[22], 2015, § 6 Rz. 31; *Dumke*, in Schwarz/Pahlke, AO, § 33 AO Rz. 35 (Juni 2011).

144 *Drüen*, in Tipke/Kruse, AO/FGO, § 33 AO Tz. 33 (Okt. 2015).

145 *Drüen*, in Tipke/Kruse, AO/FGO, § 33 AO Tz. 35 (Okt. 2015); *Boeker*, in Hübschmann/Hepp/Spitaler, AO/FGO, § 33 AO Rz. 28a (Juni 2014); *Spindler*, in Hübschmann/Hepp/Spitaler, AO/FGO, § 57 FGO Rz. 13 (März 2010).

146 *Seer*, in Tipke/Lang, Steuerrecht[22], 2015, § 6 Rz. 32; *Rüsken*, in Klein, AO[12], 2014, § 33 AO Rz. 3.

147 *Levedag*, in Gräber, FGO[8], 2015, § 57 FGO Rz. 13.

148 *Ruban*, in Festschrift Döllerer, 1988, S. 518; *Drüen*, in Tipke/Kruse, AO/FGO, § 33 AO Tz. 35 (Okt. 2015).

nur relativ wirkt, ist die Teilsteuerrechtsfähigkeit zu unterscheiden[149]. Die relative Wirkung der Steuerrechtsfähigkeit ist daher nicht gleichzusetzen mit der Teilsteuerrechtsfähigkeit.

III. Die Steuerrechtsfähigkeit von natürlichen und juristischen Personen

Sowohl die Rechtsfähigkeit der natürlichen als auch der juristischen Person ist im Steuerrecht anerkannt. Der natürlichen Person kommt insbesondere nach § 1 Abs. 1 EStG eine eigene Steuersubjektivität zu, weil sie der Einkommensteuerpflicht unterliegt. Die juristische Person, vornehmlich die des Privatrechts in Form einer Kapitalgesellschaft ist Körperschaftsteuerrechtsfähig, weil sie nach § 1 Abs. 1 Nr. 1 KStG der Körperschaftsteuerpflicht unterliegt.

Die Steuerrechtsfähigkeit der natürlichen Person beginnt gleichermaßen wie die zivilrechtliche Rechtsfähigkeit einheitlich mit der Vollendung der Geburt[150]. Sie endet mit dem Tod der natürlichen Person[151]. Der Beginn der steuerrechtlichen Rechtsfähigkeit einer juristischen Person hängt indes im Einzelfall davon ab, um welche konkrete Art von juristischer Person es sich handelt[152]. Zu den juristischen Personen zählen sowohl die juristischen Personen des Privatrechts, vornehmlich die Gesellschaft mit beschränkter Haftung, als auch die juristischen Personen des öffentlichen Rechts[153]. Bei den juristischen Personen können sich steuerrechtlich und zivilrechtlich die Zeitpunkte von Beginn und Ende der Rechtsfähigkeit unterscheiden[154].

IV. Die Steuerrechtsfähigkeit von Personengesellschaften

Ob und inwieweit die Personengesellschaft steuerrechtliche Rechtsfähigkeit innehat und daher Steuersubjekt sein kann, muss für jede einzelne Steuerart und jedes

149 Dazu im Folgenden unter § 3 IV.

150 *Boeker*, in Hübschmann/Hepp/Spitaler, AO/FGO, § 33 AO Rz. 29 (Juni 2014); *Drüen*, in Tipke/Kruse, AO/FGO, § 33 AO Tz. 39 (Okt. 2015); *Schindler*, in Beermann/Gosch, AO/FGO, § 33 AO Rz. 25 (April 2015).

151 *Boeker*, in Hübschmann/Hepp/Spitaler, AO/FGO, § 33 AO Rz. 29 (Juni 2014); *Drüen*, in Tipke/Kruse, AO/FGO, § 33 AO Tz. 40 (Okt. 2015).

152 *Seer*, in Tipke/Lang, Steuerrecht[22], 2015, § 6 Rz. 34. Ausführlich hierzu *Drüen*, in Tipke/Kruse, AO/FGO, § 33 AO Tz. 43 ff. (Okt. 2015) sowie *Boeker*, in Hübschmann/Hepp/Spitaler, AO/FGO, § 33 AO Rz. 33 ff. (Juni 2014).

153 *Boeker*, in Hübschmann/Hepp/Spitaler, AO/FGO, § 33 AO Rz. 28a (Juni 2014).

154 *Boeker*, in Hübschmann/Hepp/Spitaler, AO/FGO, § 33 AO Rz. 33 (Juni 2014).

einzelne Steuergesetz gesondert beurteilt werden[155]. Denn die Steuerrechtsfähigkeit der Personengesellschaft ist stets relativ[156]. Ihr kann keine generelle Steuerrechtsfähigkeit für das gesamte Steuerrecht auferlegt werden[157]. Im Rahmen der einheitlichen und gesonderten Feststellung von Besteuerungsgrundlagen wird der Personengesellschaft im geltenden Steuerrecht durch die Rechtsprechung eine Teilsteuerrechtsfähigkeit zugesprochen[158].

Steuerrechtliche Rechtsfähigkeit und zivilrechtliche Rechtsfähigkeit müssen nicht immer übereinstimmen[159]. Darum können auch zivilrechtlich nichtrechtsfähige Personenmehrheiten nach den einzelnen Steuergesetzen rechtsfähig sein.

1. Zu den Betriebssteuern

Die Personengesellschaft wird im Rahmen von verschiedenen Einzelsteuergesetzen, vornehmlich bei den sog. Betriebssteuern, als steuerrechtsfähig anerkannt[160]. Die Personengesellschaft ist in diesen Einzelsteuergesetzen steuerrechtsfähig, weil sie dort Trägerin steuerrechtlicher Rechte und Pflichten sein kann.

Die Steuerrechtsfähigkeit einer Personengesellschaft endet nach überwiegender Auffassung – unabhängig von einer handelsrechtlichen Vollbeendigung – erst dann, wenn die Rechtsverhältnisse zwischen der Finanzbehörde und der Gesellschaft gänzlich abgewickelt sind[161].

---

155 *Boeker*, in Hübschmann/Hepp/Spitaler, AO/FGO, § 33 AO Rz. 37 (Juni 2014).

156 *Ruban*, in Festschrift Döllerer, 1988, S. 515 (518). Betreffend die Steuerrechtsfähigkeit im Allgemeinen *Drüen*, in Tipke/Kruse, AO/FGO, § 33 AO Tz. 35 (Okt. 2015).

157 *Schindler*, in Beermann/Gosch, AO/FGO, § 33 AO Rz. 29 (April 2015).

158 Dazu im Folgenden unter § 3 IV. 2.

159 *Meßmer*, FR 1990, 205 (207); dem folgend *Pinkernell*, Einkünftezurechnung bei Personengesellschaften, 2001, S. 62. Zudem *Lang*, in Festschrift L. Schmidt, 1993, S. 291 (293).

160 Eine schöne Zusammenstellung der einzelnen Steuerarten findet sich bei *Reiß*, in Leitgedanken des Rechts, Bd. II, 2013, S. 1925 (1926 ff.); ferner *Pinkernell*, Einkünftezurechnung bei Personengesellschaften, 2001, S. 63 ff.; *Palm*, Person im Ertragsteuerrecht, 2013, S. 496; *von Beckerath*, in Beermann/Gosch, AO/FGO, § 48 FGO Rz. 28 (März 2012).

161 Statt vieler *Boeker*, in Hübschmann/Hepp/Spitaler, AO/FGO, § 33 AO Rz. 43 (Juni 2014); *Rüsken*, in Klein, AO[12], 2014, § 33 AO Rz. 6a; *Dumke*, in Schwarz/Pahlke, AO, § 33 AO Rz. 37 (Juni 2011). Dazu näher unten § 7 II. 7.

a) Gewerbesteuer

Im Gewerbesteuerrecht ist Unternehmer nach § 5 Abs. 1 Satz 2 GewStG derjenige, für dessen Rechnung das Gewerbe betrieben wird. Ein Unternehmer ist nach § 5 Abs. 1 Satz 1 GewStG zugleich der Steuerschuldner der Gewerbesteuer. Das Gesetz ordnet dem Steuerschuldner gewerbesteuerrechtliche Pflichten zu und macht ihn somit zum Steuerrechtssubjekt der Gewerbesteuer[162]. Der Unternehmer ist damit steuerrechtsfähig[163]. Die Vorschrift des § 5 Abs. 1 Satz 3 GewStG bestimmt sodann, dass Steuerschuldner auch eine Personengesellschaft sein kann, wenn ihre Tätigkeit einen Gewerbebetrieb darstellt. Daher ist diese als Träger gewerbesteuerrechtlicher Pflichten steuerrechtsfähig im Rahmen des Gewerbesteuerrechts und diesbezügliches Steuerrechtssubjekt[164]. Folglich sind insbesondere die offene Handelsgesellschaft, die Kommanditgesellschaft sowie die BGB-Außengesellschaft (gewerbesteuerlich-) rechtsfähig[165].

b) Umsatzsteuer

Ebenso wird im Umsatzsteuerrecht hinsichtlich der Umsatzsteuerpflicht an den Begriff des Unternehmers angeknüpft. Allerdings stimmt dieser Unternehmerbegriff nicht mit dem des Gewerbesteuerrechts überein[166]. Im Umsatzsteuerrecht ist Unternehmer nach § 2 Abs. 1 Satz 1 UStG derjenige, der eine gewerbliche oder berufliche Tätigkeit selbständig ausübt. Steuerschuldner der Umsatzsteuer ist in der Regel der leistende Unternehmer nach § 13a Abs. 1 Nr. 1 UStG[167]. Darum ist der Unternehmer der Träger der umsatzsteuerrechtlichen Rechte und Pflichten und somit (umsatzsteuer-) rechtsfähig[168]. Im Gegensatz zum Ertragsteuerrecht (Einkommen- und Körperschaftsteuer) ist die Unternehmerfähigkeit im Umsatzsteuerrecht unabhängig von der jeweiligen Rechtsform angelegt, so dass sowohl natürliche und juristische Personen als auch Personengesellschaften Träger

---

162 *Gosch*, in Blümich, EStG/KStG/GewStG, § 5 GewStG Rz. 18 (Okt. 2013).

163 *Drüen*, in Tipke/Kruse, AO/FGO, § 33 AO Tz. 60 (Okt. 2015).

164 *Rüsken*, in Klein, AO[12], 2014, § 33 AO Rz. 6; *Schindler*, in Beermann/Gosch, AO/FGO, § 33 AO Rz. 29 (April 2015).

165 *Drüen*, in Tipke/Kruse, AO/FGO, § 33 AO Tz. 60 (Okt. 2015); *Gosch*, in Blümich, EStG/KStG/GewStG, § 5 GewStG Rz. 47 (Okt. 2013).

166 *Drüen*, in Tipke/Kruse, AO/FGO, § 33 AO Tz. 60 (Okt. 2015).

167 *Leonard*, in Bunjes/Geist, UStG[14], 2015, § 13a UStG Rz. 1.

168 *Boeker*, in Hübschmann/Hepp/Spitaler, AO/FGO, § 33 AO Rz. 40 (Juni 2014); *Drüen*, in Tipke/Kruse, AO/FGO, § 33 AO Tz. 56 (Okt. 2015).

steuerrechtlicher Rechte und Pflichten sein können[169]. Daher sind die offene Handelsgesellschaft, die Kommanditgesellschaft sowie die BGB-Außengesellschaft (umsatzsteuer-) rechtsfähig und damit Umsatzsteuersubjekte[170].

c) *Grunderwerbsteuer*

Im Grunderwerbsteuerrecht bezeichnet die Vorschrift des § 13 GrEStG alle in Betracht kommenden Steuerschuldner. Steuerschuldner sind die Träger steuerrechtlicher Pflichten. Darum ergeben sich die steuerrechtsfähigen Rechtssubjekte aus § 13 GrEStG[171]. Als Steuerschuldner kommen neben den natürlichen und juristischen Personen auch Personengesellschaften in Betracht[172]. Damit ist die Personengesellschaft (grunderwerbsteuer-) rechtsfähig und mithin Grunderwerbsteuersubjekt[173].

2. Zur Einkommensteuer

Im Rahmen der Einkommensteuer ist problematisch, welches Steuerrechtssubjekt für die Besteuerung der Einkünfte aus Gewerbebetrieb der Gesellschafter von Personengesellschaften in Betracht kommt[174].

Die Vorschrift des § 1 EStG bestimmt, dass natürliche Personen der Einkommensteuerpflicht unterliegen. § 1 EStG regelt daher die persönliche Einkommensteuerpflicht[175]. Der Begriff des einkommensteuerrechtlichen Steuerpflichtigen ist enger als der Begriff des Steuerpflichtigen im Sinne des § 33 AO[176].

---

169 *Englisch*, in Tipke/Lang, Steuerrecht[22], 2015, § 17 Rz. 35; *Seer*, in Tipke/Lang, Steuerrecht[22], 2015, § 6 Rz. 32; *Boeker*, in Hübschmann/Hepp/Spitaler, AO/FGO, § 33 AO Rz. 40 (Juni 2014); *Drüen*, in Tipke/Kruse, AO/FGO, § 33 AO Tz. 56 (Okt. 2015).

170 *Drüen*, in Tipke/Kruse, AO/FGO, § 33 AO Tz. 56 (Okt. 2015); *Rüsken*, in Klein, AO[12], 2014, § 33 AO Rz. 6; *Boeker*, in Hübschmann/Hepp/Spitaler, AO/FGO, § 33 AO Rz. 40 (Juni 2014). Zudem *Stadie*, in Rau/Dürrwächter, UStG, § 2 UStG Rz. 101 (Juli 2014).

171 *Drüen*, in Tipke/Kruse, AO/FGO, § 33 AO Tz. 66 (Okt. 2015).

172 *Viskorf*, in Boruttau, GrEStG[17], 2011, § 13 GrStG Rz. 11.

173 *Drüen*, in Tipke/Kruse, AO/FGO, § 33 AO Tz. 66 (Okt. 2015); *Rüsken*, in Klein, AO[12], 2014, § 33 AO Rz. 6; *Boeker*, in Hübschmann/Hepp/Spitaler, AO/FGO, § 33 AO Rz. 42 (Juni 2014).

174 Dazu *Meßmer*, FR 1990, 205 ff. Treffend bemerkt *Gschwendtner*, in Festschrift Klein, 1994, S. 751 (764): „[…] daß die Rechtssubjektivität der Personengesellschaften und Gemeinschaften nach wie vor als „eines der dunkelsten Kapitel der Besteuerung der Personengesellschaften" angesehen wird".

175 *Rauch*, in Blümich, EStG/KStG/GewStG, § 1 EStG Rz. 25 (Juni 2014).

176 *Rauch*, in Blümich, EStG/KStG/GewStG, § 1 EStG Rz. 27 (Juni 2014).

Denn in § 33 Abs. 1 AO werden die Träger einzelner steuerrechtlicher Pflichten, vornehmlich der Steuerschuldner und der Steuererklärungspflichtiger, aufgeführt[177]. Indes wird keine Aussage dazu getroffen, um welches konkrete Steuerrechtssubjekt es sich handeln muss. Darum können Steuerpflichtige im Sinne des § 33 Abs. 1 AO sowohl natürliche und juristische Personen als auch Personengesellschaften sein.

Indes bestimmt § 1 EStG ausschließlich die natürliche Person als einkommensteuerpflichtig. Als Träger von einkommensteuerrechtlichen Pflichten ist die natürliche Person daher einkommensteuerrechtsfähig. Die Personengesellschaft wird hingegen in der Vorschrift des § 1 EStG nicht genannt. Sie ist keine Trägerin von einkommensteuerrechtlichen Rechten und Pflichten[178]. Damit ist ausschließlich die natürliche Person das Steuersubjekt im Rahmen der Einkommensteuer[179].

Auch der Bundesfinanzhof betont ausdrücklich, dass die Personengesellschaft als solche nicht der Einkommensteuer unterliegt und insoweit kein Steuerrechtssubjekt ist[180].

Gleichwohl wird die Personengesellschaft infolge der Rechtsprechung des Bundesfinanzhofs als Steuerrechtssubjekt hinsichtlich der Feststellung der Einkunftsart und der Einkünfteermittlung angesehen[181]. Das Gericht betont ausdrücklich, dass die Eigenschaft der Personengesellschaft als Steuerrechtssubjekt die Grundentscheidung der Vorschriften § 1 und § 2 EStG unberührt lasse[182]. Ihre begrenzte Steuerrechtsfähigkeit soll sich vielmehr daraus ergeben, dass sie in der Einheit ihrer Gesellschafter Merkmale eines Besteuerungstatbestands

---

177 *Drüen*, in Tipke/Kruse, AO/FGO, § 33 AO Tz. 3 (Okt. 2015).

178 Ebenso *Bodden*, DStZ 1996, 73 (75).

179 *Rauch*, in Blümich, EStG/KStG/GewStG, § 1 EStG Rz. 60 (Juni 2014); *Drüen*, in Tipke/Kruse, AO/FGO, § 33 AO Tz. 68 (Okt. 2015). Ausführlich dazu *Reiß*, in Leitgedanken des Rechts, Bd. II, 2013, S. 1925 (1927); *Pinkernell*, Einkünftezurechnung bei Personengesellschaften, 2001, S. 75 ff.

180 Grundlegend BFH, Beschluss vom 3.7.1995 – GrS 1/93, BStBl. II 1995, 617 (621). Aus jüngerer Zeit BFH, Urteil vom 15.11.2011 – VIII R 12/09, BStBl. II 2012, 207 (208); BFH, Urteil vom 3.2.2010 – IV R 26/07, BStBl. II 2010, 751 (754).

181 Grundlegend BFH, Beschluss vom 25.6.1984 – GrS 4/82, BStBl. II 1984, 751 (762). Näher dazu oben § 2 III. 2. a). Diese Ansicht teilt *von Groll*, in Gräber, FGO[7], 2010, § 57 FGO Rz. 24. Der Begriff der partiellen Steuerrechtsfähigkeit wird – soweit ersichtlich – erstmals von *Döllerer*, DStZ 1982, 267 (271) aufgegriffen. Zur Entwicklung der Rechtsprechung in Hinblick auf die partielle Steuerrechtsfähigkeit der Personengesellschaft ausführlich oben § 2 III.

182 Ausdrücklich BFH, Beschluss vom 3.7.1995 – GrS 1/93, BStBl. II 1995, 617 (621).

verwirkliche, welche den Gesellschaftern für deren Besteuerung zuzurechnen seien[183]. Der Personengesellschaft wird von der Rechtsprechung eine begrenzte Steuerrechtsfähigkeit, d.h. eine Teilrechtsfähigkeit im Einkommensteuerrecht zugesprochen[184]. Damit soll die Personengesellschaft Steuerrechtssubjekt hinsichtlich der Einkünfteerzielung und der Einkünfteermittlung und die natürliche Person Steuerrechtssubjekt hinsichtlich der Einkommensbesteuerung sein.

Im Folgenden soll die aktuelle Lage im materiellen Recht aufgezeigt und beurteilt werden.

---

183 Grundlegend BFH, Beschluss vom 25.6.1984 – GrS 4/82, BStBl. II 1984, 751 (761 f.). Näher dazu oben § 2 III. 2. a).

184 Diese Ansicht teilt *von Groll*, in Gräber, FGO[7], 2010, § 57 FGO Rz. 26. Zur Kritik unten § 4.

§ 4 Beurteilung der Lage im materiellen Recht

Materiell-rechtlich schwankt die Rechtsprechung zwischen den Besteuerungskonzepten „Einheit der Gesellschaft“ und „Vielheit der Gesellschafter“[185]. Eine klare Linie ist für die Rechtspraxis mithin nicht zu erkennen[186]. Während die Bilanzbündeltheorie konsequent von der alleinigen Steuersubjekteigenschaft der Gesellschafter ausging[187], bestehen nunmehr infolge der neueren Rechtsprechung des Bundesfinanzhofs zwei Steuersubjekte: die natürliche Person als das Einkommensteuersubjekt und die Personengesellschaft als das partielle Steuersubjekt.

I. Ausgangspunkt: Das Grundsatzurteil aus dem Jahr 1984

Grundsätzliche Bedenken bestehen gegen die von der Rechtsprechung im Jahre 1984 aufgestellte These von der Personengesellschaft als beschränktes Steuerrechtssubjekt im Einkommensteuerrecht. Der Große Senat führt aus:

> „Eine Personengesellschaft ist jedoch für die Einkommensteuer oder Körperschaftsteuer *insoweit Steuerrechtssubjekt*, als sie in der Einheit ihrer Gesellschafter Merkmale eines Besteuerungstatbestandes verwirklicht, welche den Gesellschaftern für deren Besteuerung zuzurechnen sind“[188]. [Hervorhebung durch die Verfasserin]

Obgleich seit dem Beschluss nunmehr über 30 Jahre vergangen sind, werden seine Thesen immer noch kontrovers beurteilt und diskutiert. Während ein großer Teil im Schrifttum der von der Rechtsprechung aufgestellten These zur partiellen Steuerrechtsfähigkeit der Personengesellschaft ausdrücklich zustimmt[189], stehen andere Teile im Schrifttum dieser These ablehnend gegenüber[190].

---

185 Dazu *Schön*, StuW 1996, 275 (287 f.); *Hallerbach*, Die Personengesellschaft im Einkommensteuerrecht, 1999, S. 136; *Pinkernell*, Einkünftezurechnung bei Personengesellschaften, 2001, S. 41 ff.; aus jüngerer Zeit *Hennrichs*, FR 2010, 721 f.

186 Zustimmend *Kuck*, Steuerrechtssubjektivität mitunternehmerischer Innengesellschaften, 2009, S. 41. Ferner *Schulze-Osterloh*, in Festschrift L. Schmidt, 1993, S. 307 (311).

187 Dazu bereits oben § 2 III. 1.

188 BFH, Beschluss vom 25.6.1984 – GrS 4/82, BStBl. II 1984, 751 (761 f.).

189 Siehe nur *Früchtl/Prokscha*, DStZ, 2010, 595 (599): „Heute gilt nach ganz h.M. der Grundsatz, dass die Personengesellschaft selbst partiell Steuerrechtssubjekt ist […]“ sowie „Personengesellschaft agiert als eigene Rechtsperson“. Zudem *Gschwendtner*, in Festschrift Klein, 1994, S. 751 (779).

190 Vornehmlich *Reiß* und *Pinkernell*. Dazu im Folgenden.

II. Mangelnde gesetzliche Grundlage

1. Keine Begründung seitens des Gerichts

Der Große Senat des Bundesfinanzhofs spricht der Personengesellschaft eine begrenzte Steuerrechtsfähigkeit zu. Allerdings kann er für diese „wahrlich kühne These“[191] keine überzeugende Begründung liefern[192]. Denn das Gericht verrät in seiner Entscheidung nicht, worauf diese Annahme basiert. In den Folgeentscheidungen wird stets auf diese Erwägungen Bezug genommen ohne die These von der partiellen Steuerrechtsfähigkeit (erstmals) in Frage zu stellen. Darum sind nun mögliche gesetzliche Grundlagen in den Blick zu nehmen.

2. Mögliche gesetzliche Grundlagen

Fraglich ist, inwieweit sich die begrenzte Steuerrechtsfähigkeit der Personengesellschaft aus dem Einkommensteuergesetz ableiten lässt. Der Einkommensbesteuerung unterliegen nach § 1 EStG nur natürliche Personen[193]. Damit ist die natürliche Person das Steuersubjekt im Rahmen der Einkommensteuer[194].

Die Vorschrift des § 2 Abs. 1 Satz 1 EStG bestimmt weiter, dass der Einkommensteuer die Einkünfte unterliegen, die der Steuerpflichtige im Rahmen einer der sieben Einkunftsarten erzielt. Damit werden dem Steuersubjekt „natürliche Person“ die Einkünfte und damit insgesamt das Steuerobjekt „Einkommen“ zugerechnet.

Die Personengesellschaft ist hingegen weder Steuersubjekt nach § 1 EStG noch Zurechnungssubjekt nach § 2 Abs. 1 Satz 1 EStG[195]. Aus der allgemeinen Systematik der Vorschriften §§ 1 und 2 EStG lässt sich die begrenzte Steuerrechtsfähigkeit der Personengesellschaft mithin nicht entnehmen.

Möglicherweise könnte sich die begrenzte Rechtsfähigkeit der Personengesellschaft aus der Norm § 15 Abs. 1 Satz 1 Nr. 2 Satz 1 EStG ergeben. Dafür

---

191 Treffend *Meßmer*, in Festschrift Döllerer, 1988, S. 429 (446).

192 BFH, Beschluss vom 25.6.1984 – Grs 4/82, BStBl. II 1984, 751 (762): „Davon, daß eine Personengesellschaft in begrenztem Umfang Steuerrechtssubjekt ist, geht die Rechtsprechung des BFH bereits seit längerem aus […]“.

193 Dazu bereits oben § 3.

194 Dazu bereits oben § 3.

195 *Reiß*, in Kirchhof/Söhn/Mellinghoff, EStG/KStG/GewStG, § 15 EStG Rdnr. E 41 (Sept. 1995); *ders.*, in Leitgedanken des Rechts, Bd. II, 2013, S. 1925 (1927); *Meßmer*, in Festschrift Döllerer, 1988, S. 429 (442). Zudem *Pinkernell*, Einkünftezurechnung bei Personengesellschaften, 2001, S. 128; *Drüen*, in Tipke/Kruse, AO/FGO, § 33 AO Tz. 68 (Okt. 2015).

müsste die Personengesellschaft in der Norm selbst als Trägerin steuerrechtlicher Rechte und Pflichten angesprochen werden. Die Vorschrift bestimmt, dass Einkünfte aus Gewerbebetrieb die Gewinnanteile *der Gesellschafter* sind und die Vergütungen, die *der Gesellschafter* von der Gesellschaft bezogen hat. Es wird ausdrücklich auf die Gesellschafter als Einkommensteuersubjekte und auf die Gewinnanteile und Vergütungen als das Einkommensteuerobjekt abgestellt. Die Gesellschaft ist indes weder Steuersubjekt noch Steuerobjekt[196]. Vielmehr wird ihr Gesamtgewinn den einzelnen Gesellschaftern als deren Gewinnanteile zugerechnet. Der Personengesellschaft kommt damit im Einkommensteuerrecht eine Zurechnungsfunktion zu – sie ist Zurechnungssubjekt, aber kein Einkommensteuersubjekt[197]. Die Vorschrift des § 15 Abs. 1 Nr. 2 Satz 1 EStG legt der Personengesellschaft daher keine Rechte oder Pflichten auf.

Da sich eine beschränkte Steuerrechtsfähigkeit der gewerblichen Personengesellschaft nicht durch die Vorschrift des § 15 Abs. 1 Nr. 2 EStG herleiten lässt, fehlt es für eine vermögensverwaltende Personengesellschaft, welche gesetzlich nicht ausdrücklich geregelt ist, indes vollends an einem gesetzlichen Anhaltspunkt[198].

Mithin lässt sich die These der begrenzten Steuerrechtsfähigkeit der Personengesellschaft nicht aus dem Einkommensteuergesetz ableiten[199]. Eine gesetzliche Grundlage hierfür fehlt[200].

---

196 Dazu auch *Reiß*, in Kirchhof/Söhn/Mellinghoff, EStG/KStG/GewStG, § 15 EStG Rdnr. E 42 (Sept. 1995). Ferner *Pinkernell*, Einkünftezurechnung bei Personengesellschaften, 2001, S. 77: „Auch der Wortlaut des § 15 Abs. 1 S. 1 Nr. 2 EStG gibt für die vermeintliche Steuersubjekteigenschaft der Personengesellschaft nichts her".

197 Ebenso *Pinkernell*, Einkünftezurechnung bei Personengesellschaften, 2001, S. 78.

198 *Jakob/Hörmann*, FR 1990, 33 (36); dem folgend *Pinkernell*, Einkünftezurechnung bei Personengesellschaften, 2001, S. 78.

199 *Meßmer*, FR 1990, 205 (208 f.). Auch nach *Drüen*, in Tipke/Kruse, AO/FGO, § 33 AO Tz. 68 (Okt. 2015) ist diese Rechtsprechung durch das Gesetz nicht gedeckt. Eine begrenzte Steuerrechtsfähigkeit der Personengesellschaft kenne das EStG nicht. Ferner *Kuck*, Steuerrechtssubjektivität mitunternehmerischer Innengesellschaften, 2009, S. 48.

200 *Meßmer*, in Festschrift Döllerer, 1988, S. 429 (442, 445 f.) führt hierzu aus: „Für diese wahrlich kühne These [...] gebe das Gesetz nicht den geringsten Anhalt". *Ders.*, FR 1990, 205 (208). Ferner *Reiß*, in Kirchhof/Söhn/Mellinghoff, EStG/KStG/GewStG, § 15 EStG Rdnr. E 38 (Sept. 1995); *ders.*, Stbg. 1999, 356 (364): „Die Vorstellung von der partiellen Steuerrechtsfähigkeit der Personengesellschaft ist überflüssig und mit dem geltenden Recht unvereinbar"; *ders.*, Kirchhof, EStG[15], 2016, § 15, Rz. 169: „angebliche partielle Steuerrechtsfähigkeit"; dem folgend *Bodden*, Einkünftequalifikation bei Mitunternehmern, 2001, S. 23: „angeblichen einkommensteuerrechtlichen

3. Ergebnis

Weder aus § 15 Abs. 1 Nr. 2 EStG noch aus der allgemeinen Systematik des Einkommensteuergesetzes lässt sich eine partielle Steuerrechtsfähigkeit der Personengesellschaft entnehmen[201].

Selbst der Bundesfinanzhof hat derweil ausdrücklich festgestellt, dass Besteuerungssubjekt im Rahmen des Einkommensteuerrechts allein die natürliche Person sein kann:

> „Die Eigenschaften der Personengesellschaften und Gemeinschaften als Steuerrechtssubjekt lässt die Grundentscheidung der §§ 1 und 2 EStG unberührt, dass Subjekte der Einkommensteuer allein die einzelnen Gesellschafter sind"[202].

Umso mehr erstaunt es, dass die Rechtsprechung weiterhin an der partiellen Steuerrechtsfähigkeit der Personengesellschaft festhält. Denn mangels gesetzlicher Grundlage wäre nur der Steuergesetzgeber befugt, ein weiteres Steuerrechtssubjekt im Einkommensteuerrecht einzuführen[203].

Wenn man mit der Rechtsprechung eine partielle Steuerrechtsfähigkeit der Personengesellschaft im Einkommensteuerrecht anerkennt, besteht ein nicht auflösbarer Widerspruch zu der Besteuerung der Gesellschafter, die nach den Vorschriften

---

Rechtssubjektivität der Personengesellschaft" sowie S. 54, 55; *Pinkernell*, Einkünftezurechnung bei Personengesellschaften, 2001, S. 75: „(angebliche) einkommensteuerrechtliche Teilrechtsfähigkeit der Personengesellschaft". Zudem kritisch *Bodden*, FR 2002, 559 (560); *von Beckerath*, in Beermann/Gosch, AO/FGO, § 48 FGO Rz. 31 (März 2012); *Schulze-Osterloh*, in Festschrift L. Schmidt, 1993, S. 307 (310); *Groh*, ZIP 1998, 89 (93); *Drüen*, in Tipke/Kruse, AO/FGO, § 33 AO Tz. 68 (Okt. 2015); *Dürrschmidt/Friedrich-Vache*, DStR 2005, 1515 (1516). *Walz*, JZ 1985, 192 (194) spricht treffend davon, dass der BFH die partielle Steuerrechtssubjektivität der Personengesellschaften jüngst „entdeckt zu haben glaubt". *Bodden*, DStZ 1996, 73 (74) qualifiziert die Einordnung der Personengesellschaft als partielles Steuersubjekt als richterliche Rechtsfortbildung. Kritisch wohl auch *Ruban*, in Festschrift Döllerer, 1988, S. 515 (525).

201 Ausführlich *Pinkernell*, Einkünftezurechnung bei Personengesellschaften, 2001, S. 74 ff., 128; dem folgend *Bodden*, Einkünftequalifikation bei Mitunternehmern, 2001, S. 43 ff., 54 f.; ferner *Kuck*, Steuerrechtssubjektivität mitunternehmerischer Innengesellschaften, 2009, S. 45 ff.; jüngst *Reiß*, in Leitgedanken des Rechts, Bd. II, 2013, § 177 Rz. 4: „Ihr kommt für die Einkommen- und Körperschaftsteuer materiell keine steuerliche Rechtsfähigkeit zu.". A.A. *Gschwendtner*, in Festschrift Klein, 1994, S. 751 (760 ff.).

202 BFH, Urteil vom 3.7.1995 – GrS 1/93, BStBl. II 1995, 617 (621).

203 Dazu *Meßmer*, FR 1990, 205 (208); *ders.*, in Festschrift Döllerer, 1988, S. 429 (440); *Reiß*, in Kirchhof/Söhn/Mellinghoff, EStG/KStG/GewStG, § 15 EStG Rdnr. E 41 (Sept. 1995).

der § 1 und § 2 EStG das Besteuerungssubjekt im Rahmen der Einkommensteuer bilden[204]. Es ist nicht möglich zugleich die Personengesellschaft und die Gesellschafter als Besteuerungssubjekt hinsichtlich des Besteuerungsobjekts Einkünfte aus Gewinnanteilen anzusehen[205]. Darum ist ein zusätzliches Besteuerungssubjekt „Personengesellschaft" im geltenden Einkommensteuerrecht abzulehnen[206].

III. Brüche im materiellen Recht: Zurechnung von Wirtschaftsgütern

Während die gewerbliche Personengesellschaft im Einkommensteuerrecht in § 15 Abs. 1 Nr. 2 EStG rudimentär geregelt ist, findet sich keine ausdrückliche Regelung für die vermögensverwaltende Personengesellschaft[207]. Beide Arten von Personengesellschaft werden von der Rechtsprechung im Einkommensteuerrecht gleichermaßen als partielles Steuerrechtssubjekt qualifiziert[208]. Indes verfährt die Rechtsprechung hinsichtlich der Zurechnung von Wirtschaftsgütern vollkommen unterschiedlich bei gewerblichen und vermögensverwaltenden Personengesellschaften.

Wirtschaftsgüter, die mehreren zur gesamten Hand zustehen, werden nach § 39 Abs. 2 Nr. 2 AO den Beteiligten anteilig zugerechnet, soweit eine getrennte Zurechnung für die Besteuerung erforderlich ist.

Die Rechtsprechung sieht eine getrennte Zurechnung von Wirtschaftsgütern bei einer vermögensverwaltenden Personengesellschaft für die Besteuerung als erforderlich an[209]. Damit wird die vermögensverwaltende Personengesellschaft

---

204 *Rätke*, in Herrmann/Heuer/Raupach, EStG/KStG, § 15 EStG Anm. 99 (März 2013): „Widerspruch zwischen der rechtl. und stl. Verselbständigung der PersGes. einerseits [...] und der Besteuerung des Gesellschafters andererseits [...]".

205 Dazu *Pinkernell*, Einkünftezurechnung bei Personengesellschaften, 2001, S. 77 f.

206 Ebenso *Bodden*, Einkünftequalifikation bei Mitunternehmern, 2001, S. 3, 39 ff., 55; *Pinkernell*, Einkünftezurechnung bei Personengesellschaften, 2001, S. 77. Zu Reformvorschlägen für ein zukünftiges Besteuerungsregime siehe unten § 13.

207 Der Begriff der Vermögensverwaltung wird nur in § 14 Satz 3 AO näher umschrieben. Hiernach liegt eine Vermögensverwaltung in der Regel vor, wenn Vermögen genutzt wird.

208 Dazu bereits oben § 3. Diese Sichtweise hat der BFH – soweit ersichtlich – bis heute nicht aufgegeben. Dazu *Hüttemann*, Einkünftermittlung bei Gesellschaften, DStJG 34 (2011), S. 291 (307). Zudem *Kemcke/Schäffer*, in Haase/Dorn, Vermögensverwaltende Personengesellschaften, 2013, S. 64.

209 BFH, Urteil vom 6.10.2004 – IX R 68/01, BStBl. II 2005, 324 (326); BFH, Urteil vom 2.4.2008 – IX R 18/06, BStBl. II 2008, 679 (680); BFH, Urteil vom 26.4.2012 – IV R

steuerrechtlich als Bruchteilsgemeinschaft eingeordnet[210]. Darum werden die Wirtschaftsgüter abweichend vom Zivilrecht (dort: Gesamthandsvermögen) den Gesellschaftern quotal nach ihrer Beteiligung zugerechnet (hier: Bruchteilsbetrachtung)[211].

Bei einer gewerblichen Personengesellschaft ist nach der Rechtsprechung eine getrennte Zurechnung der Wirtschaftsgüter nach § 39 Abs. 2 Nr. 2 AO für die Besteuerung nicht erforderlich, so dass keine Bruchteilsbetrachtung vorgenommen wird[212]. Vielmehr wird eine Gesamthandsbetrachtung vorgenommen. Zur Begründung führt die Rechtsprechung an, dass § 39 Abs. 2 Nr. 2 AO bei gewerblichen Personengesellschaften durch § 15 Abs. 1 Satz 1 Nr. 2 EStG „verdrängt" werde[213]. Denn die Gewinnanteile der einzelnen Gesamthänder lassen sich ermitteln, ohne dass dazu deren Anteile an den einzelnen Gegenständen des Gesamthandsvermögens

---

44/09, BStBl. II 2013, 142 (145). Zudem *Schmieszek*, in Beermann/Gosch, AO/FGO, § 39 AO Rz. 144 (Jan. 2013); *Drüen*, in Tipke/Kruse, AO/FGO, § 39 AO Tz. 92 (Juni 2012). A.A. *Krüger*, Die vermögensverwaltende Personengesellschaft im Ertragssteuerrecht, 1995, S. 153 sowie S. 160: „Die Auffassungen, daß die Wirtschaftsgüter der Gesamthand den betrieblich beteiligten Gesellschaftern anteilig als Bruchteilseigentum gemäß § 39 II Nr. 2 AO zuzurechnen seien, leugnet m.E. die gesamthänderische Bindung der Wirtschaftsgüter und stellt sich gegen die im Beschluß des Großen Senats erfolgte Anerkennung der begrenzten Steuerrechtssubjektivität der Personengesellschaft".

210 Dazu *Hüttemann*, Einkünftermittlung bei Gesellschaften, DStJG 34 (2011), S. 291 (308); *Drüen*, in Tipke/Kruse, AO/FGO, § 39 AO Tz. 92 (Juni 2012); ferner *Geck*, KÖSDI 2010, 16842 (16845); *Wacker*, DStR 2005, 2014 (2015); *Groh*, DB 1984, 2373 (2374); *Rätke/Witt*, in Herrmann/Heuer/Raupach, EStG/KStG, § 15 EStG Anm. 114 (März 2013).

211 BFH, Urteil vom 9.5.2000 – VIII R 41/99, BStBl. II 2000, 686 (688); ferner *Geck*, KÖSDI 2010, 16842 (16845).

212 Ständige Rspr.: BFH, Beschluss vom 25.2.1991 – GrS 7/89, BStBl. II 1991, 691 (699); BFH, Urteil vom 28.11.2002 – III R 1/01, BStBl. II 2003, 250 (255); BFH, Urteil vom 3.2.2010 – IV R 26/07, BStBl. II 2010, 751 (754); offengelassen durch FG Niedersachsen, EFG 1994, 287 (288).

213 BFH, Beschluss vom 25.2.1991 – GrS 7/89, BStBl. II 1991, 691 (699); BFH, Urteil vom 20.2.2003 – III R 34/01, BStBl. II 2003, 700 (701); BFH, Urteil vom 6.10.2004 – IX R 68/01, BStBl. II, 2005, 324; BFH, Urteil vom 2.4.2008 – IX R 18/06, BStBl. II 2008, 678; jüngst BFH, Urteil vom 26.4.2012 – IV R 44/09, BStBl. II 2013, 142 (145). Dazu näher *Drüen*, in Tipke/Kruse, § 39 AO Tz. 90 f. (Juni 2012); *Schmieszek*, in Beermann/Gosch, AO/FGO, § 39 AO Rz. 151 (Jan. 2013). Kritisch hinsichtlich dieser Differenzierung zwischen vermögensverwaltenden und gewerblichen Personengesellschaften *Reiß*, in Leitgedanken des Rechts, Bd. II, 2013, S. 1925 (1933).

festgestellt werden müssten[214]. Zudem solle sich die vorrangige Zurechnung nach § 15 Abs. 1 Satz 1 Nr. 2 EStG aus den Vorschriften der § 5 EStG i.V.m. §§ 6, 238 HGB und § 140 AO ergeben, welche als speziellere Normen der Zurechnungsregel des § 39 Abs. 2 Nr. 2 AO vorgingen[215].

Durch die unterschiedliche Behandlung von gewerblichen und vermögensverwaltenden Personengesellschaften ergeben sich erhebliche Abweichungen im Rahmen der Besteuerung[216]. Einer gewerblichen Personengesellschaft wird im Vergleich zu einer vermögensverwaltenden Personengesellschaft ein höherer Grad an steuerrechtlicher Verselbstständigung eingeräumt[217]. Es ist nicht verständlich, warum der Bundesfinanzhof beide Formen der Personengesellschaft im Einkommensteuerrecht ausdrücklich als partielles Steuerrechtssubjekt anerkennt, dann allerdings im Rahmen der Zurechnung von Gesamthandsvermögen beide Gesellschaften unterschiedlich behandelt.

IV. Ergebnis

Letztendlich ist festzustellen, dass im geltenden materiellen Recht der Personengesellschaft weder das Transparenzprinzip in seiner Reinform noch das Trennungsprinzip verfolgt wird, sondern ein „Mix aus Vielheit und Einheit". Hierdurch werden mannigfaltig Unstimmigkeiten bei der steuerlichen Behandlung von Personengesellschaften verursacht, so dass es nicht verwundert, dass das Verfahrensrecht nicht mit dem materiellen Recht übereinstimmt.

---

214 BFH, Beschluss vom 3.7.1995 – GrS, 1/93, BStBl. II 1995, 617 (621).

215 BFH, Urteil vom 10.7.1980 – IV R 136/77, BStBl. II 1981, 84 (87); BFH, Urteil vom 6.11.1980 – IV R 5/77, BStBl. II 1981, 307 (308); *Reiß*, StuW 1986, 232 (234 f.); *Jakob*, BB 1989, 597 (598 f.).

216 *Drüen*, in Tipke/Kruse, AO/FGO, § 39 AO Tz. 92 (Juni 2012); *Schmieszek*, in Beermann/Gosch, AO/FGO, § 39 AO Rz. 144 (Jan. 2013); kritisch *Krüger*, Die vermögensverwaltende Personengesellschaft im Ertragssteuerrecht, 1995, S. 143: „beachtliche steuerliche Folgen" sowie S. 153. Siehe zudem die „Zwischenbilanz" von *Wacker*, DStR 2005, 2014 ff.

217 *Engel*, Vermögensverwaltende Personengesellschaften im Ertragsteuerrecht², 2015, S. 69.

Dritter Teil

Bestandsaufnahme verfahrensrechtlicher Probleme im einheitlichen und gesonderten Feststellungsverfahren bei Personengesellschaften und ihren Gesellschaftern

§ 5 Zur verfahrensrechtlichen Einordnung im Veranlagungsverfahren und zum Rechtssubjekt

Steuern werden, soweit nichts anderes vorgeschrieben ist, von der Finanzbehörde durch Steuerbescheid festgesetzt (§ 155 Abs. 1 Satz 1 AO). Hierbei bildet die Feststellung der Besteuerungsgrundlagen einen unselbständigen Teil der Steuerfestsetzung (§ 157 Abs. 2 Halbsatz 1 AO). Sowohl die Feststellung der Besteuerungsgrundlagen als auch die anschließende Festsetzung der Steuer erfolgen in einem einheitlichen Besteuerungsverfahren[218]. Ein weiteres Verfahren ist grundsätzlich nicht vorgesehen.

Hiervon abweichend können die Besteuerungsgrundlagen durch einen Feststellungsbescheid gesondert festgestellt werden, soweit dies gesetzlich bestimmt ist (§ 157 Abs. 2 Halbsatz 2 AO i.V.m. § 179 Abs. 1 AO). Damit wird durch das Feststellungsverfahren das sonst einheitliche Besteuerungsverfahren in zwei Teilstücke zerlegt: Feststellung der Besteuerungsgrundlagen und Festsetzung der Steuer[219]. Die einheitliche Feststellung von Besteuerungsgrundlagen hat eine lange Tradion. Erstmals wurde im Jahr 1925 in § 65 Abs. 1 EStG 1925[220] eine entsprechende Regelung eingeführt[221].

Eine gesonderte Feststellung von Besteuerungsgrundlagen sieht vornehmlich die für Personengesellschaften bedeutsame Vorschrift des § 180 Abs. 1 Nr. 2a AO vor. Hiernach werden einkommensteuerpflichtige und körperschaftsteuerpflichtige Einkünfte und mit ihnen im Zusammenhang stehende andere Besteuerungsgrundlagen gesondert festgestellt, wenn an den Einkünften mehrere Personen beteiligt sind und die Einkünfte diesen Personen steuerlich zuzurechnen sind. Von der Feststellung werden sowohl die gewerblichen Einkünfte der

---

218 *Brandis*, in Tipke/Kruse, AO/FGO, Vor § 179 Tz. 1 (Aug. 2014): „verfahrensrechtliche Einheit"; *Söhn*, in Hübschmann/Hepp/Spitaler, AO/FGO, § 179 Rz. 7 (Nov. 2010); *Ratschow* in Klein, AO[12], 2014, § 179 AO Rz. 1; *Seer* in Tipke/Lang, Steuerrecht[22], 2015, § 21 Rz. 117: „Grundsatz der verfahrensrechtlichen Einheit des Steuerfestsetzungsverfahrens".

219 *Kunz*, in Beermann/Gosch, AO/FGO, Vor §§ 179 – 184 AO Tz. 3 (Aug. 2003); *Söhn*, in Hübschmann/Hepp/Spitaler, AO/FGO, § 179 AO Rz. 8 (Nov. 2010).

220 Gesetz v. 10.8.1925, RGBl. I 1925, 189.

221 Näher dazu *Steinhauff*, in Hübschmann/Hepp/Spitaler, AO/FGO, § 48 FGO Rz. 6 (März 2012).

Gesellschafter als auch andere Einkünfte (vornehmlich solche aus Vermietung und Verpachtung) erfasst, weil Gegenstand der Feststellung die Einkünfte im Sinne des § 2 Abs. 1 Nr. 1–7 EStG sind[222].

I. Buchführungs- und Aufzeichnungspflichten

1. Zur gewerblich tätigen Personengesellschaft

Fraglich ist, welches Rechtssubjekt bei einer gewerblich tätigen Personengesellschaft den Buchführungs- und Aufzeichnungspflichten unterliegt. Es können sowohl die Gesellschafter als auch die Gesellschaft in Betracht kommen.

Die Gesellschafter einer gewerblich tätigen Personengesellschaft erzielen Einkünfte aus Gewerbebetrieb nach § 15 Abs. 1 Nr. 2 Satz 1 EStG. Hiernach unterliegen die Gewinnanteile der Gesellschafter und die in der Vorschrift genannten Vergütungen der Einkommensbesteuerung. Die Vorschrift des § 2 Abs. 2 Satz 1 Nr. 1 EStG bestimmt, dass die Einkünfte aus Gewerbebetrieb der Gewinn sind. Der Gewinn ist nach den Vorschriften der §§ 4 bis 7k EStG zu ermitteln. Der einzelne Gewinnanteil eines Gesellschafters kann indes nur auf der Grundlage des Gewinns der Gesellschaft ermittelt werden[223]. Darum ist zu klären, wem die Buchführungs- und Aufzeichnungspflicht hinsichtlich dieses Gewinns obliegt.

Die Vorschrift des § 140 AO bestimmt, dass Buchführungs- und Aufzeichnungspflichten nach anderen Gesetzen auch für das Steuerrecht zu erfüllen sind, soweit sie für die Besteuerung von Bedeutung sind – sog. abgeleitete Buchführungspflichten[224]. Für Personenhandelsgesellschaften (§ 6 HGB) sind vornehmlich die Buchführungsvorschriften des Handelsrechts nach den Vorschriften der §§ 238 ff. HGB von Bedeutung[225]. Hiernach ist jeder Kaufmann verpflichtet, Bücher zu führen. Kaufmann ist die Personengesellschaft, so dass diese allein verpflichtet ist, eine Gesellschaftsbilanz zu erstellen[226]. Die Gesellschafter unterliegen indes keinen handelsrechtlichen Buchführungspflichten[227]. Darum ist allein die Personengesellschaft hinsichtlich der Gesellschaftsbilanz für das Steuerrecht

222 Dazu *Söhn*, in Hübschmann/Hepp/Spitaler, AO/FGO, § 180 AO Rz. 161 (Aug. 2011).

223 Dazu *Knobbe-Keuk*, Bilanz-und Unternehmenssteuerrecht[9], 1993, S. 365; *Hennrichs*, in Tipke/Lang, Steuerrecht[22], 2015, § 10 Rz. 120; *Meßmer*, FR 1990, 205 (206).

224 *Drüen*, in Tipke/Kruse, AO/FGO, § 140 AO Tz. 1 (Okt. 2015); *Görke*, in Hübschmann/Hepp/Spitaler, AO/FGO, § 140 AO Rz. 1 (Sept. 2008).

225 *Görke*, in Hübschmann/Hepp/Spitaler, AO/FGO, § 140 AO Rz. 7 (Sept. 2008).

226 *Hennrichs*, in Tipke/Lang, Steuerrecht[22], 2015, § 10 Rz. 115.

227 *Knobbe-Keuk*, Bilanz- und Unternehmenssteuerrecht[9], 1993, S. 415, 442 f.

buchführungspflichtig[228]. Wer Aufzeichnungs- und Buchführungspflichten unterliegt, wird zum Steuerpflichtigen im Sinne des § 33 Abs. 1 AO[229]. Denn derjenige ist im formellen Recht Träger von verfahrensrechtlichen Pflichten. Damit wird die Personengesellschaft zum Rechtssubjekt im Verfahrensrecht hinsichtlich der Buchführungs- und Aufzeichnungspflichten erklärt[230]. Sie ist im formellen Recht Trägerin von verfahrensrechtlichen Pflichten und darum insoweit steuerrechtsfähig.

Neben der Gesellschaftsbilanz sind im Rahmen der Ermittlung der gewerblichen Einkünfte von Personengesellschaften im Steuerrecht allerdings noch Sonderbilanzen zu erstellen. Sonderbetriebsvermögen und damit auch Sonderbilanzen existieren indes nur im Steuerrecht, hingegen nicht im Handelsrecht[231]. Mangels außersteuerlicher Buchführungs- und Aufzeichnungspflichten können daher für diese Bilanz keine Pflichten durch § 140 AO i.V.m. § 238 HGB begründet werden[232]. Der Bundesfinanzhof leitet die Buchführungs- und Aufzeichnungspflichten für die Sonderbilanz aus § 141 AO ab[233]. § 141 AO begründet originäre steuerrechtliche Buchführungs- und Aufzeichnungspflichten[234] und macht die jeweiligen Pflichten von der Überschreitung bestimmter Größenmerkmale abhängig[235]. Die Rechtsprechung geht davon aus, dass bei der Erstellung

228 *Rüsken*, in Klein, AO[12], 2014, § 33 AO Rz. 33; *Steinhauff*, in Hübschmann/Hepp/Spitaler, AO/FGO, § 48 FGO Rz. 21 (März 2012).

229 *Drüen*, in Tipke/Kruse, AO/FGO, § 33 AO Tz. 13 (Okt. 2015); *Schindler*, in Beermann/Gosch, AO/FGO, § 33 AO Rz. 15 (April 2015); *Boeker*, in Hübschmann/Hepp/Spitaler, AO/FGO, § 33 AO Rz. 17 (Juni 2014); *Dumke*, in Schwarz/Pahlke, AO, § 33 AO Rz. 45 (Juni 2011).

230 *Drüen*, in Tipke/Kruse, AO/FGO, § 33 AO Tz. 3, 13 (Okt. 2015); *Meßmer*, FR 1990, 205 (206, 209); *Pinkernell*, Einkünftezurechnung bei Personengesellschaften, 2001, S. 70.

231 BFH, Urteil vom 23.10.1990 – VIII R 142/85, BStBl. II 1991, 401 (403); *Görke*, in Hübschmann/Hepp/Spitaler, AO/FGO, § 140 AO Rz. 19 (Sept. 2008); *Drüen*, in Tipke/Kruse, AO/FGO, § 140 AO Tz. 4 (Okt. 2015); *Hennrichs*, in Tipke/Lang, Steuerrecht[22], 2015, § 10 Rz. 115.

232 *Drüen*, in Tipke/Kruse, AO/FGO, § 140 AO Tz. 4 (Okt. 2015).

233 BFH, Urteil vom 23.10.1990 – VIII R 142/85, BStBl. II 1991, 401 (403); BFH, Urteil vom 11.3.1992 – XI R 38/89, BStBl. II 1992, 797 (798). Zustimmend *Schön*, DStR 1993, 185 (193). Kritisch hingegen *Görke*, in Hübschmann/Hepp/Spitaler, AO/FGO, § 140 AO Rz. 19 (Sept. 2008); *Drüen*, in Tipke/Kruse, AO/FGO, § 141 AO Tz. 3a (Okt. 2015); *Knobbe-Keuk*, Bilanz- und Unternehmenssteuerrecht[9], 1993, S. 442 f.; *dies.* StbJb. 1991/1992, S. 215 (227); *Hoffmann*, BB 1991, 513 (514).

234 *Drüen*, in Tipke/Kruse, AO/FGO, § 140 AO Tz. 1 (Okt. 2015).

235 *Boeker*, in Hübschmann/Hepp/Spitaler, AO/FGO, § 33 AO Rz. 18a (Juni 2014).

einer Sonderbilanz die Personengesellschaft selbst und daher nicht die jeweiligen Gesellschafter buchführungspflichtig sind[236]. Darum wird im Rahmen des Sonderbetriebsvermögens die Personengesellschaft als Rechtssubjekt mit verfahrensrechtlichen Pflichten angesehen.

2. Zur vermögensverwaltenden Personengesellschaft

Fraglich ist, welchem Rechtssubjekt bei einer vermögensverwaltenden Personengesellschaft Buchführungs- und Aufzeichnungspflichten obliegen. Sowohl die Gesellschafter als auch die Gesellschaft kommen in Betracht. Vorab ist indes zu klären, ob eine solche Gesellschaft überhaupt Buchführungs- und Aufzeichnungspflichten unterliegt.

Eine vermögensverwaltende Personengesellschaft wird im Bereich der Überschusseinkünfte tätig. Sie erzielt vor allem Einkünfte aus Vermietung und Verpachtung oder aus Kapitalvermögen[237]. Sie ist kein Kaufmann nach den Vorschriften der §§ 1–3 HGB[238]. Allerdings kann eine vermögensverwaltende Personengesellschaft, wenn sie in Form einer offenen Handelsgesellschaft oder Kommanditgesellschaft betrieben wird, nach § 6 HGB Kaufmann sein, so dass sie handelsrechtlich durch § 238 HGB zur Buchführung verpflichtet wird[239]. Darum besteht für vermögensverwaltende Personengesellschaften grundsätzlich eine durch § 140 AO abgeleitete steuerrechtliche Buchführungspflicht[240]. Indes sind nach § 2 Abs. 2 Satz 1 Nr. 2 EStG die Einkünfte bei den Überschusseinkunftsarten der Überschuss der Einnahmen über die Werbungskosten. Darum hat die vermögensverwaltende Personengesellschaft trotz handelsrechtlicher Buchführungspflichten keine Bilanz für Steuerzwecke zu erstellen, sondern eine Überschussrechnung nach den

---

236 BFH, Urteil vom 23.10.1990 – VIII R 142/85, BStBl. II 1991, 401 (403). Dem folgend *Kahle*, DStZ 2012, 61 (64). A.A. auf die jeweiligen Gesellschafter abstellend *Knobbe-Keuk*, Bilanz- und Unternehmenssteuerrecht[9], 1993, S. 442 f.; *dies.*, StbJb. 1991/1992, S. 215 (228); *Hennrichs*, in Tipke/Lang, Steuerrecht[22], 2015, § 10 Rz. 116; *Schön*, DStR 1993, 185 (193).

237 *Knobbe-Keuk*, Bilanz- und Unternehmenssteuerrecht[9], 1993, S. 372; *Engel*, Vermögensverwaltende Personengesellschaften im Ertragsteuerrecht[2], 2015, S. 62.

238 Dazu *Demuth/Klingbeil*, DStR 2009, 2537 f.

239 Dazu *Rätke*, Klein, AO[12], 2014, § 140 AO Rz. 4c; *Drüen*, in Tipke/Kruse, AO/FGO, § 140 AO Tz. 17 (Okt. 2015). Ferner *Demuth/Klingbeil*, DStR 2009, 2537 (2538 f.); *Kemcke/Schäffer*, in Haase/Dorn, Vermögensverwaltende Personengesellschaft, 2013, S. 68.

240 *Rätke*, in Klein, AO[12], 2014, § 140 AO Rz. 4c.

Vorschriften der §§ 8, 9 EStG[241]. Darüber hinaus trifft die vermögensverwaltende Personengesellschaft auch keine Buchführungspflicht aus § 141 AO[242]. Mangels Buchführungs- und Aufzeichnungspflichten einer vermögensverwaltenden Personengesellschaft ist diese insoweit auch keine Steuerpflichtige im Sinne des § 33 Abs. 1 AO. Denn ihr obliegen insoweit keine verfahrensrechtlichen Pflichten im formellen Recht. Darum ist sie insoweit nicht steuerrechtsfähig.

II. Erklärungspflichten

Zur Durchführung der einheitlichen und gesonderten Feststellung muss bei der Finanzbehörde eine Erklärung zur gesonderten Feststellung der Einkünfte eingereicht werden. Hierbei ist Steuererklärung im Sinne des § 170 Abs. 2 Nr. 1 AO die Erklärung zur gesonderten Feststellung der Einkünfte (§ 181 Abs. 1 Satz 2 AO). Nach § 149 Abs. 1 Satz 1 AO bestimmen die Steuergesetze, wer zur Abgabe einer Steuererklärung verpflichtet ist. Daher ist fraglich, wem im Rahmen der einheitlichen und gesonderten Feststellung von Besteuerungsgrundlagen die Erklärungspflicht obliegt. Als Erklärungssubjekt kommen die Personengesellschaft oder die Gesellschafter in Betracht.

1. Keine eindeutige Regelung bis zum Jahr 1986

Bis zum Jahr 1986 war nicht eindeutig gesetzlich geregelt, wer bei gesonderten Feststellungen zur Abgabe der Erklärung zur gesonderten Feststellung (Feststellungserklärung) verpflichtet sein sollte[243]. Allein eine Durchführungsverordnung bestimmte nach den Vorschriften der §§ 58, 59 EStDV, dass die geschäftsführungs- oder vertretungsbefugten Personen erklärungspflichtig sein sollten[244].

---

241 *Drüen*, in Tipke/Kruse, AO/FGO, § 140 AO Tz. 17 (Okt. 2015); *ders.*, SteuerStud. 2004, 8 (12); *Rätke*, in Klein, AO[12], 2014, § 140 AO Rz. 4c; *Früchtl/Proschka*, DStZ 2010, 595 (601); *Demuth/Klingbeil*, DStR 2009, 2537 (2539); ferner zur Ergebnisermittlung *Engel*, Vermögensverwaltende Personengesellschaften im Ertragsteuerrecht[2], 2015, S. 100 ff.

242 *Drüen*, in Tipke/Kruse, AO/FGO, § 141 AO Tz. 7a (Okt. 2015); *Kemcke/Schäffer*, in Haase/Dorn, Vermögensverwaltende Personengesellschaft, 2013, S. 68.

243 Amtliche Begründung, BT-Drucks. 10/1636, 46.

244 *Herrmann*, DStZ 1998, 87 (90); *Söhn*, in Hübschmann/Hepp/Spitaler, AO/FGO, § 181 AO Tz. 49 (Nov. 2011).

2. Einführung einer gesetzlichen Regelung

Mangels eindeutiger gesetzlicher Regelung hat der Steuergesetzgeber durch das Steuerbereinigungsgesetz 1985[245] mit Wirkung zum 1.1.1987 die Pflicht zur Abgabe einer gesonderten Feststellungserklärung in § 181 Abs. 2 AO neu eingeführt[246]. Erklärungspflichtig ist hiernach jeder Beteiligte, dem der Gegenstand der Feststellung ganz oder teilweise zuzurechnen ist (§ 181 Abs. 2 Satz 1 AO)[247]. Durch diese gesetzliche Normierung hat der Steuergesetzgeber verdeutlicht, dass nicht die Gesellschaft als solche erklärungspflichtig ist, sondern allein die Gesellschafter[248].

„Zur Klarstellung" hat der Steuergesetzgeber die wichtigsten Anwendungsfälle in § 181 Abs. 2 Nr. 1 bis 4 AO ausdrücklich normiert[249]. In den Fällen einer einheitlichen und gesonderten Feststellung von Einkünften ist jeder Feststellungsbeteiligte erklärungspflichtig, dem ein Anteil an den einkommen- oder körperschaftsteuerpflichtigen Einkünften zuzurechnen ist, d.h. der Gesellschafter (§ 181 Abs. 2 Nr. 1 AO)[250] sowie die in § 34 AO genannten Personen (§ 181 Abs. 2 Nr. 4 AO). Hat ein Erklärungspflichtiger eine Erklärung zur gesonderten Feststellung abgegeben, sind die anderen Beteiligten insoweit von der Erklärungspflicht befreit (§ 181 Abs. 2 Satz 3 AO)[251].

3. Besonderheit: Die Personengesellschaft in Insolvenz

Bei einer Personengesellschaft in Insolvenz gehört die Durchführung der gesonderten und einheitlichen Gewinnfeststellung zu den „insolvenzfreien Angelegenheiten" der Gesellschaft[252]. Die Folgen der Gewinnfeststellung berühren nicht den (nach Insolvenzrecht abzuwickelnden) Vermögensbereich der Gesellschaft, sondern sie betreffen allein die Gesellschafter persönlich[253]. Darum ist

---

245 Steuerbereinigungsgesetz vom 19.12.1985, BGBl. I 1985, 2436.

246 Dazu BT-Drucks. 10/1636, 46.

247 *Von Beckerath*, in Beermann/Gosch, AO/FGO, § 48 FGO Rz. 34 (März 2012).

248 BFH, Urteil vom 23.8.1994 – VII R 143/92, BStBl. II 1995, 194 (195).

249 Amtliche Begründung, BT-Drucks. 10/1636, 46.

250 BFH, Urteil vom 23.8.1994 – VII R 143/92, BStBl. II 1995, 194 (195).

251 *Brandis*, in Tipke/Kruse, AO/FGO, § 181 AO Tz. 13 (Aug. 2014) spricht treffend von einer „Gesamtpflicht".

252 Noch zum Konkursrecht: BFH, Urteil vom 23.8.1994 – VII R 143/92, BStBl. II 1995, 194 (195 f.).

253 BFH, Urteil vom 21.6.1979 – IV R 131/74, BStBl. II 1979, 780 (781); BFH, Urteil vom 12.11.1992 – IV B 83/91, BStBl. II 1993, 265; BFH, Urteil vom 23.8.1994 – VII R 143/92, BStBl. II 1995, 194 (196); *Kunz*, in Beermann/Gosch, AO/FGO, § 181 AO Rz. 13 (Juni 2010); *von Beckerath*, in Beermann/Gosch, AO/FGO, § 48 FGO Rz. 192

der Insolvenzverwalter einer Personengesellschaft nicht verpflichtet, Erklärungen zur einheitlichen und gesonderten Gewinnfeststellung abzugeben[254]. Dies obliegt den Gesellschaftern. Da der Insolvenzverwalter allerdings hinsichtlich der Gewerbesteuererklärung erklärungspflichtig ist, wird der Finanzbehörde in aller Regel auch die Gewinnermittlung der Personengesellschaft vorliegen[255]. Ist dies der Fall, so bedarf es hinsichtlich der Feststellungserklärung nur ergänzender Angaben (vornehmlich Name, Anschrift und Wohnsitz-Finanzamt der Gesellschafter und deren Beteiligungsverhältnisse), zu denen die Feststellungsbeteiligten grundsätzlich auch ohne Einsicht in die Buchführungsunterlagen in der Lage sind[256].

4. Bedenken gegenüber der Vorschrift

In Teilen des Schrifttums stößt die Vorschrift auf Bedenken, weil sie jeden Feststellungsbeteiligten zum Erklärungspflichtigen macht[257]. Die Regelung sei „verfehlt und unwirksam", weil sie von den Feststellungsbeteiligten etwas rechtlich und tatsächlich Unmögliches verlange[258]. Die Abgabe der Feststellungserklärung soll vielmehr nur von den Geschäftsführern bzw. den gesetzlichen Vertretern verlangt werden können[259]. Insbesondere könne ein Kommanditist, welcher nur begrenzte Informationsmöglichkeiten habe, nicht den einheitlich festzustellenden Gewinn erklären[260].

(März 2012); *Leyh*, in Festschrift zum 10jährigen Bestehen der Fachhochschule für Finanzen Nordrhein-Westfalen in Nordkirchen, 1986, S. 151 (168 f.); *von Wedelstädt*, AO-StB 2006, 230 (232); *Benne*, BB 2001, 1977.

254 BFH, Urteil vom 23.8.1994 – VII R 143/92, BStBl. II 1995, 194 (196); *Brandis*, in Tipke/Kruse, AO/FGO, § 181 AO Tz. 13 (Aug. 2014); *Söhn*, in Hübschmann/Hepp/Spitaler, AO/FGO, § 181 AO Tz. 51 (Nov. 2011); *von Wedelstädt*, in Kühn/von Wedelstädt, AO/FGO[21], 2015, § 181 AO Rz. 6; a.A. FG Nürnberg, Beschluss vom 19.2.1980 – V 45/80, EFG 1980, 267 f.; *Lohkemper*, BB 1998, 2030 (2032).

255 BFH, Urteil vom 23.8.1994 – VII R 143/92, BStBl. II 1995, 194 (196); ferner *Kunz*, in Beermann/Gosch, AO/FGO, § 181 AO Rz. 13 (Juni 2010).

256 BFH, Urteil vom 23.8.1994 – VII R 143/92, BStBl. II 1995, 194 (196); ferner *Kunz*, in Beermann/Gosch, AO/FGO, § 181 AO Rz. 13 (Juni 2010).

257 *Brandis*, in Tipke/Kruse, AO/FGO, § 181 AO Tz. 13 (Aug. 2014); *Schick*, StuW 1992, 197 (218). Zudem *Pinkernell*, Einkünftezurechnung bei Personengesellschaften, 2001, S. 71.

258 *Brandis*, in Tipke/Kruse, AO/FGO, § 181 AO Tz. 13 (Aug. 2014).

259 *Brandis*, in Tipke/Kruse, AO/FGO, § 181 AO Tz. 13 (Aug. 2014).

260 *Brandis*, in Tipke/Kruse, AO/FGO, § 181 AO Tz. 13 (Aug. 2014).

Andere Teile im Schrifttum behelfen sich bei der Auswahl des Abgabeverpflichteten mit einer verfassungskonformen Auslegung[261]. Die Finanzbehörde soll im Rahmen ihrer Ermessensausübung berücksichtigen, welcher Feststellungsbeteiligte die zur Abgabe der Feststellungserklärung erforderlichen Informationsmöglichkeiten aufweist[262]. In aller Regel wird sich die Finanzbehörde darum schon aus Zweckmäßigkeitsgründen an den Geschäftsführer einer Gesellschaft halten müssen[263].

III. Adressierung eines Feststellungsbescheides

Bei Erlass eines Feststellungsbescheides hat die Finanzbehörde zu bestimmen, an wen sich der Feststellungsbescheid inhaltlich richtet (Inhaltsadressat), wem er bekanntgegeben werden soll (Bekanntgabeadressat) und wem er zu übermitteln ist (Empfänger)[264]. Die drei Verfahrensschritte sind stets zu unterscheiden, weil diesbezügliche Fehler zu verschiedenen Rechtsfolgen führen können[265].

Adressat[266] eines Feststellungsbescheides ist nach § 179 Abs. 2 Satz 1 AO der Steuerpflichtige, dem der Gegenstand der Feststellung bei der Besteuerung zuzurechnen ist[267]. Ist der Gegenstand der Feststellung nach § 179 Abs. 2 Satz 2 AO mehreren Beteiligten zuzurechnen, so ist der Feststellungsbescheid auch an alle zu richten.

---

261 *Söhn*, in Hübschmann/Hepp/Spitaler, AO/FGO, § 181 AO Tz. 50 (Nov. 2011).

262 *Söhn*, in Hübschmann/Hepp/Spitaler, AO/FGO, § 181 AO Tz. 50 (Nov. 2011); *Kunz*, in Beermann/Gosch, AO/FGO, § 181 AO Rz. 13 (Juni 2010); *Frotscher*, in Schwarz/Pahlke, AO, § 181 Rz. 9 (März 2012); *Koenig*, in Koenig, AO[3], 2014, § 181 Rz. 17; *von Wedelstädt*, in Kühn/von Wedelstädt, AO/FGO[21], 2015, § 181 AO Rz. 6.

263 BFH, Urteil vom 23.8.1994 – VII R 143/92, BStBl. II 1995, 194. Zudem *Söhn*, in Hübschmann/Hepp/Spitaler, AO/FGO, § 181 AO Rz. 50 (Nov. 2011); *Steinhauff*, in Hübschmann/Hepp/Spitaler, AO/FGO, § 48 FGO Rz. 21 (März 2012).

264 *Von Beckerath*, DStR 1983, 475 (476); *Kunz*, in Beermann/Gosch, AO/FGO, § 179 AO Rz. 19 (Aug. 2003).

265 *Kunz*, in Beermann/Gosch, AO/FGO, § 179 AO Rz. 19 (Aug. 2003).

266 Die genaue Bezeichnung für den Adressaten eines Verwaltungsaktes variiert in Rechtsprechung und Schrifttum: „Bescheidinhaltsadressat", „Verwaltungsaktadressat", „Inhaltsadressat", „Destinatär".

267 AEAO zu § 122 Rz. 2.5.1.

1. Meinungsstand in der Rechtsprechung und zu den Bedenken

Nach der Rechtsprechung richten sich die Feststellungsbescheide nach ihrem Inhalt und ihren intendierten Wirkungen gegen die Gesellschafter[268], nicht gegen die Gesellschaft als solche[269]. Darum sind die Gesellschafter die notwendigen Adressaten eines Feststellungsbescheides[270].

Allerdings müssen diese der Rechtsprechung zufolge nicht zwingend im Adressenfeld eines solchen Bescheides genannt werden[271]. Vielmehr soll entscheidend sein, dass aus dem Gesamtinhalt des Feststellungsbescheides klar und eindeutig erkennbar ist, für welche Gesellschafter die Besteuerungsgrundlagen festgestellt werden[272].

Ausreichend soll sein, wenn sich trotz Nennung der Gesellschaft als Sammel- oder Kurzbezeichnung im Adressenfeld, im Übrigen aus dem Bescheid oder aus den beigefügten Anlagen die weiteren Angaben über die Gesellschafter entnehmen

---

268 BFH, Beschluss vom 6.11.1980 – IV R 52/77, BStBl. II 1981, 186 (188); BFH, Urteil vom 8.4.1986 – VIII R 343/82, BFH/NV 1986, 647 (648); BFH, Urteil vom 7.4.1987 – VIII R 259/84, BStBl. II 1987, 766 (767); BFH, Urteil vom 29.4.1992 – XI R 46/88, BFH/NV 1992, 718; BFH, Urteil vom 21.5.1992 – IV R 47/90, BStBl. II 1992, 865 (866).

269 BFH, Urteil vom 6.12.1983 – VIII R 203/81, BStBl. II 1984, 318 (319); BFH, Urteil vom 7.4.1987 – VIII R 259/84, BStBl. II 1987, 766 (767); BFH, Urteil vom 6.3.1990 – VIII R 141/85, BFH/NV 1991, 71; BFH, Urteil vom 26.3.1991 – VIII R 210/85, BFH/NV 1992, 73 (74); BFH, Urteil vom 8.7.1992 – XI R 61, 62/89, BFH/NV 1993, 14; BFH, Urteil vom 25.4.2002 – II R 34/01, BFH/NV 2002, 1593 f. Zudem *Söhn*, in Hübschmann/Hepp/Spitaler, AO/FGO, § 179 AO Rz. 150 (Nov. 2010); *Brandis*, in Tipke/Kruse, AO/FGO, § 179 AO Tz. 8 (Aug. 2014); *Kunz*, in Beermann/Gosch, AO/FGO, § 179 AO Tz. 23 (Aug. 2003); *von Beckerath*, in Beermann/Gosch, AO/FGO, § 48 FGO Rz. 35 (März 2012); *Frotscher*, in Schwarz/Pahlke, AO, § 179 AO Rz. 28 (Sept. 2015); *Kruse*, DStR 1974, 395; *Söhn*, StuW 1999, 328 (331); *Heinke*, DStZ 1997, 558.

270 BFH, Urteil vom 28.3.1979 – I R 219/78, BStBl. II 1979, 718 (719); BFH, Urteil vom 6.12.1983 – VIII R 203/81, BStBl. II 1984, 318 (320); *Söhn*, in Hübschmann/Hepp/Spitaler, AO/FGO, § 179 AO Rz. 153, 161 (Nov. 2010); *Brandis*, in Tipke/Kruse, AO/FGO, § 179 AO Tz. 8 (Aug. 2014); *Kunz*, in Beermann/Gosch, AO/FGO, § 179 AO Rz. 23 (Aug. 2003); *Ruban*, in Festschrift Döllerer, 1988, S. 515 (523).

271 BFH, Urteil vom 6.12.1983 – VIII R 203/81, BStBl. II 1984, 318 (320); BFH, Urteil vom 8.4.1986 – VIII R 343/82, BFH/NV 1986, 647 (648).

272 BFH, Urteil vom 6.12.1983 – VIII R 203/81, BStBl. II 1984, 318 (320); BFH, Urteil vom 8.4.1986 – VIII R 343/82, BFH/NV 1986, 647; jüngst BFH, Urteil vom 24.7.2013 – I R 57/11, BFH/NV 2014, 390 (393); ferner *Söhn*, in Hübschmann/Hepp/Spitaler, AO/FGO, § 179 AO Rz. 153 (Nov. 2010); *Brandis*, in Tipke/Kruse, AO/FGO, § 179 AO Tz. 8 (Aug. 2014); *Kunz*, in Beermann/Gosch, AO/FGO, § 179 AO Rz. 23 (Aug. 2003); *von Beckerath*, DStR 1983, 475 (476).

lassen[273]. Indes ist es nicht ausreichend, wenn in den Erläuterungen eines Feststellungsbescheides allein auf eine Betriebsprüfung sowie auf diverse Textziffern des Betriebsprüfungsberichtes verwiesen wird[274].

Bedenken gegenüber der Rechtsprechung resultieren daraus, dass die Personengesellschaft als Sammel- oder Kurzbezeichnung im Adressenfeld des Feststellungsbescheides genannt werden darf.

Im Schrifttum wird zu Recht kritisiert, dass dieselbe Bezeichnung, die sonst der Kennzeichnung des Steuersubjektes Personengesellschaft dient, gleichzeitig auch zur Kennzeichnung der Gesellschafter als Steuerrechtssubjekte verwendet wird[275]. Denn neben den Feststellungsbescheiden gibt es auch gegen die Personengesellschaft selbst gerichtete Bescheide, z.B. den Umsatzsteuerbescheid[276].

Die Verwendung der Personengesellschaft im Adressenfeld des Feststellungsbescheides kann in der Praxis nicht nur bei den Steuerpflichtigen zu Irritationen führen, sondern auch bei der Finanzbehörde[277]. Denn auch von ihrer Seite aus wird nicht immer klar erkannt, ob in einem Bescheid die Personengesellschaft als Adressat oder die Gesellschafter als Adressaten vorgesehen sind[278].

2. Besonderheit: Ausländische Personengesellschaften

Für die gesonderte und einheitliche Feststellung ist es unerheblich, ob die Personengesellschaft nach inländischem oder nach ausländischem Recht errichtet worden ist und ob sich ihre Geschäftsleitung im Inland oder im Ausland befindet[279]. Darum sind auch die Einkünfte einer ausländischen Personengesellschaft

---

273 BFH, Urteil vom 6.12.1983 – VIII R 203/81, BStBl. II 1984, 318 (320); ferner *Söhn*, in Hübschmann/Hepp/Spitaler, AO/FGO, § 179 AO Rz. 153 (Nov. 2010); *Brandis*, in Tipke/Kruse, AO/FGO, § 179 AO Tz. 8 (Aug. 2014); *Kunz*, in Beermann/Gosch, AO/FGO, § 179 AO Rz. 23 (Aug. 2003).

274 BFH, Urteil vom 28.3.1979 – I R 219/78, BStBl. II 1979, 718 (719).

275 *Von Beckerath*, DStR 1983, 475 (476); *ders.*, in Beermann/Gosch, AO/FGO, § 48 FGO Rz. 91 (März 2012).

276 *Von Beckerath*, DStR 1983, 475 (476).

277 Ebenso *von Beckerath*, DStR 1983, 475 (476).

278 *Von Beckerath*, DStR 1983, 475 (476).

279 BFH, Urteil vom 24.4.2007 – I R 33/06, BFH/NV 2007, 2236 (2237); BFH, Urteil vom 9.12.2010 – I R 49/09, BStBl. II 2011, 482 (483); *Söhn*, in Hübschmann/Hepp/Spitaler, AO/FGO, § 180 AO Rz. 178 (Aug. 2011); *Brandis*, in Tipke/Kruse, AO/FGO, § 180 AO Tz. 16 (Mai 2015); ferner *Stahl*, ISR 2013, 210 (211).

einheitlich und gesondert festzustellen, soweit an ihnen mindestens zwei im Inland unbeschränkt steuerpflichtige Personen beteiligt sind[280].

Allerdings bestehen bei einer ausländischen Personengesellschaft Besonderheiten hinsichtlich der Adressierung von Feststellungsbescheiden. Werden von einer solchen Gesellschaft Einkünfte erzielt, sind nicht die gesamten Einkünfte in das Feststellungsverfahren miteinzubeziehen. Da der Feststellung nur die im Inland einkommen- oder körperschaftsteuerpflichtigen Einkünfte unterliegen[281], sind allein die inländischen Gesellschafter in das Feststellungsverfahren einzubeziehen[282]. Der Feststellungsbescheid erfasst damit nur die inländischen Gesellschafter als Inhaltsadressaten. Darum sind die ausländischen Gesellschafter von der Feststellung nicht betroffen.

a) Rechtsprechungsänderung im Jahr 2007

Bis zum Jahr 2007 waren sich Schrifttum und Rechtsprechung im Grundsatz darüber einig, dass sich bei einer ausländischen Personengesellschaft der Feststellungsbescheid stets an die inländischen Beteiligten zu richten hatte[283]. Indes führte ein Urteil des Bundesfinanzhofs vom 24.4.2007[284] sodann zu großen Irritationen im Schrifttum[285].

Denn der Bundesfinanzhof hatte entschieden, dass sich ein Feststellungsbescheid gegen die Personengesellschaft selbst zu richten habe[286]. Dies folge daraus, dass nach dem insoweit maßgeblichen Verständnis des deutschen Steuerrechts die Personengesellschaft selbst – und nicht der einzelne Gesellschafter – die aus ihrer Betätigung erwachsenen Einkünfte erziele[287]. Mehr führte das Gericht zu

---

280 *Söhn*, in Hübschmann/Hepp/Spitaler, AO/FGO, § 180 AO Rz. 178 (Aug. 2011); *Brandis*, in Tipke/Kruse, AO/FGO, § 48 FGO Tz. 5 (Okt. 2013). Zudem BFH, Urteil vom 24.4.2007 – I R 33/06, BFH/NV 2007, 2236 (2237).

281 Dazu der Wortlaut des § 180 Abs. 1 Nr. 2a AO. Ferner *Söhn*, in Hübschmann/Hepp/Spitaler, AO/FGO, § 180 AO Rz. 178 (Aug. 2011); *Brandis*, in Tipke/Kruse, AO/FGO, § 180 AO Tz. 16 (Mai 2015).

282 BFH, Urteil vom 24.4.2007 – I R 33/06, BFH/NV 2007, 2236 (2237); ferner *Stahl*, ISR 2013, 210 (211).

283 *Stahl*, ISR 2013, 210 (212).

284 BFH, Urteil vom 24.4.2007 – I R 33/06, BFH/NV 2007, 2236.

285 Dazu *Stahl*, ISR 2013, 210 (212 f.); *ders.* jüngst in ISR 2014, 81: „diametral entgegengesetzt zur allgemeinen Meinung“; *Dremel*, in Wassermeyer/Richter/Schnittker, Personengesellschaften im Internationalen Steuerrecht[2], 2015 Rz. 24.28.

286 BFH, Urteil vom 24.4.2007 – I R 33/06, BFH/NV 2007, 2236 (2237).

287 BFH, Urteil vom 24.4.2007 – I R 33/06, BFH/NV 2007, 2236 (2237).

seiner Begründung nicht aus. Daher würden die einem inländischen Gesellschafter zuzurechnenden Einkünfte von der ausländischen Gesellschaft erzielt, mit der Folge, dass sie ihr gegenüber festgestellt werden müssten[288]. Für den Erlass eines Feststellungsbescheids allein gegenüber den inländischen Gesellschaftern oder einer aus ihnen bestehenden gesonderten Gemeinschaft sei kein Raum[289].

b) Bedenken gegenüber der Rechtsprechung

Es ist erstaunlich, dass das Gericht seine Entscheidung weder als Rechtsprechungsänderung kennzeichnete, noch dass es zu keiner Veröffentlichung dieser Entscheidung kam[290].

Im Schrifttum wird das Urteil als „missverständlich"[291] bewertet oder als „unglückliche Einzelfallentscheidung"[292] eingestuft. Die Bezeichnung der Gesellschaft an Stelle der Gesellschafter im Urteil sei insoweit als Sammel- oder Kurzbezeichnung zu verstehen, wenn sich die Feststellungsbeteiligten im Übrigen aus dem Feststellungsbescheid ergäben[293]. Zudem sei nicht verständlich, warum das Gericht an die ausländische Personengesellschaft adressieren möchte, obwohl nur die inländischen Gesellschafter in die einheitliche und gesonderte Feststellung einzubeziehen sind[294].

Obgleich die Entscheidung keine Zustimmung im Schrifttum[295] und in der Rechtsprechung[296] gefunden hatte, sorgte sie für enorme verfahrensmäßige Schwierigkeiten[297]. Unklarheiten hinsichtlich der richtigen Adressierung eines Feststellungsbescheides gefährden den Rechtsschutz. Denn nur eine fehlerfreie Adressierung eines Feststellungsbescheides führt auch zu dessen Wirksamkeit[298].

---

288 BFH, Urteil vom 24.4.2007 – I R 33/06, BFH/NV 2007, 2236 (2237).

289 BFH, Urteil vom 24.4.2007 – I R 33/06, BFH/NV 2007, 2236 (2237).

290 Ebenso *Stahl*, ISR 2013, 210 (212), der auf die enorme Praxisrelevanz der Entscheidung hinweist, weil bei einer fehlerhaften Adressierung Nichtigkeit eintritt.

291 Ausdrücklich *Dremel*, in Wassermeyer/Richter/Schnittker, Personengesellschaften im Internationalen Steuerrecht[2], 2015 Rz. 24.28; dem folgend *Stahl*, ISR 2013, 210 (213).

292 *Stahl*, ISR 2013, 210 (213).

293 *Dremel*, in Wassermeyer/Richter/Schnittker, Personengesellschaften im Internationalen Steuerrecht[2], 2015 Rz. 24.28.

294 Dazu insoweit auch *Stahl*, ISR 2013, 210 (213).

295 *Stahl*, ISR 2013, 210 (212 f.); *Dremel*, in Wassermeyer/Richter/Schnittker, Personengesellschaften im Internationalen Steuerrecht[2], 2015 Rz. 24.28.

296 FG München, Urteil vom 7.3.2011 – 7 K 2670/09, EFG 2011, 1585 (1586).

297 Dazu *Steinhauff*, jurisPR-SteuerR 14/2014 Anm. 1.

298 Dazu unten § 5 III. 3.

c) *Neuere Entwicklungen in der Rechtsprechung*

Mit Urteil vom 24.7.2013[299] hat der Bundesfinanzhof seine Auffassung, wonach sich ein Feststellungsbescheid an die ausländische Personengesellschaft selbst zu richten habe, nunmehr ausdrücklich aufgegeben. Feststellungsbescheide seien nicht an die Personengesellschaft selbst, sondern an die Gesellschafter zu richten, denen nach den unmissverständlichen Vorgaben des § 179 Abs. 2 Satz 2 i.V.m. Satz 1 AO der Besteuerungsgegenstand als Steuerpflichtige zuzurechnen sei[300]. Ein Feststellungsbescheid, der dies nicht beachte, sei nichtig[301]. Zudem betont der Bundesfinanzhof, dass er in ständiger Rechtsprechung davon ausgehe und es deshalb auch nicht fraglich sein könne, dass bei inländischen Personengesellschaften die Feststellungen an die beteiligten Gesellschafter zu richten seien[302].

d) *Stellungnahme*

Die Klarstellungen des Bundesfinanzhofes sind vollends zu begrüßen[303]. Sowohl für die Finanzbehörde, welche die Feststellungsbescheide erlassen muss, als auch für die Steuerpflichtigen besteht nunmehr wieder Rechtssicherheit hinsichtlich der Adressierung von Feststellungsbescheiden und damit auch hinsichtlich der Wirksamkeit solcher Bescheide[304]. Gleichwohl ist festzustellen, dass in der Praxis oft verkannt wird, dass der Feststellungsbescheid nur die inländischen Gesellschafter als Inhaltsadressaten betrifft. Denn der Feststellungsgewinn wird durch die Finanzbehörde oftmals auf alle Gesellschafter, d.h. auf die inländischen und auf die ausländischen Gesellschafter verteilt[305]. Solche Adressierungs-Fehler fallen zumeist erst in Zusammenhang mit anderen Verfahrensfehlern, vornehmlich mit einer fehlerhaften Beurteilung der Einspruchs- oder Klagebefugnis auf[306].

---

299 BFH, Urteil vom 24.7.2013 – I R 57/11, BFH/NV 2014, 390 (392).

300 BFH, Urteil vom 24.7.2013 – I R 57/11, BFH/NV 2014, 390 (392).

301 BFH, Urteil vom 24.7.2013 – I R 57/11, BFH/NV 2014, 390 (392).

302 BFH, Urteil vom 24.7.2013 – I R 57/11, BFH/NV 2014, 390 (392).

303 Ebenso *Steinhauff*, jurisPR-SteuerR 14/2014 Anm. 1., der von einer „Korrektur dieser systemwidrigen Entscheidung" spricht; *ders.*, SteuK 2014, 107; *Stahl*, ISR 2014, 81 (82) spricht von „kurzer Irrfahrt des BFH"; sympathisierend wohl auch *Tormöhlen*, AO-StB 2014, 70 (71).

304 Ebenso *Stahl*, ISR 2014, 81 (82).

305 Siehe nur FG Niedersachsen, Urteil vom 22.5.2014 – 10 K 245/13, EFG 2014, 1453 ff. bestätigt durch BFH, Urteil vom 18.8.2015 – I R 42/14, BFH/NV 2016, 164.

306 Siehe nur FG Niedersachsen, Urteil vom 22.5.2014 – 10 K 245/13, EFG 2014, 1453 ff. bestätigt durch BFH, Urteil vom 18.8.2015 – I R 42/14, BFH/NV 2016, 164. Im Streitfall ging es hauptsächlich um die fehlende Einspruchsbefugnis eines inländischen

3. Zur Praxisrelevanz einer richtigen Adressierung

Nicht nur bei ausländischen Personengesellschaften, sondern auch bei inländischen Personengesellschaften hat die richtige Adressierung eines Feststellungsbescheides enorme Praxisrelevanz und entscheidet über seine Wirksamkeit. Sind die Feststellungsbescheide (von der Finanzbehörde oder dem Finanzgericht unerkannt[307]) nichtig und unwirksam, kann es zu zeitaufwendigen und kostenträchtigen Klageverfahren kommen[308].

Ein Feststellungsbescheid stellt einen Verwaltungsakt im Sinne des § 118 AO dar. Als solcher muss er nach § 119 Abs. 1 AO inhaltlich hinreichend bestimmt sein[309]. Aus dem Feststellungsbescheid muss sich klar ergeben, gegenüber welchen einkommen- oder körperschaftsteuerpflichtigen Personen Besteuerungsgrundlagen festgestellt werden und wie hoch die individuellen Anteile der Feststellungsbeteiligten an diesen Einkünften sind[310]. Es muss deutlich werden, gegen wen sich der Feststellungsbescheid inhaltlich richten soll. Der Inhaltsadressat ist genügend bestimmt, wenn Zweifel durch eine Auslegung behoben werden können[311]. Ein Feststellungsbescheid ist nur dann unheilbar unwirksam und damit nichtig, wenn er infolge seiner Unvollständigkeit inhaltlich nicht mehr hinreichend bestimmt ist[312].

Gibt der Feststellungsbescheid überhaupt keinen Adressaten an, liegt ein inhaltlich schwerwiegender Fehler vor, welcher zur Nichtigkeit und Unwirksamkeit des gesamten Bescheides nach §§ 125 Abs. 1, 124 Abs. 3 AO führt[313].

Gesellschafters an einer Personengesellschaft nach niederländischem Recht. Nur am Rande wurde erwähnt, dass der festgestellte Gewinn auf alle Gesellschafter verteilt wurde.

307 Z.B. wäre der Feststellungsbescheid aufgrund unrichtiger Adressierung aufzuheben gewesen in FG Düsseldorf, Urteil vom 22.7.2011 – 1 K 4383/09 F. Dies hatte der BFH im Urteil vom 24.7.2013 – I R 57/11, BFH/NV 2014, 390 (391) mit den Worten erkannt: „Die Feststellung [...] ist – *was die Vorinstanz außer Acht gelassen hat* – aufzuheben, weil sie an die Klägerin selbst, nicht hingegen an die [...] Gesellschafter [...] gerichtet ist". (Hervorhebung durch die Verfasserin).

308 Ebenso *Gosch*, BFH/PR 2014, 148 (149).

309 Allgemein dazu *Seer*, in Tipke/Kruse, AO/FGO, § 119 AO Tz. 1 ff. (Okt. 2015).

310 BFH, Urteil vom 24.7.2013 – I R 57/11, BFH/NV 2014, 390 (391).

311 BFH, Urteil vom 25.9.1990 – IX R 84/88, BStBl. II 1991, 120 (121).

312 BFH, Urteil vom 13.12.1983 – VIII R 90/81, BStBl. II 1984, 474 (476); BFH, Urteil vom 8.4.1986 – VIII R 343/82, BFH/NV 1986, 647.

313 BFH, Urteil vom 24.3.1970 – I R 141/69, BStBl. II 1970, 501 (502); BFH, Urteil vom 28.3.1979 – I R 219/78, BStBl. II 1979, 718 (719); BFH, Urteil vom 6.11.1980 – IV R 52/77, BStBl. II 1981, 186 (188); *Söhn*, in Hübschmann/Hepp/Spitaler, AO/FGO,

Gleichermaßen ist ein Feststellungsbescheid nichtig und unwirksam, wenn er sich nicht gegen alle Gesellschafter einer Personengesellschaft als notwendige Adressaten eines solchen Bescheides richtet[314]. Eine Heilung durch anschließende Bekanntgabe des Feststellungsbescheides oder durch eine Hinzuziehung im Einspruchsverfahren ist nicht möglich[315]. Die Adressierung eines Feststellungsbescheides kann nicht nur fehlen, sondern auch falsch sein. Eine falsche Adressierung lässt einen Feststellungsbescheid gleichermaßen nichtig und unwirksam werden[316].

IV. Bekanntgabe eines Feststellungsbescheides

Von der Adressierung eines Feststellungsbescheides ist die richtige Bekanntgabe des Feststellungsbescheides zu unterscheiden[317]. Der einheitliche und gesonderte Feststellungsbescheid kann hierbei entweder jedem einzelnen Beteiligten nach § 122 Abs. 1 Satz 1 AO bekanntgegeben werden, den Bevollmächtigten nach § 122 Abs. 1 Satz 3 AO oder es erfolgt eine Bekanntgabe an den gemeinsamen Bevollmächtigten im Sinne des § 183 Abs. 1 AO[318].

1. Regelungsgehalt des § 183 AO

Die Regelung des § 183 AO trägt den Besonderheiten des Feststellungsverfahrens Rechnung[319]. Denn Feststellungsbescheide können eine erhebliche Anzahl von Inhaltsadressaten haben[320]. Durch § 183 AO wird daher ermöglicht, dass ein Bescheid nur in einer Ausfertigung einer Person als Empfänger für alle Adressaten

---

§ 179 AO Rz. 159 (Nov. 2010); *Kunz*, in Beermann/Gosch, AO/FGO, § 179 AO Rz. 21 (Aug. 2003).

314 *Brandis*, in Tipke/Kruse, AO/FGO, § 179 AO Tz. 11 (Aug. 2014); *Söhn*, in Hübschmann/Hepp/Spitaler, AO/FGO, § 179 AO Tz. 161 (Nov. 2010); *Frotscher*, in Schwarz/Pahlke, AO, § 179 AO Rz. 22 (März 2012); *von Wedelstädt*, in Kühn/von Wedelstädt[21], 2015, AO, § 179 AO Rz. 10.

315 *Söhn*, in Hübschmann/Hepp/Spitaler, AO/FGO, § 179 AO Rz. 162 (Nov. 2010); *Brandis*, in Tipke/Kruse, AO/FGO, § 179 AO Tz. 11 (Aug. 2014).

316 *Söhn*, in Hübschmann/Hepp/Spitaler, AO/FGO, § 179 AO Rz. 166 (Nov. 2010); *Frotscher*, in Schwarz/Pahlke, AO, § 179 AO Rz. 22 (März 2012).

317 *Söhn*, in Hübschmann/Hepp/Spitaler, AO/FGO, § 179 AO Rz. 210 (Nov. 2010).

318 *Von Beckerath*, DStR 1983, 475 (477); *Söhn*, in Hübschmann/Hepp/Spitaler, AO/FGO, § 179 AO Rz. 212 (Nov. 2010).

319 *Von Beckerath*, in Beermann/Gosch, AO/FGO, § 48 FGO Rz. 39 (März 2012).

320 Zum Zweck der Vorschrift *Söhn*, in Hübschmann/Hepp/Spitaler, AO/FGO, § 183 AO Rz. 5 ff. (Nov. 2011).

übermittelt werden kann[321]. Neben weniger Verwaltungs- und Kostenaufwand für die Finanzbehörde bewirkt diese „Bekanntgabeerleichterung"[322], dass der Feststellungsbescheid an einen Empfangsbevollmächtigten mit Wirkung für und gegen alle bekannt gegeben wird, so dass die Einspruchsfrist für alle Beteiligten einheitlich zu laufen beginnt[323].

2. Fehlerfolgen einer Bekanntgabe

Während eine unrichtige oder unvollständige inhaltliche Adressierung des Feststellungsbescheides zur Unwirksamkeit und Nichtigkeit des gesamten Bescheides führt, wird der Feststellungsbescheid bereits wirksam, wenn er nur einem der Beteiligten fehlerfrei bekanntgegeben wird[324]. Die Bekanntgabe muss damit – im Gegensatz zu dem Entscheidungsinhalt – nicht einheitlich erfolgen[325]. Daraus folgt, dass ein Fehler hinsichtlich der richtigen Adressierung deutlich schwerer wiegt, als ein Fehler im Rahmen der Bekanntgabe.

---

321 *Heinke*, DStZ 1997, 558.

322 *Söhn*, in Hübschmann/Hepp/Spitaler, AO/FGO, § 183 AO Rz. 7 (Nov. 2011).

323 *Söhn*, in Hübschmann/Hepp/Spitaler, AO/FGO, § 183 AO Rz. 6 und 7 (Nov. 2011).

324 *Söhn*, in Hübschmann/Hepp/Spitaler, AO/FGO, § 179 AO Rz. 212 (Nov. 2010); *Frotscher*, in Schwarz/Pahlke, AO, § 179 AO Rz. 23 (März 2012).

325 BFH, Urteil vom 19.5.1983 – IV R 125/82, BStBl. II 1984, 15 (17); BFH, Urteil vom 25.11.1987 – II R 227/84, BStBl. II 1988, 410 (411); BFH, Urteil vom 27.4.1993 – VIII R 27/92, BStBl. II 1994, 3 (4); BFH, Urteil vom 8.11.1995 – V R 64/94, BStBl. II 1996, 256 (258); BFH, Urteil vom 20.12.2000 – IR 50/00, BStBl. II 2001, 381 (382); *von Beckerath*, DStR 1983, 475 (478, 484); *Frotscher*, in Schwarz/Pahlke, AO, § 179 AO Rz. 38 (Sept. 2015); *Söhn*, in Hübschmann/Hepp/Spitaler, AO/FGO, § 179 AO Rz. 212 (Nov. 2010); *Brandis*, in Tipke/Kruse, AO/FGO, § 179 AO Tz. 13 (Aug. 2014); *Kunz*, in Beermann/Gosch, AO/FGO, § 179 AO Rz. 23 (Aug. 2003); *Ratschow*, in Klein, AO[12], 2014, § 179 AO Rz. 25; *von Wedelstädt*, in Kühn/von Wedelstädt, AO[21], 2015, § 179 AO Rz. 11.

§ 6 Zur verfahrensrechtlichen Einordnung in der Außenprüfung und zum Rechtssubjekt

Im Rahmen einer Außenprüfung bestehen verfahrensrechtliche Unterschiede zwischen einer Personengesellschaft mit gewerblichen Einkünften und einer vermögensverwaltenden Personengesellschaft. Darum wird die Darstellung der verfahrensrechtlichen Situation jeweils getrennt erfolgen.

I. Erlass einer Prüfungsanordnung

Die Vorschrift des § 193 AO unterscheidet im Rahmen der Zulässigkeit einer Außenprüfung zwischen den Absätzen 1 und 2. Bei Steuerpflichtigen, die einen gewerblichen oder land- und forstwirtschaftlichen Betrieb unterhalten, die freiberuflich tätig sind sowie bei Steuerpflichtigen mit hohen Überschusseinkünften ist nach § 193 Abs. 1 AO ohne weitere tatbestandliche Voraussetzungen eine Außenprüfung zulässig[326]. Bei den anderen in § 193 Abs. 2 AO genannten Steuerpflichtigen ist eine Außenprüfung indes nur unter weiteren Voraussetzungen zulässig[327]. Die Prüfungsanordnung ist dem Steuerpflichtigen, bei dem die Außenprüfung durchgeführt werden soll, bekannt zu geben (§ 197 Abs. 1 Satz 1 AO). Von Bedeutung ist darum die Frage, welche Rechtssubjekte als Steuerpflichtige im Rahmen der Außenprüfung einzuordnen sind.

1. Gewerblich tätige Personengesellschaft

Eine Außenprüfung bei einer gewerblich tätigen Personengesellschaft ist nach § 193 Abs. 1 AO zulässig.

Fraglich ist indes, wer als Steuerpflichtiger im Sinne des § 193 Abs. 1 AO und des § 197 Abs. 1 Satz 1 AO zu qualifizieren ist, wenn es sich um eine Außenprüfung einer gewerblichen Personengesellschaft betreffend die einheitliche und gesonderte Gewinnfeststellung handelt. Als Steuerpflichtiger können sowohl die Personengesellschaft als auch die jeweiligen Gesellschafter in Betracht kommen.

Nach ständiger Rechtsprechung des Bundesfinanzhofs kann Steuerpflichtiger im Sinne des § 193 Abs. 1 AO und damit Prüfungssubjekt einer Außenprüfung auch eine Personengesellschaft sein, wenn sie einen Gewerbebetrieb unterhält[328].

---

326 *Rüsken*, in Klein, AO[12], 2014, § 193 AO Rz. 15.

327 *Rüsken*, in Klein, AO[12], 2014, § 193 AO Rz. 15.

328 BFH, Urteil vom 1.10.1992 – IV R 60/91, BStBl. II 1993, 82 m.w.N.

Dies soll nicht nur hinsichtlich der betrieblichen Steuern, wie zum Beispiel der Gewerbe- oder der Umsatzsteuer gelten[329], sondern ausdrücklich auch für die gesonderte und einheitliche Gewinnfeststellung[330]. Damit ist die Gesellschaft selbst und nicht deren Gesellschafter Inhaltsadressat einer Prüfungsanordnung hinsichtlich der einheitlichen und gesonderten Feststellung[331]. Die Eigenschaft der Personengesellschaft als Steuerpflichtige und damit als Rechtssubjekt im Rahmen der Außenprüfung soll sich der Rechtsprechung zufolge vornehmlich aus der Vorschrift des § 194 Abs. 1 Satz 3 AO ergeben[332]. Hiernach umfasst die Außenprüfung bei einer Personengesellschaft insoweit die steuerlichen Verhältnisse der Gesellschafter, als diese Verhältnisse für die einheitliche Feststellung von Bedeutung sind. Darüber hinaus soll die Einordnung der Personengesellschaft als Steuerpflichtige in der Außenprüfung auch in Einklang mit § 33 Abs. 1 AO stehen[333]. Denn Steuerpflichtiger nach § 33 Abs. 1 AO ist auch derjenige, der Bücher und Aufzeichnungen zu führen hat. Daher ist die gewerblich tätige Personengesellschaft aufgrund ihrer Buchführungs- und Aufzeichnungspflicht nach § 238 HGB i.V.m. § 140 AO Steuerpflichtige im Sinne des § 33 Abs. 1 AO[334].

Im Schrifttum wird die Eigenschaft der Personengesellschaft als Steuerpflichtige im Sinne der Außenprüfung zumeist nicht mit § 194 Abs. 1 Satz 3 AO begründet[335]. Vielmehr wird die Eigenschaft Steuerpflichtiger zu sein allein

---

329 BFH, Urteil vom 16.11.1989 – IV R 29/89, BStBl. II 1990, 272 f.

330 BFH, Urteil vom 16.11.1989 – IV R 29/89, BStBl. II 1990, 272 f.; BFH, Urteil vom 1.10.1992 – IV R 60/91, BStBl. II 1993, 82; BFH, Beschluss vom 19.2.1996 – VIII B 4/95, BFH/NV 1996, 660 (661).

331 Aus jüngerer Zeit BFH, Urteil vom 12.2.2015 – IV R 63/11, BFH/NV 2015, 823 (833). Ferner BFH, Urteil vom 23.7.1985– VIII R 48/85, BStBl. II 1986, 433 (434); BFH, Urteil vom 16.11.1989 – IV R 29/89, BStBl. II 1990, 272 f.; BFH, Urteil vom 13.9.1990 – IV R 57/89, BFH/NV 1991, 716 (717); BFH, Urteil vom 25.6.1992 – IV R 87/90, BFH/NV 1993, 457; BFH, Urteil vom 1.10.1992 – IV R 60/91, BStBl. II 1993, 82 (83); BFH, Urteil vom 16.3.1993 – XI R 42/90, BFH/NV 1994, 75 (76); BFH, Urteil vom 19.2.1996 – VIII B 4/95, BFH/NV 1996, 660 (661); BFH, Urteil vom 19.2.1996 – VIII B 3/95, BFH/NV 1996, 685 (686). A.A. FG Rheinland-Pfalz, Urteil vom 25.7.1984 – 6 K 5/83, EFG 1985, 160.

332 BFH, Urteil vom 23.7.1985 – VIII R 48/85, BStBl. II 1986, 433 (434); BFH, Urteil vom 16.11.1989 – IV R 29/89, BStBl. II 1990, 272; BFH, Beschluss vom 19.2.1996 – VIII B 4/95, BFH/NV 1996, 660 (661).

333 BFH, Urteil vom 16.11.1989 – IV R 29/89, BStBl. II 1990, 272.

334 Dazu bereits oben § 5 I. 1.

335 *Seer*, in Tipke/Kruse, AO/FGO, § 196 AO Tz. 25 (Okt. 2013).

durch die Bezugnahme auf § 33 Abs. 1 AO erklärt[336]. Daher wird auf die formellen Pflichten zur Aufzeichnung und Buchführung abgestellt[337]. Darüber hinaus wird angeführt, dass der gesamte Gewinn der Personengesellschaft geprüft wird und die Prüfung zudem in den Räumlichkeiten der Gesellschaft stattfindet[338]. Somit ist auch im Schrifttum anerkannt, dass die Personengesellschaft hinsichtlich der einheitlichen und gesonderten Feststellung von Gewinneinkünften das Prüfungssubjekt und damit auch die Inhaltsadressatin einer Prüfungsanordnung ist[339]. Allein die Begründung von Schrifftum und Rechtsprechung unterscheiden sich.

2. Vermögensverwaltende Personengesellschaft

Bei einer vermögensverwaltenden Personengesellschaft kann eine Außenprüfung entweder auf § 193 Abs. 1 Alternative 4 AO oder auf § 193 Abs. 2 Nr. 2 AO gestützt werden.

Auch bei einer Personengesellschaft mit Einkünften aus Vermietung und Verpachtung ist fraglich, welches konkrete Rechtssubjekt als Steuerpflichtiger im Rahmen der Außenprüfung zu qualifizieren ist. Als Steuerpflichtige kommen sowohl die Personengesellschaft als solche als auch die Gesellschafter in Betracht.

Nach ständiger Rechtsprechung des Bundesfinanzhofs ist eine Personengesellschaft, welche ausschließlich Einkünfte aus Vermietung und Verpachtung nach

---

336 *Seer*, in Tipke/Kruse, AO/FGO, § 193 AO Tz. 11 (Okt. 2013); *Schindler*, in Beermann/Gosch, AO/FGO, § 33 AO Rz. 19 (April 2015); *Schallmoser*, in Hübschmann/Hepp/Spitaler, AO/FGO, § 193 AO Rz. 19 (Febr. 2011); *Drüen*, in Tipke/Kruse, AO/FGO, § 33 AO Tz. 14 (Okt. 2015); *Frotscher*, in Schwarz/Pahlke, AO, § 193 AO Rz. 3 (Mai 2012).

337 *Schallmoser*, in Hübschmann/Hepp/Spitaler, AO/FGO, § 193 AO Rz. 19 (Febr. 2011); *Frotscher*, in Schwarz/Pahlke, AO, § 193 AO Rz. 9 (Mai 2012); *Intemann*, in Koenig, AO[3], 2014, § 196 AO Rz. 18; *Lüsch*, DStR 1989, 97 (98).

338 *Seer*, in Tipke/Kruse, AO/FGO, § 196 AO Tz. 25 (Okt. 2013).

339 *Seer*, in Tipke/Kruse, AO/FGO, § 196 AO Tz. 25 (Okt. 2013); *Schallmoser*, in Hübschmann/Hepp/Spitaler, AO/FGO, § 196 AO Rz. 41 (Febr. 2011); *Gosch*, in Beermann/Gosch, AO/FGO, § 196 AO Rz. 43 (Sept. 2015); *Rüsken*, in Klein, AO[12], 2014, § 197 AO Rz. 5; *Frotscher*, in Schwarz/Pahlke, AO, § 193 AO Rz. 9 (Mai 2012); *Dumke*, in Schwarz/Pahlke, AO, § 33 AO Rz. 19 (Juni 2011); *Birkenfeld*, in Hübschmann/Hepp/Spitaler, AO/FGO, § 352 AO Rz. 277 (März 1997); *Intemann*, in Koenig, AO[3], 2014, § 196 Rz. 18; *von Wedelstädt*, in Kühn/von Wedelstädt, AO[21], 2015, § 196 AO Rz. 5. Zudem *von Wedelstädt*, in Lange, Personengesellschaften im Steuerrecht[9], 2015, Rz. 6658; *Steinhauff*, in Hübschmann/Hepp/Spitaler, AO/FGO, § 48 FGO Rz. 18 (März 2012); *Gradl/Wiese*, DStZ 2004, 754 (756); *Kühnen*, Anm. EFG 2010, 898.

§ 21 EStG erzielt, nicht Steuerpflichtige im Sinne des § 193 AO[340]. Sie ist daher kein Prüfungssubjekt im Rahmen der Außenprüfung[341]. Vielmehr sind die einzelnen Gesellschafter die Steuerpflichtigen und damit auch die Prüfungssubjekte einer Außenprüfung[342]. Darum ist die Prüfungsanordnung an die Gesellschafter als Inhaltsadressaten zu richten und nicht an die Gesellschaft[343]. Der Bundesfinanzhof begründet seine unterschiedliche Sichtweise bei Gesellschaften mit Gewinneinkünften und bei Gesellschaften mit Einkünften aus Vermietung und Verpachtung damit, dass erstere aufgrund ihrer Buchführungs- und Aufzeichnungspflichten Steuerpflichtige im Sinne des § 33 Abs. 1 AO und damit auch Steuerpflichtige im Sinne des § 193 Abs. 1 AO seien[344]. Indes unterliege eine Gesellschaft mit Einkünften aus Vermietung und Verpachtung keinen Buchführungspflichten, sodass sie weder Steuerpflichtige im Sinne des § 33 Abs. 1 AO noch im Sinne des § 193 Abs. 1 AO sein könne[345].

Nach entgegengesetzter Auffassung des 7. Senats des Finanzgerichts Köln soll allerdings auch bei einer Personengesellschaft mit Einkünften aus Vermietung und Verpachtung die Gesellschaft selbst das Prüfungssubjekt und somit Inhaltsadressat einer Prüfungsanordnung sein können[346]. Das Gericht zieht zu seiner Begründung sowohl den Wortlaut der Vorschrift des § 194 Abs. 1 Satz 3 AO als auch der Vorschrift des § 197 Abs. 1 Satz 3 AO heran, die allein auf die „Außenprüfung

---

340 Grundlegend BFH, Urteil vom 25.9.1990 – IX R 84/88, BStBl. II 1991, 120 (122 f.); BFH, Urteil vom 18.10.1994 – IX R 128/92, BStBl. II 1995, 291 (292); BFH, Urteil vom 20.3.1998 – VIII B 33/97 und VIII B 34/97, BFH/NV 1998, 1192. Ferner *Schallmoser*, in Hübschmann/Hepp/Spitaler, AO/FGO, § 196 AO Rz. 42 (Febr. 2011); *ders.*, in Hübschmann/Hepp/Spitaler, AO/FGO, § 193 AO Rz. 19 (Febr. 2011); *Gosch* in Beermann/Gosch, AO/FGO, § 196 AO Rz. 44 (Sept. 2015).

341 Statt vieler BFH, Urteil vom 25.9.1990 – IX R 84/88, BStBl. II 1991, 120. Ferner *Gosch* in Beermann/Gosch, AO/FGO, § 196 AO Rz. 44 (Sept. 2015); *Schallmoser*, in Hübschmann/Hepp/Spitaler, AO/FGO, § 193 AO Rz. 19 (Febr. 2011); *von Wedelstädt*, in Lange, Personengesellschaften im Steuerrecht[9], 2015, Rz. 6659.

342 Statt vieler BFH, Urteil vom 25.9.1990 – IX R 84/88, BStBl. II 1991, 120 (121 f.). Ferner *Gosch* in Beermann/Gosch, AO/FGO, § 196 AO Rz. 44 (Sept. 2015); *Rüsken*, in Klein, AO[12], 2014, § 196 AO Rz. 56.

343 Statt vieler BFH, Urteil vom 25.9.1990 – IX R 84/88, BStBl. II 1991, 120 (121). Zudem *Schallmoser*, in Hübschmann/Hepp/Spitaler, AO/FGO, § 196 AO Rz. 42 (Febr. 2011); *Intemann*, in Koenig, AO[3], 2014, § 196 AO Rz. 23.

344 BFH, Urteil vom 25.9.1990 – IX R 84/88, BStBl. II 1991, 120 (122).

345 BFH, Urteil vom 25.9.1990 – IX R 84/88, BStBl. II 1991, 120 (122).

346 FG Köln, Urteil vom 5.12.1990 – 7 K 231/85, EFG 1991, 515 (517). Indes hat der BFH nachgehend mit Urteil vom 30.8.1994 – IX R 42/91, BFH/NV 1995, 481 diese Entscheidung aufgehoben.

bei einer Personengesellschaft“ Bezug nehmen. Beiden Vorschriften sei nicht zu entnehmen, dass sie ausschließlich für die Prüfung von Gesellschaften mit Gewinneinkünften gelten sollen[347]. Zudem sei es aus Praktikabilitätsgründen sinnvoll, Gesellschaften im Außenprüfungsverfahren betreffend die gesonderte Feststellung einheitlich als Prüfungssubjekt anzusehen[348]. Denn diese Sichtweise vermeidet, dass zwei Prüfungsanordnungen ergehen müssten, von denen sich eine gegen die Gesellschafter – gesonderte Feststellung – und die andere gegen die Gesellschaft – Umsatzsteuer – richten würde[349], weil die Gesellschaft nach einhelliger Auffassung im Rahmen der Umsatzsteuer das Prüfungssubjekt ist[350].

3. Fehlerfolgen

Oftmals können Steuerbescheide, die infolge einer Außenprüfung ergehen, nur noch aufgrund von Ablaufhemmungen fristwahrend erlassen werden. Die Hemmung des Ablaufs einer Festsetzungsfrist setzt allerdings voraus, dass die zugrunde liegende Prüfungsanordnung wirksam geworden ist.

Eine Prüfungsanordnung ist wirksam ergangen, wenn sie ordnungsgemäß bekannt gegeben und hinreichend bestimmt nach § 119 Abs. 1 AO ist. Vornehmlich muss die Prüfungsanordnung zu erkennen geben, welcher Steuerpflichtige die Außenprüfung zu dulden hat[351]. Im Rahmen der Außenprüfung betreffend eine gewerblich tätige Personengesellschaft ist daher die Gesellschaft als Prüfungssubjekt zu bezeichnen und Inhaltsadressatin des Bescheides. Bei einer Gesellschaft mit Einkünften aus Vermietung und Verpachtung sind es hingegen die einzelnen Gesellschafter.

Von der richtigen Adressierung ist stets die Frage zu trennen, wem die Prüfungsanordnung nach § 122 AO bekannt zu geben ist. Bei einer an eine gewerbliche Personengesellschaft gerichtete Prüfungsanordnung muss die Prüfungsanordnung

---

347 FG Köln, Urteil vom 5.12.1990 – 7 K 231/85, EFG 1991, 515 (517).

348 FG Köln, Urteil vom 5.12.1990 – 7 K 231/85, EFG 1991, 515 (517).

349 FG Köln, Urteil vom 5.12.1990 – 7 K 231/85, EFG 1991, 515 (517).

350 BFH, Urteil vom 16.11.1989 – IV R 29/89, BStBl. II 1990, 272 (273); BFH, Urteil vom 18.10.1994 – IX R 128/92, BStBl. II 1995, 291 (292); *Intemann*, in Koenig, AO[3], 2014, § 196 Rz. 23; Beermann/*Gosch*, AO/FGO, § 196 AO Rz. 44 (Sept. 2015); *Schallmoser*, in Hübschmann/Hepp/Spitaler, AO/FGO, § 196 AO Rz. 42 Fußnote 8 (Febr. 2011); *Frotscher*, in Schwarz/Pahlke, AO, § 193 AO Rz. 9 (Mai 2012); *Seer*, in Tipke/Kruse, AO/FGO, § 196 AO Tz. 24 (Okt. 2013).

351 BFH, Urteil vom 13.10.2005 – IV R 55/04, BStBl. II 2006, 404 (405); BFH, Urteil vom 25.4.2006 – VIII R 46/02, BFH/NV 2006, 2037 (2038); BFH, Urteil vom 12.2.2015 – IV R 63/11, BFH/NV 2015, 832.

mangels Handlungsfähigkeit der Gesellschaft nach § 34 Abs. 1 AO dem jeweiligen Geschäftsführer bekannt gegeben werden. Falls ein Geschäftsführer nicht vorhanden ist, ist die Prüfungsanordnung den Gesellschaftern nach § 34 Abs. 2 AO bekannt zu geben.

Aus der Empfängersicht können oftmals Unsicherheiten bestehen, wenn die Finanzbehörde den Bekanntgabeadressat nicht eindeutig bezeichnet. Solche Probleme können vornehmlich dann auftreten, wenn beispielsweise eine Betriebsaufspaltung vorliegt und eine natürliche Person in einer Gesellschaft Geschäftsführerin ist und in der anderen Gesellschaft zugleich Prokuristin.

Der AEAO zu § 197 AO verlangt daher von der Finanzbehörde, dass in den Fällen, in denen ein Bekanntgabeadressat nicht personenidentisch mit dem Prüfungssubjekt ist, ein erläuternder Zusatz in die Prüfungsanordnung aufgenommen werden soll, aus dem der Grund für die Anordnung beim Bekanntgabeadressaten erkennbar wird[352]. Die Rechtsprechung führt aber selbst in ihren Entscheidungen an, dass ein solcher Hinweis durch die Finanzbehörde zwar im Interesse größtmöglicher Klarheit zweckmäßig und wünschenswert sei[353]. Das Fehlen des Hinweises soll aber dann keinen Einfluss auf die Wirksamkeit der Bekanntgabe haben, wenn das Prüfungssubjekt aus dem sonstigen Inhalt der Verfügung mit einer jeden Zweifel ausschließenden Sicherheit entnommen werden kann[354]. Auch in einer jüngeren Entscheidung bestand für das Gericht kein Zweifel daran, dass der Bekanntgabeadressat der Prüfungsanordnung hinreichend bestimmt war[355].

---

352 AEAO zu § 197 AO Rz. 2.2 Satz 3.

353 FG Niedersachsen, Urteil vom 23.11.2011 – 4 K 161/10, EFG 2012, 297 ff.

354 FG Niedersachsen, Urteil vom 23.11.2011 – 4 K 161/10, EFG 2012, 297 ff.

355 FG Niedersachsen, Urteil vom 23.11.2011 – 4 K 161/10, EFG 2012, 297 ff. Insoweit bestätigt durch BFH, Urteil vom 12.2.2015 – IV R 63/11, BFH/NV 2015, 832 ff. Dem Streitfall lag folgende Besonderheit zugrunde: Klägerin war eine KG. Zwischen dieser und der B-GmbH bestand eine Betriebsaufspaltung. Z war Geschäftsführerin der A-GmbH (Komplementärin der KG) und Prokuristin der B-GmbH. Im Streitfall war problematisch, ob die Prüfungsanordnung, welche sich u.a. auf die Prüfung der Einkünfte aus Gewerbebetrieb erstreckte, wirksam an die Klägerin bekannt gegeben worden ist. Die Finanzbehörde hatte die Prüfungsanordnung unter Angabe der Klägerin als zu prüfende Steuerpflichtige an „Z in Firma B-GmbH“ adressiert. Die Klägerin begehrt nunmehr die Aufhebung der Bescheide, weil sie erst nach Eintritt der Festsetzungsverjährung erlassen worden seien. Die bei ihr durchgeführte Außenprüfung habe den Ablauf der Festsetzungsfrist nicht hemmen können, weil die ihr zugrunde liegende Prüfungsanordnung nicht wirksam bekannt gegeben sei.

II. Rechtsschutz gegen eine Prüfungsanordnung

Gegen eine Prüfungsanordnung als Verwaltungsakt ist der Einspruch nach § 347 Abs. 1 Nr. 1 AO statthaft. Einspruchsbefugt ist nur, wer geltend macht, durch einen Verwaltungsakt beschwert zu sein (§ 350 AO). Beschwert kann allein derjenige sein, für den der Verwaltungsakt inhaltlich bestimmt ist[356]. Entscheidend für die Bestimmung des richtigen Anfechtungsberechtigten ist daher, an wen sich die Prüfungsanordnung inhaltlich richtet, das heißt wer als Prüfungssubjekt die Außenprüfung zu dulden hat[357].

1. Gewerblich tätige Personengesellschaft

Bei einer gewerblichen Personengesellschaft ist die Gesellschaft als solche anfechtungsberechtigt, weil sie selbst das Prüfungssubjekt ist[358]. Darum kommt weder eine unmittelbare noch eine analoge Anwendung von § 352 AO bzw. § 48 FGO in Betracht[359]. Die Gesellschafter sind von einer gegen die Personengesellschaft gerichteten Prüfungsanordnung nicht unmittelbar betroffen und insoweit auch nicht anfechtungsberechtigt[360].

Hat ein Einspruch gegen eine Prüfungsanordnung keinen Erfolg, so kann die Personengesellschaft eine Anfechtungsklage nach § 40 Abs. 1 Alternative 1 FGO erheben[361]. Die Gesellschaft ist hinsichtlich der Prüfungsanordnung aus eigenem

356 BFH/NV 2007, 1069 (1070); BFH/NV 2010, 842 (843); *Seer*, in Tipke/Kruse, AO/FGO, § 350 AO Tz. 17 (Mai 2015).

357 BFH, Urteil vom 30.8.1994 – IX R 65/91, BFH/NV 1995, 517 (519); *Schallmoser*, in Hübschmann/Hepp/Spitaler, AO/FGO, § 196 AO Rz. 34 (Febr. 2011).

358 BFH, Urteil vom 25.9.1990 – IX R 84/88, BStBl. II 1991, 120 (122); BFH, Urteil vom 18.10.1994 – IX R 128/92, BStBl. II 1995, 291 (292); BFH, Urteil vom 20.3.1998 – VIII B 33/97 und VIII B 34/97, BFH/NV 1998, 1192. Ferner *Schallmoser*, in Hübschmann/Hepp/Spitaler, § 196 AO Rz. 145 (Febr. 2011); *Rüsken*, in Klein, AO[12], 2014, § 196 AO Rz. 56; *Steinhauff*, in Hübschmann/Hepp/Spitaler, AO/FGO, § 48 FGO Rz. 36 (März 2012); *von Wedelstädt*, AO-StB 2006, 261 (263).

359 Dazu *Birkenfeld*, in Hübschmann/Hepp/Spitaler, AO/FGO, § 352 AO Rz. 277 f. (März 1997); *Steinhauff*, in Hübschmann/Hepp/Spitaler, AO/FGO, § 48 FGO Rz. 36 (März 2012).

360 BFH, Beschluss vom 19.2.1996 – VIII B 4/95, BFH/NV 1996, 660 (661); *Rüsken*, in Klein, AO[12], 2014, § 196 AO Rz. 56; *Steinhauff*, in Hübschmann/Hepp/Spitaler, AO/FGO, § 48 FGO Rz. 36 (März 2012); *von Beckerath*, in Beermann/Gosch, AO/FGO, § 48 FGO Rz. 75 (März 2012).

361 *Seer*, in Tipke/Kruse, AO/FGO, § 196 AO Tz. 39 (Okt. 2013).

Recht nach § 40 Abs. 2 FGO klagebefugt[362]. Die Gesellschafter sind hingegen nicht nach § 40 Abs. 2 FGO klagebefugt, weil sie nicht als Prüfungssubjekt die Außenprüfung zu dulden haben[363]. Zudem ergibt sich ihre Klagebefugnis auch nicht aus § 48 FGO, weil diese Vorschrift nur für Bescheide über die einheitliche und gesonderte Feststellung von Besteuerungsgrundlagen Anwendung findet[364].

Während die Durchführung einer Außenprüfung nicht zu einer Erledigung der Rechtsbehelfe gegen die Prüfungsanordnung führt[365], führt die Beendigung einer Außenprüfung zu einer Erledigung der Hauptsache, so dass für eine Anfechtungsklage nunmehr das Rechtsschutzbedürfnis fehlt[366]. Eine Außenprüfung ist beendet, wenn die prüfende Behörde den Abschluss erklärt. In aller Regel erfolgt dies mit der Zusendung des Prüfungsberichtes nach § 202 Abs. 1 AO[367]. In einer solchen Situation ist sodann eine Fortsetzungsfeststellungsklage nach § 100 Abs. 1 Satz 4 FGO einschlägig[368].

2. Vermögensverwaltende Personengesellschaft

Bei einer Gesellschaft mit Einkünften aus Vermietung und Verpachtung nach § 21 EStG sind die Gesellschafter selbst die Prüfungssubjekte und damit auch die Inhaltsadressaten einer Prüfungsanordnung[369]. Darum sind auch nur diese insoweit einspruchs- und klagebefugt.

---

362 Dazu *Ruban*, in Festschrift Döllerer, 1988, S. 515 (526).

363 BFH, Urteil vom 30.8.1994 – IX R 65/91, BFH/NV 1995, 517 (519); *Schallmoser*, in Hübschmann/Hepp/Spitaler, AO/FGO, § 196 AO Rz. 156 (Febr. 2011).

364 BFH, Urteil vom 30.8.1994 – IX R 65/91, BFH/NV 1995, 517 (519); *Schallmoser*, in Hübschmann/Hepp/Spitaler, AO/FGO, § 196 AO Rz. 156 (Febr. 2011); *Rüsken*, in Klein, AO[12], 2014, § 196 AO Rz. 56.

365 *Seer*, in Tipke/Kruse, AO/FGO, § 196 AO Tz. 41 (Okt. 2013).

366 BFH, Urteil vom 17.7.1985 – I R 214/82, BStBl. II 1986, 21 (22); zudem *Seer*, in Tipke/Kruse, AO/FGO, § 196 AO Tz. 41 (Okt. 2013); *Schallmoser*, in Hübschmann/Hepp/Spitaler, AO/FGO, § 196 AO Rz. 158 (Febr. 2011); *Rüsken*, in Klein, AO[12], 2014, § 196 AO Rz. 58.

367 BFH, Urteil vom 17.7.1985 – I R 214/82, BStBl. II 1986, 21 (22); ferner *Seer*, in Tipke/Kruse, AO/FGO, § 196 AO Tz. 41 (Okt. 2013).

368 BFH, Urteil vom 7.11.1985 – IV R 6/85, BStBl. II 1986, 435 (437); BFH, Urteil vom 16.12.1986 – VIII R 123/86, BStBl. II 1987, 248 (249); BFH, Urteil vom 16.12.1987 – I R 238/83, BStBl. II 1988, 233 (234); *Seer*, in Tipke/Kruse, AO/FGO, § 196 AO Tz. 41 (Okt. 2013); *Schallmoser*, in Hübschmann/Hepp/Spitaler, AO/FGO, § 196 AO Rz. 158 (Febr. 2011).

369 BFH, Urteil vom 25.9.1990 – IX R 84/88, BStBl. II 1991, 120 (121 f.). Ferner *Rüsken*, in Klein, AO[12], 2014, § 196 AO Rz. 56; *von Wedelstädt*, AO-StB 2006, 261 (263, 264).

§ 7 Zur verfahrensrechtlichen Einordnung im Einspruchs- und Klageverfahren – zum Rechtssubjekt

I. Grundlegung: Zulässiger Rechtsbehelf

Wird ein Rechtsbehelf – außergerichtlich: Einspruch oder gerichtlich: Klage – eingelegt, haben sowohl die Finanzbehörde als auch das Finanzgericht zunächst zu prüfen, ob der eingelegte Rechtsbehelf überhaupt zulässig ist[370]. Die Zulässigkeitsvoraussetzungen im Einspruchs- und im Klageverfahren entsprechen sich in weiten Teilen[371].

Die Finanzbehörde und das Finanzgericht dürfen sich mit der Sache selbst, das heißt mit der materiell-rechtlichen Sachlage, erst dann befassen, wenn die Zulässigkeitsvoraussetzungen vorliegen[372]. Daher ist die Zulässigkeit im Rechtsbehelfsverfahren Sachentscheidungsvoraussetzung[373]. Wenn nur eine Zulässigkeitsvoraussetzung fehlt, ist der Einspruch nach § 358 Satz 2 AO als unzulässig zu verwerfen[374]. Gleichermaßen ist im Klageverfahren bei mangelnden Zulässigkeitsvoraussetzungen die Klage durch ein Prozessurteil als unzulässig abzuweisen. Diese beiden Rechtsfolgen sind zwingend[375]. Sowohl eine Entscheidung

370 *Seer*, in Tipke/Lang, Steuerrecht^{22}, 2015, § 22 Rz. 12, 89.

371 *Seer*, in Tipke/Lang, Steuerrecht^{22}, 2015, § 22 Rz. 12. Näher zu den einzelnen Zulässigkeitsvoraussetzungen im Einspruchs- und Klageverfahren *Seer*, in Tipke/Lang, Steuerrecht^{22}, 2015, § 22 Rz. 92 ff.

372 *Cöster*, in Koenig, AO^{3}, 2014, § 358 AO Rz. 5; *Brockmeyer*, in Klein, AO^{12}, 2014, § 358 AO Rz. 4; *Seer*, in Tipke/Kruse, AO/FGO, § 358 AO Tz. 1 (Mai 2015); *ders.*, in Tipke/Lang, Steuerrecht^{22}, 2015, § 22 Rz. 12.

373 *Seer*, in Tipke/Kruse, AO/FGO, § 358 AO Tz. 1 (Mai 2015); *ders.*, in Tipke/Lang, Steuerrecht^{22}, 2015, § 22 Rz. 12; *Brockmeyer*, in Klein, AO^{12}, 2014, § 358 AO Rz. 4; *Cöster*, in Koenig, AO^{3}, 2014, § 358 AO Rz. 2.

374 *Seer*, in Tipke/Kruse, AO/FGO, § 358 AO Tz. 4 (Mai 2015); *ders.*, in Tipke/Lang, Steuerrecht^{22}, 2015, § 22 Rz. 12; *Brockmeyer*, in Klein, AO^{12}, 2014, § 358 AO Rz. 3; *Cöster*, in Koenig, AO^{3}, 2014, § 358 AO Rz. 5.

375 Zu § 358 AO *Cöster*, in Koenig, AO/FGO^{3}, 2014, § 358 AO Rz. 5.

über die Zulässigkeit eines Einspruchs als auch die einer Klage dürfen nicht dahingestellt bleiben, auch wenn die Sache selbst unbegründet sein sollte[376].

II. Einspruchs- und Klagebefugnis

1. Ausgangslage

Das verfahrensrechtliche Probleme bei der „Besteuerung von Personengesellschaften" nicht nur in der Theorie, sondern auch in der steuerrechtlichen Praxis bestehen, zeigen die gerade in jüngerer Zeit aufkommenden Fälle, welche bis zum Bundesfinanzhof gelangen[377]. Die Streitfälle spiegeln die komplexe Rechtslage, die durch die Vorschriften der § 352 AO und § 48 FGO verursacht werden, eindrucksvoll wider. Denn nicht nur die Finanzverwaltung und die Beraterschaft haben ihre Schwierigkeiten mit verfahrensrechtlichen Fragen der Personengesellschaft, sondern auch die Rechtsprechung. Vornehmlich spielt die fehlerhafte Beurteilung der Einspruchs- und Klagebefugnis durch die Finanzbehörden und die Finanzgerichte eine große Rolle. Wird ein Einspruch oder eine Klage durch diese Fehlbeurteilung als unzulässig abgewiesen, erlangt der Betroffene nur Rechtsschutz, wenn er den Verfahrensmangel auch geltend macht.

Im Einspruchs- und Klageverfahren muss der Steuerpflichtige zu einer Einlegung des Einspruchs und zu einer Erhebung der Klage im Grundsatz nach den Vorschriften der § 350 AO und § 40 Abs. 2 FGO befugt sein. Entscheidend für die Bestimmung des richtigen Anfechtungsberechtigten ist stets, an wen sich der Verwaltungsakt inhaltlich richtet. Feststellungsbescheide richten sich nach ihrem Inhalt und ihren Wirkungen gegen die Gesellschafter[378], so dass diesen grundsätzlich auch die Befugnis zustehen müsste, gegen diese Bescheide nach § 350 AO Einspruch einzulegen und nach § 40 Abs. 2 FGO Klage zu erheben[379].

Der Steuergesetzgeber ist indes einen anderen Weg gegangen, denn die Befugnis zur Einlegung eines Rechtsbehelfs über die einheitliche und gesonderte

376 *Cöster*, in Koenig, AO[3], 2014, § 358 AO Rz. 7; *Seer*, in Tipke/Kruse, AO/FGO, § 358 AO Tz. 22 (Mai 2015); *ders.*, in Tipke/Lang, Steuerrecht[22], 2015, § 22 Rz. 12, 90; *Brockmeyer*, in Klein, AO[12], 2014, § 358 AO Rz. 5.

377 Dazu sogleich im Folgenden.

378 Dazu bereits unten § 5 III.

379 BFH, Urteil vom 25.4.2006 – VIII R 52/04, BStBl. II 2006, 847 (848); BFH, Urteil vom 12.4.2007 – IV B 69/05, BFH/NV 2007, 1923. Ferner *Dumke*, in Schwarz/Pahlke, AO, § 352 AO Rz. 2 (Juni 2012); *Steinhauff*, in Hübschmann/Hepp/Spitaler, AO/FGO, § 48 FGO Rz. 14, 21 (März 2012); *Pinkernell*, Einkünftezurechnung bei Personengesellschaften, 2001, S. 71; *Ruban*, in Festschrift Döllerer, 1988, S. 515 (524).

Feststellung von Besteuerungsgrundlagen unterliegt den besonderen Beschränkungen der § 352 AO und § 48 FGO[380]. Darum ist nicht jeder von der gesonderten und einheitlichen Feststellung Betroffene persönlich rechtsbehelfsbefugt[381]. Die Voraussetzungen der Rechtsbehelfsbefugnis nach § 352 AO und § 48 FGO sind von Amts wegen zu prüfen[382].

Beide Vorschriften – Einspruchsbefugnis und Klagebefugnis – entsprechen sich inhaltlich[383]. Darüber hinaus sind beide Regelungen sowohl in ihrem Aufbau als auch in ihrer Systematik gleich[384]. Wer zulässig einen Einspruch gegen einen Feststellungsbescheid eingelegt hat, ist darum gleichermaßen befugt Klage vor den Finanzgerichten zu erheben[385].

In anderen Verfahrensordnungen, namentlich der Verwaltungsgerichtsordnung (VwGO) und dem Sozialgerichtsgesetz (SGG), existiert eine solche die Rechtsbehelfsbefugnis einschränkende Vorschrift nicht[386]. Darum regeln die Vorschriften § 352 AO und § 48 FGO „ein abgabenrechtliches Spezialproblem"[387].

Beide Vorschriften gelten ausdrücklich nur für Bescheide über die einheitliche und gesonderte Feststellung, nicht hingegen für an die Gesellschaft selbst gerichtete Steuerfestsetzungsbescheide[388], beispielsweise Umsatzsteuerbescheide[389],

---

380 BFH, Urteil vom 25.4.2006 – VIII R 52/04, BStBl. II 2006, 847 (848). Ebenso zu § 48 FGO *Ruban*, in Festschrift Döllerer, 1988, S. 515 (524); *Pinkernell*, Einkünftezurechnung bei Personengesellschaften, 2001, S. 71.

381 *Brandis*, in Tipke/Kruse, AO/FGO, § 352 AO (Mai 2015); *Cöster* in Koenig, AO³, 2014, § 352 Rz. 4; *Dumke*, in Schwarz/Pahlke, AO, § 352 AO Rz. 2a (Juni 2012).

382 *Werth*, in Beermann/Gosch, AO/FGO, § 352 AO Rz. 6 (Febr. 2009).

383 *Brockmeyer*, in Klein, AO¹², 2014, § 352 AO Rz. 1; *Steinhauff*, in Hübschmann/Hepp/Spitaler, AO/FGO, § 48 FGO Rz. 1 (März 2012); *Dißars*, NWB 2011, 1715; *von Wedelstädt*, AO-StB 2006, 230; *Seer*, in Tipke/Lang, Steuerrecht²², 2015, § 22 Rz. 15.

384 *Birkenfeld*, in Hübschmann/Hepp/Spitaler, AO/FGO, § 352 AO Rz. 43 (März 1997).

385 *Birkenfeld*, in Hübschmann/Hepp/Spitaler, AO/FGO, § 352 AO Rz. 43 (März 1997).

386 *Steinhauff*, in Hübschmann/Hepp/Spitaler, AO/FGO, § 48 FGO Rz. 13 (März 2012); *Levedag*, in Gräber, FGO⁸, 2015, § 48 FGO Rz. 1.

387 Treffend *von Groll*, in Gräber, FGO⁷, 2010, § 48 FGO Rz. 1.

388 *Birkenfeld*, in Hübschmann/Hepp/Spitaler, AO/FGO, § 352 AO Rz. 17 (März 1997); *Cöster* in Koenig, AO³, 2014, § 352 Rz. 10; *Werth*, in Beermann/Gosch, AO/FGO, § 352 AO Rz. 4 (Febr. 2009).

389 BFH, Beschluss vom 10.4.2001 – V B 116/00, BFH/NV 2001, 1220 (1221); BFH, Beschluss vom 9.8.1995 – V B 78/94, BFH/NV 1996, 159 (160).

Gewerbesteuermessbescheide[390] oder Prüfungsanordnungen[391]. Zudem gelten beide Vorschriften nicht für das Verfassungsbeschwerdeverfahren[392].

2. Skizzierung der rechtsbehelfsbefugten Personen

Gegen Bescheide über die einheitliche und gesonderte Feststellung von Besteuerungsgrundlagen können primär die zur Vertretung berufenen Geschäftsführer einen Rechtsbehelf einlegen (§ 352 Abs. 1 Nr. 1 Alternative 1 AO bzw. § 48 Abs. 1 Nr. 1 Alternative 1 FGO)[393]. Sind solche nicht vorhanden, kann der Einspruchsbevollmächtigte einen Rechtsbehelf einlegen (§ 352 Abs. 1 Nr. 1 Alternative 2 AO bzw. § 48 Abs. 1 Nr. 1 Alternative 2 FGO)[394]. Neben diesen Personen können gleichermaßen ausgeschiedene Gesellschafter, Gemeinschafter oder Mitberechtigte, gegen die der Feststellungsbescheid ergangen ist oder zu ergehen hätte, einen Rechtsbehelf einlegen (§ 352 Abs. 1 Nr. 3 AO bzw. § 48 Abs. 1 Nr. 3 FGO)[395].

Sind weder Geschäftsführer noch Einspruchsbevollmächtigte vorhanden, so ist jeder Gesellschafter, Gemeinschafter oder Mitberechtigte, gegen den der Feststellungsbescheid ergangen ist oder zu ergehen hätte selber rechtsbehelfsbefugt (§ 352 Abs. 1 Nr. 2 AO bzw. § 48 Abs. 1 Nr. 2 FGO)[396].

Nach den jeweiligen Nrn. 4 und 5 des ersten Absatzes besteht für jeden Gesellschafter eine eingeschränkte Rechtsbehelfsbefugnis („soweit")[397]. Handelt es sich darum, wer an dem festgestellten Betrag beteiligt ist und wie dieser sich auf die einzelnen Beteiligten verteilt, so ist insoweit jeder, der durch die Feststellung hierzu berührt wird rechtsbehelfsbefugt (§ 352 Abs. 1 Nr. 4 AO bzw. § 48 Abs. 1 Nr. 4 FGO)[398]. Gleichermaßen ist jeder rechtsbehelfsbefugt,

---

390 BFH, Beschluss vom 26.1.2000 – IV B 134/98, BFH/NV 2000, 1104 (1105).

391 BFH, Urteil vom 30.8.1994 – IX R 65/91, BFH/NV 1995, 517 (519); BFH, Beschluss vom 19.2.1996 – VIII B 4/95, BFH/NV 1996, 660.

392 Dazu unter Teil 3. BVerfG, Beschluss vom 5.6.2013 – 2 BvR 2677/11, HFR 2013, 842; ferner *Brandis*, in Tipke/Kruse, AO/FGO, § 48 FGO Tz. 6 (Okt. 2013).

393 Eingehend *Steinhauff*, in Hübschmann/Hepp/Spitaler, AO/FGO, § 48 FGO Rz. 60 ff. (März 2012).

394 Eingehend *Steinhauff*, in Hübschmann/Hepp/Spitaler, AO/FGO, § 48 FGO Rz. 140 ff. (März 2012).

395 Eingehend *Steinhauff*, in Hübschmann/Hepp/Spitaler, AO/FGO, § 48 FGO Rz. 231 ff. (März 2012).

396 Eingehend *Steinhauff*, in Hübschmann/Hepp/Spitaler, AO/FGO, § 48 FGO Rz. 201 ff. (März 2012).

397 *Werth*, in Beermann/Gosch, AO/FGO, § 352 AO Rz. 7 (Febr. 2009).

398 Eingehend *Steinhauff*, in Hübschmann/Hepp/Spitaler, AO/FGO, § 48 FGO Rz. 240 ff. (März 2012). Zum negativen Feststellungsbescheid siehe unten § 7 II. 8.

der durch die Feststellung berührt wird, soweit es sich um eine Frage handelt, die einen Beteiligten persönlich angeht (§ 352 Abs. 1 Nr. 5 AO bzw. § 48 Abs. 1 Nr. 5 FGO)[399].

3. Rechtsentwicklung der Vorschriften

Eine Vorschrift zur Einlegung von Rechtsmitteln bei einer einheitlichen Feststellung wurde erstmalig in § 66 Abs. 2 EStG 1925[400] normiert[401]. Die Vorschrift galt allein für die Feststellung von Einkünften aus Gewerbebetrieb[402]. Bei der Feststellung von Einkünften aus Land- und Forstwirtschaft, sonstiger selbständiger Berufstätigkeit sowie Vermietung und Verpachtung sollte jeder Mitberechtigte zur Einlegung von Rechtsmitteln befugt sein (§ 66 Abs. 3 EStG 1925)[403].

Bei gewerblichen Einkünften sollte nach § 66 Abs. 2 EStG 1925 allein der zur Geschäftsführung befugte Gesellschafter zur Einlegung von Rechtsmitteln berechtigt sein[404]. Dieser Rechtsmittelbeschränkung lagen folgende – zivilrechtliche – Erwägungen des Steuergesetzgebers zugrunde:

> „Es muß vermieden werden, daß Gesellschafter, die zur Geschäftsführung nicht befugt sind, gelegentlich eines Rechtsmittels Kenntnis vom Inhalt der Geschäftsbücher, und des übrigen Materials erhalten, das die Geschäftsführer dem Finanzamt bei der Veranlagung vorgelegt haben oder das sonst Gegenstand des Verfahrens ist. Diese Personen haben nach den Vorschriften des Privatrechts nicht ausnahmslos das Recht, Einblick in das Material zu erhalten. Es würde daher im sachlichen Ergebnis zu einer Beseitigung wohlerwogener Grundsätze des Privatrechts führen, wollte man den nicht zur Geschäftsführung befugten Gesellschaftern das Recht auf prozessuale Beteiligung an dem Feststellungsverfahren mit allen sich daraus nach der AO ergebenden Befugnissen gewähren“[405].

---

399 Eingehend *Steinhauff*, in Hübschmann/Hepp/Spitaler, AO/FGO, § 48 FGO Rz. 255 ff. (März 2012).

400 Deutsches Reichseinkommensteuergesetz vom 10. August 1925, RGBl. I 1925, 189.

401 Näher dazu *Steinhauff*, in Hübschmann/Hepp/Spitaler, AO/FGO, § 48 FGO Rz. 6 (März 2012) sowie *Birkenfeld*, in Hübschmann/Hepp/Spitaler, AO/FGO, § 352 AO Rz. 3 ff. (März 1997).

402 *Birkenfeld*, Hübschmann/Hepp/Spitaler, AO/FGO, § 352 AO Rz. 3 (März 1997); *Steinhauff*, in Hübschmann/Hepp/Spitaler, AO/FGO, § 48 FGO Rz. 6 (März 2012).

403 Deutsches Reichseinkommensteuergesetz vom 10. August 1925, RGBl. I 1925, 189. Ferner *Keuk*, StuW 1974, 1 (46); *Steinhauff*, in Hübschmann/Hepp/Spitaler, AO/FGO, § 48 FGO Rz. 6 (März 2012).

404 *Steinhauff*, in Hübschmann/Hepp/Spitaler, AO/FGO, § 48 FGO Rz. 6 (März 2012).

405 Begründung zu § 66 Abs. 2 EStG 1925 abgedruckt bei *Keuk*, StuW 1974, 1 (46); *Brandis*, in Tipke/Kruse, AO/FGO, § 48 FGO Tz. 2 (Okt. 2013).

Sowohl § 352 AO a.F. als auch § 48 FGO a.F. übernahmen Jahre später die Rechtsmittelbeschränkung für die Feststellung von Einkünften aus Gewerbebetrieb[406].

Mit Wirkung ab dem 1.1.1996[407] wurde die Einspruchs- und Klagebefugnis indes unabhängig von der Einkunfts- oder Vermögensart geregelt[408]. Nunmehr unterliegen auch die Gesellschafter mit Einkünften aus Vermietung und Verpachtung nach § 21 EStG (z.B. aus Bauherrengemeinschaften, Immobilienfonds in der Rechtsform einer BGB-Gesellschaft) den Beschränkungen des § 352 AO und § 48 FGO[409]. Sind zur Vertretung berufene Geschäftsführer nicht vorhanden, können seit dem 1.1.1996 auch sog. Einspruchs- und Klagebevollmächtigte (§ 352 Abs. 1 Nr. 1 Alternative 2 AO bzw. § 48 Abs. 1 Nr. 1 Alternative 2 FGO i.V.m. Abs. 2) Einspruch einlegen und Klage erheben[410]. Der Steuergesetzgeber erachtete die Erweiterung der Anfechtungsbeschränkung als sinnvoll, um eine Eindämmung von

---

406 Näher *Steinhauff*, in Hübschmann/Hepp/Spitaler, AO/FGO, § 48 FGO Rz. 6 (März 2012) sowie *Birkenfeld*, in Hübschmann/Hepp/Spitaler, AO/FGO, § 352 AO Rz. 3 ff. (März 1997).

407 Art. 11 Abs. 3 Grenzpendlergesetz vom 24.6.1994, BGBl. I 1994, 1395 (1405).

408 Art. 4 Nr. 4 Grenzpendlergesetz vom 24.6.1994, BGBl. I 1994, 1395 (1400); ferner die Begründung zu § 352 AO in BT-Drucks. 12/7227, 36; zudem *Cöster* in Koenig, AO[3], 2014, § 352 Rz. 2; *Birkenfeld*, in Hübschmann/Hepp/Spitaler, § 352 AO Rz. 18 (März 1997); *von Beckerath*, in Beermann/Gosch, AO/FGO, § 48 FGO Rz. 49 (März 2012). Im Rahmen der alten Rechtslage wurde einer vermögensverwaltenden Personengesellschaft vom Wortlaut des § 48 Abs. 1 FGO ausgehend kein Klagerecht eingeräumt. Darum war umstritten, ob einer solchen Personengesellschaft ein eigenständiges Klagerecht aus § 48 Abs. 1 Nr. 3 FGO analog zustehen sollte. Dazu die kurze Darstellung bei *Krüger*, Die vermögensverwaltende Personengesellschaft im Ertragssteuerrecht, 1995, S. 173 f. sowie die Darstellung bei *Ruban*, in Festschrift Döllerer, 1988, S. 415 (528 ff.). Ferner *Leyh*, in Festschrift zum 10jährigen Bestehen der Fachhochschule für Finanzen Nordrhein-Westfalen in Nordkirchen, 1986, S. 151 (162). *Krüger* vertritt hierbei die Ansicht, dass einer vermögensverwaltenden Personengesellschaft – mit Ausnahme einer GbR – konsequenterweise auch ein Klagerecht eingeräumt werden sollte, weil der vermögensverwaltenden Personengesellschaft durch den Beschluss des Großen Senats vom 25.6.1984 – GrS 4/82, BStBl. II 1984, 751 (762) eine partielle Steuerrechtsfähigkeit zugesprochen worden ist. *Ruban* hingegen verneint eine analoge Anwendung des § 48 Abs. 1 Nr. 3 FGO mangels Regelungslücke. *Leyh* hält ebenfalls an der gesetzlichen Lage fest und verneint eine Klagebefugnis bei vermögensverwaltenden Personengesellschaften.

409 BT-Drucks. 12/7227, 36; ferner *Birkenfeld*, in Hübschmann/Hepp/Spitaler, AO/FGO, § 352 AO Rz. 11 (März 1997); *Cöster* in Koenig, AO[3], 2014, § 352 Rz. 2; *Steinhauff*, in Hübschmann/Hepp/Spitaler, AO/FGO, § 48 FGO Rz. 6 (März 2012).

410 Dazu *von Beckerath*, in Beermann/Gosch, AO/FGO, § 48 FGO Rz. 10 (März 2012).

Rechtsbehelfen, eine bessere Koordination der Einspruchsverfahren sowie die Einheitlichkeit von Entscheidungen und Verfahrenserleichterungen zu erreichen[411].

4. Ausländische Personengesellschaften

a) Anwendungsbereich des Feststellungsverfahrens

Die Regelungen zur Einspruchs- und Klagebefugnis bei einheitlicher und gesonderter Feststellung von Besteuerungsgrundlagen (§ 352 AO und § 48 FGO) gelten gleichermaßen in den Fällen von ausländischen Personengesellschaften[412]. Darum steht die Einspruchs- und Klagebefugnis auch bei ausländischen Personengesellschaften vorrangig dem (inländischen oder ausländischen) Geschäftsführer bzw. dem gemeinsamen Empfangsbevollmächtigten zu.

Problematisch ist in diesen Fällen indes, dass nicht alle Gesellschafter einer ausländischen Personengesellschaft in das Feststellungsverfahren einbezogen werden. Denn allein die inländischen Gesellschafter sind die Feststellungsbeteiligten und damit auch die Inhaltsadressaten des Feststellungsbescheides[413]. Ausländische Gesellschafter werden von der Feststellung nicht berührt.

b) Folgewirkungen

Bei ausländischen Personengesellschaften mit inländischen und ausländischen Gesellschaftern können daher die Adressatenstellung und die Rechtsbehelfsbefugnis auseinanderklaffen[414]. Denn es kann die Konstellation eintreten, dass ein ausländischer Geschäftsführer rechtsbehelfsbefugt ist, der selbst nicht von der Feststellung betroffen ist.

In diesen Fällen ist oftmals ungewiss, ob der ausländische Geschäftsführer gewillt ist, hinsichtlich des Feststellungsbescheides im Inland Einspruch einzulegen und Klage einzureichen. Daher kann es in diesen „Auslands-Konstellationen“ für einen inländischen Gesellschafter in der Praxis schwierig sein, entsprechenden Rechtsschutz zu erlangen. Ist ein ausländischer Geschäftsführer nicht gewillt einen inländischen Steuerprozess zu führen, ist fraglich, ob ein inländischer

---

411 BT-Drucks. 12/7227, 36. Ferner *Brandis*, in Tipke/Kruse, AO/FGO, § 48 FGO Tz. 2 (Okt. 2013); *Steinhauff*, in Hübschmann/Hepp/Spitaler, AO/FGO, § 48 FGO Rz. 17 (März 2012).

412 BFH, Urteil vom 11.9.2013 – I B 79/13, BFH/NV 2014, 161 (162); *Wassermeyer/Schönfeld*, in Flick/Wassermeyer/Baumhoff/Schönfeld, Außensteuerrecht Kommentar, § 20 AStG Rz. 128 (Juli 2011); *Stahl*, ISR 2013, 210 (214).

413 Dazu bereits oben § 5 III. 2.

414 Ebenso *Stahl*, ISR 2013, 210 (216); *ders.*, ISR 2014, 40 (41).

Gesellschafter dergestalt auf einen ausländischen Geschäftsführer einwirken kann, dass dieser auch im Inland Einspruch einlegt und Klage erhebt[415]. Dies ist stets eine Frage des konkreten Einzelfalles, insbesondere von der Gesellschafteranzahl einer Personengesellschaft abhängig[416].

Daher kommt es in der Rechtspraxis oftmals vor, dass ein inländischer Gesellschafter einer ausländischen Personengesellschaft, der letztendlich nicht rechtsbehelfsbefugt ist, gleichwohl einen Rechtsbehelf bei der Finanzbehörde einlegt.

Obgleich das Vorliegen von Zulässigkeitsvoraussetzungen von Amts wegen zu prüfen ist[417], werden die Einsprüche und Klagen – wohl aufgrund der im Vordergrund stehenden materiellen Rechtsfragen – teilweise ohne weitere Erläuterung seitens des Gerichtes als zulässig erachtet[418]. Die Revisionen werden sodann nur auf die Verletzung von materiellem Recht gestützt und die fehlende Rechtsbehelfsbefugnis fällt nur „durch Zufall" auf.

Anderen Streitfällen haften hingegen die Probleme einer möglichen fehlerhaften Beurteilung der Einspruchs- und Klagebefugnis durch die Finanzbehörde und die Finanzgerichte an. Die Revisionen stützen sich daher auf eine fehlerhafte Beurteilung einer Sachurteilsvoraussetzung.

c) Bedenken gegenüber der jüngeren Rechtsprechung

In jüngster Zeit sind von der Rechtsprechung mehrfach Klagen von inländischen Gesellschaftern gegen einen Feststellungsbescheid als unzulässig abgewiesen worden[419]. Ein inländischer Gesellschafter ist grundsätzlich nicht einspruchs- und klagebefugt, wenn ein zur Vertretung befugter (in- oder ausländischer) Geschäftsführer nach § 352 Abs. 1 Alternative 1 AO bzw. § 48 Abs. 1 Alternative 1 FGO oder ein Einspruchs- bzw. Klagebevollmächtigter nach § 352 Abs. 1 Alternative 2 AO bzw. § 48 Abs. 1 Alternative 2 FGO vorhanden ist. Daher haben die

---

415 Ebenso *Wassermeyer/Schönfeld*, in Flick/Wassermeyer/Baumhoff/Schönfeld, Außensteuerrecht, Kommentar, § 20 AStG Rz. 128 (Juli 2011); *Stahl*, ISR 2013, 210 (215).

416 Ebenso *Stahl*, ISR 2013, 210 (215).

417 *Jesse*, Einspruch und Klage im Steuerrecht³, 2009, Rz. C 81.

418 Ebenso *Stahl*, ISR 2013, 210 (214). In BFH, Urteil vom 28.4.2010 – I R 81/09, BFH/NV 2010, 1550 legten z.B. sowohl ausländische als auch inländische Gesellschafter Klage ein und die Klageverfahren wurden sodann verbunden. Mit der Revision rügten die Kläger nur die Verletzung materiellen Rechts.

419 FG München, Urteil vom 7.3.2011 – 7 K 2670/09, EFG 2011, 1585 ff.; BFH, Beschluss vom 11.9.2013 – I B 79/13, BFH/NV 2014, 161; FG Niedersachsen, Urteil vom 22.5.2014 – 10 K 245/13, EFG 2014, 1453 ff.

Finanzbehörde und die Steuergerichte stets zu prüfen, ob ein solcher Geschäftsführer oder Bevollmächtigter vorhanden ist.

Der Bundesfinanzhof hat sich in einer Entscheidung aus jüngerer Zeit ausführlich mit der Einspruchs- und Klagebefugnis bei ausländischen Personengesellschaften befasst[420]. Im Ausgangspunkt hat das Gericht betont, dass der Zugang zu Gericht gerade nicht durch den Umstand in unzumutbarer Weise erschwert werde, dass sich die Klägerin an einer ausländischen Personengesellschaft beteiligt habe[421]. Denn durch den ausländischen Sitzort einer Gesellschaft und den dortigen Rechtskreis veranlasste praktische Probleme bei der Durchsetzung von Gesellschafterinteressen würden nicht zu einer relevanten Verletzung des Schutzbereichs des Art. 19 Abs. 4 GG führen[422].

Der Bundesfinanzhof hat in dieser Entscheidung einem inländischen Gesellschafter einer ausländischen Personengesellschaft daher die Klagebefugnis verwehrt und damit die vorgehende Entscheidung des Finanzgerichts bestätigt[423]. Dem Streitfall lag die Besonderheit zugrunde, dass der ausländische Geschäftsführer – eine natürliche Person – sein Amt niedergelegt hatte. Daher war nur noch die führungslose juristische Person vorhanden, welche das Gericht als klagebefugten Geschäftsführer ausreichen ließ. Das Gericht stellte insoweit fest, dass die Amtsniederlegung zwar die Gesellschaft bis zu einer Neubestellung einer anderen natürlichen Person „führungslos" gemacht habe[424]. Dies würde indes nicht das Formalerfordernis berühren, dass ein Geschäftsführer vorhanden sei, der kraft Satzung für die spanische Gesellschaft handeln könne[425]. Hierbei betonte das Gericht ausdrücklich, dass es die Klagebefugnis nicht berühre, ob ein Geschäftsführer durch eine handlungsbereite natürliche Person tatsächlich

420 BFH, Beschluss vom 11.9.2013 – I B 79/13, BFH/NV 2014, 161.
421 BFH, Beschluss vom 11.9.2013 – I B 79/13, BFH/NV 2014, 161 (163).
422 BFH, Beschluss vom 11.9.2013 – I B 79/13, BFH/NV 2014, 161 (163).
423 BFH, Beschluss vom 11.9.2013 – I B 79/13, BFH/NV 2014, 161 (162). Im Streitfall war die Klägerin, eine inländische GmbH als Kommanditistin an einer spanischen Gesellschaft (S.C.) beteiligt. Weitere Beteiligte war als Komplementärin eine spanische Gesellschaft (S.L.), welche die Gesellschaft gerichtlich und außergerichtlich vertritt. Die S.L hatte ihrerseits die natürliche Person A ernannt, die ihr übertragenen Befugnisse auszuüben.
424 BFH, Beschluss vom 11.9.2013 – I B 79/13, BFH/NV 2014, 161 (162).
425 BFH, Beschluss vom 11.9.2013 – I B 79/13, BFH/NV 2014, 161 (162).

handeln könne[426]. Gleichermaßen soll es die Klagebefugnis nicht berühren, wenn sich ein Geschäftsführer dazu entschließt, keine Klage zu erheben[427].

Die Rechtsprechung löst die Frage der Klagebefugnis strikt über den Wortlaut des § 48 Abs. 1 Nr. 1 Alternative 1 FGO. Ein in der Sphäre der Gesellschaft bzw. des Geschäftsführers eingetretenes Handlungshindernis soll mit Hilfe der Wiedereinsetzung in den vorigen Stand nach § 56 FGO ausgeglichen werden können[428].

Hierbei weist das Gericht selbst auf die Problematik der Jahresfrist des § 56 Abs. 3 FGO bei ausländischen Personengesellschaften aufgrund zeitaufwendiger Rechtsstreite im fremden Rechtskreis hin[429]. Denn die inländischen Gesellschafter müssen insbesondere in dem Fall einer führungslosen juristischen Person als Geschäftsführer auf die künftige Bestellung einer anderen natürlichen Person hinwirken, welche ihre Interessen gerichtlich vertritt. Dies kann einige Zeit in Anspruch nehmen. Das Gericht stellt in diesem Zusammenhang allerdings klar, dass die von einer Partei nicht beeinflussbare Verzögerung eines rechtzeitig eingeleiteten behördlichen oder gerichtlichen Verfahrens die Jahresfrist ausschließen würde[430].

Die Beurteilung der Rechtslage durch den Bundesfinanzhof erscheint infolge der Besonderheiten bei ausländischen Personengesellschaften bedenklich. Denn die Konsequenz dieser Rechtsprechung ist stets, dass der inländische Gesellschafter keinen Rechtsschutz erlangt.

Bereits die Fälle, in denen ein ausländischer Geschäftsführer lediglich keinen Rechtsbehelf einlegt, sind für den inländischen Gesellschafter „bitter". Allerdings hätte der betroffene Gesellschafter in diesem Fall theoretisch noch die Möglichkeit auf den ausländischen Geschäftsführer hinsichtlich der Einlegung einer Klage einzuwirken. Es ist zwar festzuhalten, dass es naturgemäß einfacher für einen Gesellschafter sein wird (auch zivilrechtlich) auf einen inländischen Geschäftsführer

426 BFH, Beschluss vom 11.9.2013 – I B 79/13, BFH/NV 2014, 161 (162).

427 BFH, Beschluss vom 11.9.2013 – I B 79/13, BFH/NV 2014, 161 (162). Dieser Sachverhalt lag insoweit dem Urteil des Finanzgerichts Niedersachsen vom 22.5.2014 – 10 K 245/13, EFG 2014, 1453 ff. zugrunde. Einspruchsbefugt war eine ausländische Geschäftsführerin, welche lediglich keinen Rechtsbehelf einlegte. Der Sachverhalt schweigt, warum von ihrer Seite kein Rechtsbehelf eingelegt wurde. Allerdings liegt es wohl nahe, dass sie an keinem deutschen Rechtsbehelfsverfahren Interesse hatte, weil sie durch den Feststellungsbescheid nicht berührt wurde.

428 BFH, Beschluss vom 11.9.2013 – I B 79/13, BFH/NV 2014, 161 (162 f.).

429 BFH, Beschluss vom 11.9.2013 – I B 79/13, BFH/NV 2014, 161 (163).

430 BFH, Beschluss vom 11.9.2013 – I B 79/13, BFH/NV 2014, 161 (163).

einzuwirken. Das Einwirken auf einen ausländischen Geschäftsführer gestaltet sich hingegen schwieriger, so dass auch die Chance einer Klageeinreichung umso geringer ist[431]. Denn ein ausländischer Geschäftsführer wird in der Rechtspraxis kaum ein Interesse daran haben, für deutsche Beteiligte einen Rechtsstreit in Deutschland zu führen[432]. Zum einen können zur Einlegung eines Rechtsbehelfs bereits sprachliche Schwierigkeiten bestehen und zum anderen handelt es sich bei deutschen Beteiligten oftmals um Kommanditisten, welche aufgrund ihrer geringen Beteiligung kaum Mitspracherechte innerhalb der ausländischen Gesellschaft haben werden[433]. Denkbar für ausländische Personengesellschaften mit inländischen Gesellschaftern wäre es daher, eine entsprechende Regelung in den Gesellschaftsvertrag aufzunehmen, welche den ausländischen Geschäftsführer verpflichten würde, sich gleichermaßen den Interessen seiner inländischen Kommanditisten anzunehmen[434]. Allerdings ist stets fraglich, ob die Mehrheitsgesellschafter zu einer solchen Vertragsklausel bereit sein werden. Der Fall eines untätig bleibenden ausländischen Geschäftsführers ist damit bereits mit großen Schwierigkeiten hinsichtlich der Verwirklichung des Rechtsschutzes behaftet.

Darum wollen Teile im Schrifttum zu Recht dem ausländischen, den Rechtsbehelf verweigernden Geschäftsführer, mit einem nicht vorhandenen Geschäftsführer gleichstellen[435]. Dem inländischen Gesellschafter einer ausländischen Personengesellschaft soll analog § 352 Abs. 1 Nr. 2 AO bzw. analog § 48 Abs. 1 Nr. 2 FGO eine eigene Rechtsbehelfsbefugnis zugestanden werden[436].

---

431 Treffend sprechen *Wassermeyer/Schönfeld*, in Flick/Wassermeyer/Baumhoff/Schönfeld, Außensteuerrecht, Kommentar, § 20 AStG Rz. 128 (Juli 2011) davon, dass die Anwendung von § 48 Abs. 1 Nr. 1 FGO und § 352 Abs. 1 Nr. 1 AO zu erheblichen praktischen Verwerfungen führen könne; *Rudolf*, BB 2014, 2213 (2216); *Stahl*, ISR 2013, 210 (215).

432 *Wassermeyer/Schönfeld*, in Flick/Wassermeyer/Baumhoff/Schönfeld, Außensteuerrecht, Kommentar, § 20 AStG Rz. 128 (Juli 2011).

433 *Wassermeyer/Schönfeld*, in Flick/Wassermeyer/Baumhoff/Schönfeld, Außensteuerrecht, Kommentar, § 20 AStG Rz. 128 (Juli 2011).

434 Ebenso *Rudolf*, BB 2014, 2213 (2216). *Bauhaus* rät in der Anmerkung zu FG Hannover, Urteil vom 22.5.2014 – 10 K 245/13, AO-StB 2014, 268 (269) den inländischen Gesellschaftern dazu rechtliche Vorsorge dafür zu treffen, dass der zur Vertretung berufene ausländische Geschäftsführer ihre Interessen vor Gericht auch wahrnimmt.

435 *Wassermeyer/Schönfeld*, in Flick/Wassermeyer/Baumhoff/Schönfeld, Außensteuerrecht, Kommentar, § 20 AStG Rz. 128 (Juli 2011).

436 *Wassermeyer/Schönfeld*, in Flick/Wassermeyer/Baumhoff/Schönfeld, Außensteuerrecht, Kommentar, § 20 AStG Rz. 128 (Juli 2011); ablehnend allerdings BFH mit Urteil vom 11.9.2013 – I B 79/13, BFH/NV 2014, 161 (163).

Der Fall einer führungslosen juristischen Person treibt es indes auf die Spitze. Denn der inländische Gesellschafter kann hier faktisch auf niemanden einwirken, sondern muss erst dafür Sorge tragen, dass eine natürliche Person gefunden wird, die dieses Amt künftig übernimmt. Diese zusätzliche Hürde in einem fremden Rechtskreis zu überwinden ist für einen inländischen Gesellschafter unzumutbar.

Im Schrifttum werden für diesen Fall zwei Ansätze verfolgt, um dem inländischen Gesellschafter zu einer Rechtsbehelfsbefugnis zu verhelfen. Teile im Schrifttum wollen die Klagebefugnis nach § 48 Abs. 1 Nr. 1 Alternative 1 AO verneinen, weil es an einer natürlichen Person als Geschäftsführer fehle[437]. Denn nach § 58 FGO sind ausschließlich natürliche Personen prozessfähig[438]. Darum sei auch in § 48 Abs. 1 Nr. 1 FGO stets eine natürliche Person zu fordern[439]. In den Fällen einer führungslosen juristischen Person steht keine natürliche Person zur Amtsausübung zur Verfügung. Daher soll der inländische Gesellschafter nach § 48 Abs. 1 Nr. 2 FGO selbst klagebefugt sein[440].

Andere Teile im Schrifttum wollen dem inländischen Gesellschafter dadurch zu einem direkten Rechtsbehelfsrecht nach § 48 Abs. 1 Nr. 2 FGO verhelfen, indem sie die vom Bundesfinanzhof aufgestellten Grundsätze zu inländischen Publikumsgesellschaften anwenden[441].

Bei sog. Publikumsgesellschaften in der Rechtsform einer GbR soll den Gesellschaftern trotz Vorhandenseins eines Geschäftsführers eine eigene Rechtsbehelfsbefugnis aus § 352 Abs. 1 Nr. 2 AO und § 48 Abs. 1 Nr. 2 FGO zustehen[442]. Der

---

437 *Weßling*, BB 2013, 1185 (1186 f.); ablehnend allerdings BFH mit Urteil vom 11.9.2013 – I B 79/13, BFH/NV 2014, 161 (162).

438 *Weßling*, BB 2013, 1185 (1186 f.). Zu § 58 FGO: *Drüen*, in Tipke/Kruse, AO/FGO, § 58 FGO Tz. 11 (Mai 2014).

439 *Weßling*, BB 2013, 1185 (1186).

440 *Weßling*, BB 2013, 1185 (1186 f.).

441 *Stahl*, ISR 2013, 210 (215, 216); *Rudolf*, BB 2014, 2213 (2216); *Weßling*, BB 2013, 1185 (1188) nennt dies allerdings nur als zweitbeste Lösung; ablehnend allerdings der BFH mit Urteil vom 11.9.2013 – I B 79/13, BFH/NV 2014, 161 (162). Da im konkreten Streitfall keine Publikumsgesellschaft vorlag, wollte der BFH diese Grundsätze auch nicht anwenden.

442 BFH, Beschluss vom 15.1.1998 – IX B 25/97, BFH/NV 1998, 994 (996); BFH, Urteil vom 29.6.2004 – IX R 39/03, BFH/NV 2004, 1371; BFH, Urteil vom 6.10.2004 – IX R 68/01, BStBl. II 2005, 324 (325); BFH, Urteil vom 24.3.2011 – IV B 115/05, BFH/NV 2011, 1167 (1168). Dazu *Werth*, in Beermann/Gosch, AO/FGO, § 352 AO Rz. 9 (Febr. 2009).

Bundesfinanzhof begründet dies damit, dass es bei einer Publikumsgesellschaft[443] an einem zur Vertretung berufenen Geschäftsführer im Sinne des § 710 BGB fehle, wenn die Geschäftsführung und Vertretung allen Gesellschaftern gemeinschaftlich zustehe und keine Person vorhanden sei, die ein von den Gesellschaftern der GbR abgeleitetes, die gerichtliche Vertretung umfassendes Geschäftsführungs- und Vertretungsrecht erlangt habe[444]. In dieser Situation fehle es an Personen, die in der Lage seien, kurzfristig für die Gesellschaft zu handeln[445]. Das Gericht legt damit die Voraussetzung des zur Vertretung berufenen Geschäftsführers im Rahmen einer teleologischen Reduktion einschränkend dahin aus, dass es bei Fehlen von Personen, die in der Lage sind, kurzfristig für die Gesellschaft zu handeln, es ganz an einem zur Vertretung berufenen Geschäftsführers fehlen solle[446].

5. Gesetzliche Prozessstandschaft

Aus dem Wortlaut des § 48 Abs. 1 Nr. 1 Alternative 1 FGO lässt sich nicht eindeutig entnehmen, wer der Träger des Klagerechts sein soll[447]. Dies war bereits im Rahmen der Vorgängervorschrift des § 48 Abs. 1 Nr. 3 a.F. FGO problematisch[448]. Daher ist im Schrifttum und in der Rechtsprechung umstritten, ob das Klagerecht von der Personengesellschaft als gesetzliche Prozessstandschafterin[449] ihrer Gesellschafter oder von dem zur Vertretung berufenen Geschäftsführer als gesetzlicher Prozessstandschafter der Gesellschafter wahrgenommen wird[450]. Die Hauptargumente im Rahmen dieses Problemkreises werden maßgeblich von der Stellung der Personengesellschaft im formellen und im materiellen Recht beeinflusst.

---

443 In BFH, Beschluss vom 15.1.1998 – IX B 25/97, BFH/NV 1998, 994 (995) waren beispielsweise über 83 Gesellschafter beteiligt.

444 BFH, Beschluss vom 15.1.1998 – IX B 25/97, BFH/NV 1998, 994 (996).

445 BFH, Beschluss vom 15.1.1998 – IX B 25/97, BFH/NV 1998, 994 (996).

446 Dazu *Steinhauff*, in Hübschmann/Hepp/Spitaler, AO/FGO, § 48 FGO Rz. 71 (März 2012); *Brandis*, in Tipke/Kruse, AO/FGO, § 48 FGO Tz. 12 (Okt. 2013); *Cöster*, in Koenig, AO³, 2014, § 352 Rz. 19.

447 Dazu ausführlich *von Beckerath*, in Beermann/Gosch, AO/FGO, § 48 FGO Rz. 85 ff. (März 2012); *Steinhauff*, in Hübschmann/Hepp/Spitaler, AO/FGO, § 48 FGO Rz. 60 ff. (März 2012).

448 Dazu *Steinhauff*, in Hübschmann/Hepp/Spitaler, AO/FGO, § 48 FGO Rz. 60 (März 2012).

449 Die gesetzliche Prozessstandschaft ist in der FGO nicht geregelt.

450 Dazu *Steinhauff*, in Hübschmann/Hepp/Spitaler, AO/FGO, § 48 FGO Rz. 60 ff. (März 2012).

a) Das Grundsatzurteil aus dem Jahre 1972

Der Bundesfinanzhof hatte mit einer grundlegenden Entscheidung vom 4.5.1972 erstmalig ausgeführt, dass die Klagebefugnis nach § 48 Abs. 1 Nr. 3 a.F. FGO der Gesellschaft zustehe[451]. Zur Begründung führte das Gericht an, dass eine Gleichbehandlung der Personengesellschaft im Gewerbe- und Umsatzsteuerrecht, wonach die Gesellschaft selbst rechtsbehelfsbefugt sei und dem einheitlichen Feststellungsverfahren den „Bedürfnissen der Praxis" entspreche[452]. Ferner berief sich das Gericht auf den ganz ursprünglichen Zweck der Rechtsbehelfsbeschränkung, der darin bestand, den nichtgeschäftsführenden Gesellschaftern Einblicke in die Verhältnisse der Gesellschaft, vornehmlich in die Geschäftsbücher zu verwehren, die ihnen auch nicht nach dem Zivilrecht zustünden[453].

b) Zum Meinungsstand in aktueller Rechtsprechung und Schrifttum

Die Personengesellschaft macht als gesetzliche Prozessstandschafterin im eigenen Namen die Verletzung fremden Rechts geltend[454]. Eigene Rechte der Personengesellschaft können durch die Gewinnfeststellung nicht verletzt werden[455]. An dieser Auffassung hält die Rechtsprechung auch im Rahmen des heutigen § 48 Abs. 1 Nr. 1 FGO noch fest[456].

Nach überwiegender Auffassung im Schrifttum soll die Gesellschaft klagebefugt sein, d.h. sie reicht in Prozessstandschaft für ihre Gesellschafter Klage ein[457].

---

451 BFH, Urteil vom 4.5.1972 – IV 251/64, BStBl. II 1972, 672 (676); ferner *von Beckerath*, in Beermann/Gosch, AO/FGO, § 48 FGO Rz. 87 (März 2012). Kritisch *Pinkernell*, Einkünftezurechnung bei Personengesellschaften, 2001, S. 72.

452 BFH, Urteil vom 4.5.1972 – IV 251/64, BStBl. II 1972, 672 (674).

453 BFH, Urteil vom 4.5.1972 – IV 251/64, BStBl. II 1972, 672 (674).

454 *Brandis*, in Tipke/Kruse, AO/FGO, § 48 FGO Tz. 7 (Okt. 2013); *Levedag*, in Gräber, FGO[8], 2015, § 48 FGO Rz. 1, 12.

455 Dazu *Ruban*, in Festschrift Döllerer, 1988, S. 515 (525, 526).

456 Aus jüngerer Zeit BFH, Urteil vom 29.6.2004 – IX R 39/03, BFH/NV 2004, 1371; BFH, Urteil vom 3.2.2010 – IV R 45/07, BStBl. II 2010, 689 (690); BFH, Urteil vom 19.12.2012 – IV R 41/09, BStBl. II 2013, 313 (314); BFH, Urteil vom 23.2.2012 – IV R 31/09, BFH/NV 2012, 1448 (1449); BFH, Urteil vom 11.4.2013 – IV R 20/10, BStBl. II 2013, 705 (707).

457 Dazu *Steinhauff*, in Hübschmann/Hepp/Spitaler, AO/FGO, § 48 FGO Rz. 14, 18, 61 f. (März 2012); *Brandis*, in Tipke/Kruse, AO/FGO, § 48 FGO Tz. 8 (Okt. 2013); *Gräber*, in von Groll[7], FGO, 2010, § 48 FGO Rz. 12, 15, 19; *Bartone*, in Kühn/von Wedelstädt[21], 2015, § 48 FGO Rz. 2; *Dumke*, in Schwarz/Pahlke, FGO, § 48 FGO Rz. 9 (Mai 2012); zu § 352 AO *Birkenfeld*, in Hübschmann/Hepp/Spitaler, AO/FGO, § 352

Für diese Interpretation wird vornehmlich die materiell-rechtliche Stellung der Personengesellschaft als partielles Steuerrechtssubjekt angeführt[458]. Das Verfahrensrecht könne nicht losgelöst vom materiellen Recht ausgelegt werden[459]. Darum sei es inkonsequent die im materiellen Recht anerkannte Rechtslage (partielle Steuerrechtsfähigkeit der Personengesellschaft) im Verfahrensrecht nicht zu berücksichtigen[460].

AO Rz. 37 (März 1997); *Witt/Rätke*, in Herrmann/Heuer/Raupach, EStG/KStG, § 15 EStG Anm. E 117 (März 2013). Ferner *Seer*, in Tipke/Lang, Steuerrecht[22], 2015, § 22 Rz. 131; *Streck/Mack/Kamps*, Der Steuerstreit[3], 2012, S. 87 Rz. 468; *Ruban*, in Festschrift Döllerer, 1988, S. 524, 526; *Leyh*, in Festschrift zum 10jährigen Bestehen der Fachhochschule für Finanzen Nordrhein-Westfalen in Nordkirchen, 1986, S. 157; *von Wedelstädt*, in Lange, Personengesellschaften im Steuerrecht[9], 2015, Rz. 6901; *Knobbe-Keuk*, Bilanz- und Unternehmenssteuerrecht[9], 1993, S. 528; *dies.*, StuW 1974, 1 (47); *Dißars/Dißars*, BB 1996, 773; *Dißars*, NWB 2011, 1715 (1717); *Heinke*, DStZ 1997, 558 (559); *von Wedelstädt*, AO-StB 2006, 230 (231); *Gradl/Wiese*, DStZ 2004, 754 (756); *Heißenberg*, KÖSDI 1990, 8037 (8039); *ders.*, KÖSDI 1996, 10901 (10903); *Kaiser*, NZI 2013, 332 (333).

458 Siehe *Leyh*, in Festschrift zum 10jährigen Bestehen der Fachhochschule für Finanzen Nordrhein-Westfalen in Nordkirchen, 1986, S. 157: „Ist […] im Ertragsteuerrecht die steuerliche Rechtsfähigkeit der Personengesellschaft durch den Großen Senat anerkannt, so muß sich dies auch auf die verfahrensrechtliche Beurteilung auswirken. […] so erscheint es konsequent, der Gesellschaft und nicht einzelnen geschäftsführenden Gesellschaftern die Befugnis zur Führung von Rechtsstreitigkeiten […] zuzuweisen". Ferner *Seer*, in Tipke/Lang, Steuerrecht[22], 2015, § 22 Rz. 132: „Die Einschränkung der Klagebefugnis der Gesellschafter/Gemeinschafter korrespondiere mit der partiellen Steuersubjektfähigkeit der Mitunternehmerschaft im Ertragsteuerrecht". Auch *Brandis*, in Tipke/Kruse, AO/FGO, § 48 FGO Tz. 8 (Okt. 2013) betont ausdrücklich, dass der Interpretation der h.M., welche insbesondere an die Entwicklung des materiellen Rechts anknüpfe, zu folgen sei. Zudem *Rätke*, in Herrmann/Heuer/Raupach, EStG/KStG, § 15 EStG Anm. 90 (März 2013), der betont, dass die beschränkte Steuerrechtssubjektivität der Personengesellschaft in § 352 Abs. 1 Nr. 1 AO sowie § 48 Abs. 1 Nr. 1 FGO zum Ausdruck käme. Auch *Steinhauff*, in Hübschmann/Hepp/Spitaler, AO/FGO, § 48 FGO Rz. 28 (März 2012). Allein *Ruban*, in Festschrift Döllerer, 1988, S. 515 (525) plädiert zwar für einen Fall der gesetzlichen Prozessstandschaft, steht allerdings der Gesellschaft als „Steuersubjekt" kritisch entgegen. Näher zur partiellen Steuerrechtsfähigkeit der Personengesellschaft oben § 3.

459 *Steinhauff*, in Hübschmann/Hepp/Spitaler, AO/FGO, § 48 FGO Rz. 62 (März 2012).

460 *Steinhauff*, in Hübschmann/Hepp/Spitaler, AO/FGO, § 48 FGO Rz. 62 (März 2012).

Der Gegenansicht zufolge soll der zur Vertretung berufene Geschäftsführer der Träger des Klagerechts sein[461]. Zunächst wird sich auf den Gesetzeswortlaut des § 48 Abs. 1 Nr. 1 FGO[462] gestützt, nach dem eindeutig die zur Vertretung berufenen Geschäftsführer – und nicht die Gesellschaft – klagebefugt sind[463]. Ferner sei auch in der Entstehungsgeschichte und dem Zweck des § 48 Abs. 1 Nr. 1 FGO keine Rechtfertigung für ein eigenes Klagerecht der Gesellschaft zu sehen[464]. Sowohl die bezweckte Eingrenzung der Anfechtungsberechtigung als auch die bezweckte Verwehrung des Einblicks in die Geschäftsbücher durch die anderen Gesellschafter werden gleichermaßen durch die Prozessstandschaft des zur Vertretung berufenen Geschäftsführers erreicht[465].

Vornehmlich wird im Schrifttum angeführt, dass die Annahme eines Klagerechts der Gesellschaft nicht der verfahrensrechtlichen Situation entspricht, weil sich ein Feststellungsbescheid nach § 179 Abs. 2 Satz 1 AO stets gegen die Gesellschafter und nicht gegen die Gesellschaft als Inhaltadressaten richtet[466]. Dass die zur Vertretung berufenen Geschäftsführer für die Gesellschafter als gesetzliche Prozessstandschafter klagen, sei daher schon kompliziert genug[467].

---

461 Ausführlich v*on Beckerath*, in Beermann/Gosch, AO/FGO, § 48 FGO Rz. 89, 91, 95 f. (März 2012); *ders.*, DStR 1983, 475 (479); *Reiß*, in Kirchhof/Söhn/Mellinghoff, EStG/KStG/GewStG, § 15 EStG Rdnr. E 91 (Sept. 1995); *Meßmer*, FR 1990, 205 (211) noch zu § 48 Abs. 1 Nr. 3 a.F.; *Pinkernell*, Einkünftezurechnung bei Personengesellschaften, 2001, S. 73.

462 Bzw. auf den Gesetzeswortlaut des § 48 Abs. 1 Nr. 3 a.F.

463 Dazu *Meßmer*, FR 1990, 205 (211) der kritisch anmerkt, dass man sich nach dem eindeutigen Gesetzeswortlaut doch ernsthaft fragen müsse, woher die Judikatur das Recht nehme, die Erklärung zur Geschäftsführung befugter Gesellschafter in eine solche der Gesellschaft umzufunktionieren. Ferner v*on Beckerath*, in Beermann/Gosch, AO/FGO, § 48 FGO Rz. 89 (März 2012).

464 Dazu v*on Beckerath*, in Beermann/Gosch, AO/FGO, § 48 FGO Rz. 89, 95 (März 2012); ferner *Meßmer*, FR 1990, 205 (211); *Reiß*, in Kirchhof/Söhn/Mellinghoff, EStG/KStG/GewStG, § 15 EStG Rdnr. E 91 Fußnote 181 (Sept. 1995).

465 V*on Beckerath*, in Beermann/Gosch, AO/FGO, § 48 FGO Rz. 89 (März 2012).

466 *Von Beckerath*, in Beermann/Gosch, AO/FGO, § 48 FGO Rz. 89 (März 2012); *ders.*, DStR 1983, 475 (479); *Reiß*, in Kirchhof/Söhn/Mellinghoff, EStG/KStG/GewStG, § 15 EStG Rdnr. E 91 (Sept. 1995); *Pinkernell*, Einkünftezurechnung bei Personengesellschaften, 2001, S. 72 betont zu Recht, dass das Auslegungsergebnis des BFH kaum nachzuvollziehen sei, weil es der Beteiligtenfähigkeit des Gesellschafters im Feststellungsverfahren widerspreche. Zudem sei für die Einräumung einer prozessualen Teilrechtsfähigkeit der Gesellschaft keine gesetzliche Grundlage ersichtlich.

467 V*on Beckerath*, in Beermann/Gosch, AO/FGO, § 48 FGO Rz. 91 (März 2012).

c) *Zwischenergebnis*

In der finanzgerichtlichen Praxis werden Klageschriften meist unabhängig von ihrer genauen Formulierung als zulässige Klageerhebung ausgelegt[468], so dass sich die Streitfrage in der Praxis oftmals nicht auswirkt[469]. Im Schrifttum ist man sich einig, dass die Streitfrage für die Zulässigkeit einer Klage nicht entscheidend sein darf[470].

Gleichwohl wird deutlich, dass das Schrifttum versucht prozessuale Streitfragen mit Rückgriff auf die materielle Rechtslage zu klären[471]. Formelles und materielles Recht wirken daher ineinander.

6. Zum Empfangsbevollmächtigten

Primär sind die zur Vertretung berufenen Geschäftsführer nach § 352 Abs. 1 Nr. 1 Alternative 1 AO bzw. § 48 Abs. 1 Nr. 1 Alternative 1 FGO rechtsbehelfsbefugt. Sind solche nicht vorhanden, so ist der in Absatz 2 näher bestimmte Einspruchsbevollmächtigte bzw. Klagebevollmächtigte rechtsbehelfsbefugt (§ 352 Abs. 1 Nr. 1 Alternative 2 AO bzw. § 48 Abs. 1 Nr. 1 Alternative 2 FGO)[472]. Die Alternative 2 greift daher nur subsidiär ein[473]. Geschäftsführer sind zumeist nicht vorhanden, wenn die Feststellungsbeteiligten nicht in einer Gesellschaft verbunden sind[474] oder bei einer atypischen stillen Gesellschaft[475].

Beide Vorschriften haben im Schrifttum Kritik erfahren. Denn der jeweilige Absatz 2 knüpft mit seinen Voraussetzungen an den gemeinsamen Empfangsbevollmächtigten im Sinne des § 183 Abs. 1 AO an. Die Verweisung stellt ein

468 Beispielsweise BFH, Urteil vom 11.4.1989 – VIII R 302/84, BStBl. II 1989, 697 (698). Ausführlich zur sog. rechtsschutzgewährenden Auslegung unter § 11 III.

469 Dazu ausführlich *von Beckerath*, in Beermann/Gosch, AO/FGO, § 48 FGO Rz. 91, 98 f. (März 2012).

470 *Brandis*, in Tipke/Kruse, AO/FGO, § 48 FGO Tz. 8 (Okt. 2013).

471 So vornehmlich der Teil des Schrifttums, der für die gesetzliche Prozessstandschaft der Gesellschaft plädiert.

472 Dazu ausführlich *Steinhauff*, in Hübschmann/Hepp/Spitaler, AO/FGO, § 48 FGO Rz. 140 ff. (März 2012).

473 *Steinhauff*, in Hübschmann/Hepp/Spitaler, AO/FGO, § 48 FGO Rz. 140 (März 2012); *von Beckerath*, Beermann/Gosch, AO/FGO, § 48 FGO Rz. 120 (März 2012).

474 Beispiele: Erbengemeinschaften, Bruchteilsgemeinschaften. Näher dazu *von Beckerath*, Beermann/Gosch, AO/FGO, § 48 FGO Rz. 121 (März 2012); *Dißars/Dißars*, BB 1996, 773 (775).

475 BFH, Beschluss vom 21.12.2011 – IV B 101/10, BFH/NV 2012, 598; grundlegend BFH, Beschluss vom 3.3.1998 – VIII B 62/97, BStBl. II 1998, 401 (402).

Problem in der gegenwärtigen Rechtspraxis dar, denn eine komplizierte Vorschrift knüpft an eine nicht weniger komplizierte Vorschrift an[476]. Nicht weniger problematisch ist die Tatsache, dass nur auf § 183 Abs. 1 AO verwiesen wird[477]. Indes wird nicht auf die praktisch relevanten Absätze 2 und 3 der Vorschrift verwiesen, so dass Unklarheiten bestehen, inwieweit diese in die Rechtsbehelfsbefugnis hineinwirken[478].

Besonders problematisch stellen sich die Fälle dar, in denen ernstliche Meinungsverschiedenheiten zwischen den Feststellungsbeteiligten bestehen. Denn der Wortlaut von § 352 Abs. 2 AO (entsprechend § 48 Abs. 2 FGO) bezieht sich nicht auf § 183 Abs. 2 AO[479]. Daher ist umstritten, ob bei Vorliegen der Voraussetzungen des § 183 Abs. 2 AO eine unmittelbare Klagebefugnis der Feststellungsbeteiligten besteht. Während Teile im Schrifttum dem Feststellungsbeteiligten eine unmittelbare Rechtsbehelfsbefugnis einräumen wollen[480], verneinen andere unter Berufung auf die unterschiedlichen Zwecke von § 183 AO und § 352 AO bzw. § 48 FGO eine Rechtsbehelfsbefugnis[481]. Wird einer Empfangsvollmacht durch einen der Feststellungsbeteiligten nach § 183 Abs. 3 AO widersprochen, so muss eine Einzelbekanntgabe nach § 183 Abs. 2 AO an den Widersprechenden erfolgen[482]. Darum ist bei solch einem Widerruf kein gemeinsamer Empfangsbevollmächtigter i.S.d. § 352 AO bzw. § 48 FGO mehr vorhanden[483]. Der betroffene

---

476 *Steinhauff*, in Hübschmann/Hepp/Spitaler, AO/FGO, § 48 FGO Rz. 4, 141 (März 2012); *von Beckerath*, in Beermann/Gosch, AO/FGO, § 48 FGO Rz. 40 (März 2012); *von Groll*, in Gräber, FGO[7], 2010, § 48 FGO Rz. 1: „kompliziertes Gefüge"; *Birkenfeld*, in Hübschmann/Hepp/Spitaler, AO/FGO, § 352 AO Rz. 2 (März 1997): „Der neue Einspruchsbevollmächtigte bleibt unsympathisch"; *Seer*, in Tipke/Lang, Steuerrecht[22], 2015, § 22 Rz. 133 spricht treffend davon, dass die Vorschrift nur zur Verfahrenskomplizierung beitragen werde; *Dißars*, BB 1996, 773 (777 f.): „komplizierte und detaillierte Regelungen"; *Heinke*, DStZ 1997, 558 (559).

477 *Von Beckerath*, in Beermann/Gosch, AO/FGO, § 48 FGO Rz. 40 (März 2012).

478 *Steinhauff*, in Hübschmann/Hepp/Spitaler, AO/FGO, § 48 FGO Rz. 141 (März 2012).

479 *Seer*, in Tipke/Lang, Steuerrecht[22], 2015, § 22 Rz. 133: „so viele Zweifelsfragen".

480 *Brockmeyer*, in Klein, AO[12], 2014, § 352 AO Rz. 11; *Dißars/Dißars*, BB 1996, 773 (776); *Birkenfeld*, in Hübschmann/Hepp/Spitaler, AO/FGO, § 352 AO Rz. 135, 194 (März 1997); *Brandis*, in Tipke/Kruse, AO/FGO, § 48 FGO Tz. 25 (Okt. 2013), der zwar bei Einzelbekanntgabe eine unmittelbare Rechtsbehelfsbefugnis einräumt, allerdings betont, dass kein unmittelbarer Kontakt zu § 183 Abs. 2 AO besteht.

481 *Steinhauff*, in Hübschmann/Hepp/Spitaler, AO/FGO, § 48 FGO Rz. 216 (März 2012).

482 BFH, Beschluss vom 19.12.2013 – IV B 73/13, BFH/NV 2014, 555 (557).

483 BFH, Beschluss vom 19.12.2013 – IV B 73/13, BFH/NV 2014, 555 (557). *Von Beckerath*, in Beermann/Gosch, AO/FGO, § 48 FGO Rz. 133, 143 (März 2012); *Heinke*, DStZ 1997, 558 (561).

Feststellungsbeteiligte ist dann selber rechtsbehelfsbefugt (§ 352 Abs. 1 Nr. 2 AO bzw. § 48 Abs. 1 Nr. 2 FGO)[484].

Dies führt in der Praxis für die Steuerpflichtigen samt Beratern, für die Finanzbehörden und für die Gerichte zu erheblichen Schwierigkeiten, die Voraussetzungen eines Einspruchs- und Klagebevollmächtigten richtig zu erfassen[485]. In einem jüngeren Streitfall hatte der Bundesfinanzhof ein Urteil des Finanzgerichts Rheinland-Pfalz aufgehoben, weil das Finanzgericht die Klage zu Unrecht unter Berufung auf § 48 Abs. 1 Nr. 1 Alternative 2 i.V.m. Abs. 2 FGO als unzulässig abgewiesen hatte[486]. Der Bundesfinanzhof entschied im Gegensatz zum Finanzgericht, dass der vermeintliche Klagebevollmächtigte kein Klagebevollmächtigter mehr für die Kläger war. Denn zum einen bestanden Meinungsverschiedenheiten zwischen der Klägerin und den übrigen Beteiligten und zum anderen hatten die Kläger einer einheitlichen Bekanntgabe an den gemeinsamen Empfangsbevollmächtigten widersprochen. Infolge der Einzelbekanntgabe richtete sich der belastende Verwaltungsakt an die Kläger. Darum waren die Kläger auch nach § 48 Abs. 1 Nr. 2 FGO selbst klagebefugt.

Das Finanzgericht hatte hingegen lediglich festgestellt, dass eine Klagebefugnis des gemeinsamen Empfangsbevollmächtigten die eigene Klagebefugnis der Kläger nach § 48 Abs. 1 Nr. 2 FGO ausschließt. Das Gericht hatte zwar die Tatsachen richtig erkannt (Einzelbekanntgabe an die Kläger nach § 183 Abs. 2 AO sowie bestehende Meinungsverschiedenheiten), allerdings hieraus die falschen rechtlichen Schlüsse gezogen. Denn aufgrund dieser Tatsachen bestand für die Kläger kein „gemeinsamer Empfangsbevollmächtigte" i.S.d. § 183 Abs. 1 AO mehr, so dass diese nach § 48 Abs. 1 Nr. 2 FGO selbst klagebefugt waren.

---

484 BFH, Beschluss vom 19.12.2013 – IV B 73/13, BFH/NV 2014, 555 (557).

485 Ebenso *Steinhauff*, in Hübschmann/Hepp/Spitaler, AO/FGO, § 48 FGO Rz. 44 (März 2012).

486 BFH, Beschluss vom 19.12.2013 – IV B 73/13, BFH/NV 2014, 555 (557). Vorgehend FG Rheinland-Pfalz, Urteil vom 11.6.2013 – 3 K 2306/11. Im Streitfall waren die Kläger Mitglieder einer Wohnungseigentumsgemeinschaft. Eine Hausverwaltungs-GmbH wurde zum Verwalter der Wohnanlage bestellt. Noch bevor die Hausverwaltungs-GmbH die Feststellungserklärung für das Streitjahr abgegeben hatte, legten die Kläger bereits vorsorglich Einspruch ein. Zugleich beantragten sie nach § 183 Abs. 2 AO als Empfänger der noch zu erlassenden Bescheide eingetragen zu werden. Der Feststellungsbescheid wurde anschließend an die Hausverwaltungs-GmbH als Empfangsbevollmächtigte und an die Kläger im Wege der Einzelbekanntgabe nach § 183 Abs. 2 AO bekanntgegeben. Der Einspruch der Kläger wurde von der Finanzbehörde als teilweise unbegründet zurückgewiesen.

Neben den Schwierigkeiten mit der Verweisung auf § 183 AO ist der allgemeine Zusammenhang zwischen § 183 AO und der Rechtsbehelfsbefugnis höchst fraglich. Denn im Rahmen des § 183 AO wird eine Person lediglich dazu befugt, einen Feststellungsbescheid als Empfangsbevollmächtigter entgegenzunehmen. Ihm wird daher allein die Funktion eines postalischen Empfängers zugesprochen[487]. Ob eine solche Person ebenso geeignet ist, für andere Gesellschafter Einspruch einzulegen bzw. Klage zu erheben ist ungewiss und „steht auf einem ganz anderen Blatt“[488]. Zudem wird im Schrifttum zu Recht angemerkt, dass Feststellungsbeteiligte zumeist mit der Erteilung einer Empfangsvollmacht eine derart weitreichende verfahrensrechtliche Folge wie die Erteilung einer Rechtsbehelfsbefugnis nicht verbinden würden[489]. Darum wird im Schrifttum in § 352 Abs. 2 AO und § 48 Abs. 2 FGO eine nicht unbedenkliche Einschränkung der Rechtsschutzgarantie i.S.d. Art. 19 Abs. 4 GG erblickt[490].

7. Vollbeendete Personengesellschaften

a) Ausgangslage

Eine Regelung für den Fall der zivilrechtlichen Vollbeendigung einer Personengesellschaft existiert im Rahmen der § 352 AO und § 48 FGO nicht[491]. Allein für die Fälle von ausgeschiedenen Gesellschaftern hat der Steuergesetzgeber in § 352 Abs. 1 Nr. 3 AO bzw. in § 48 Abs. 1 Nr. 3 FGO nunmehr mit Wirkung vom 1.1.1996 eine eigene Rechtsbehelfsbefugnis für die Gesellschafter geschaffen[492].

Bis zu dieser ausdrücklichen gesetzlichen Normierung hatte der Bundesfinanzhof in ständiger Rechtsprechung einem ausgeschiedenen Gesellschafter ein eigenes Klagerecht gegen einen Gewinnfeststellungsbescheid zugesprochen[493].

---

487 Ebenso *Seer*, in Tipke/Lang, Steuerrecht^{22}, 2015, § 22 Rz. 133.

488 *Seer*, in Tipke/Lang, Steuerrecht^{22}, 2015, § 22 Rz. 133; *Steinhauff*, in Hübschmann/Hepp/Spitaler, AO/FGO, § 48 FGO Rz. 29 (März 2012); *Brandis*, in Tipke/Kruse, AO/FGO, § 48 FGO Tz. 20 (Okt. 2013).

489 *Steinhauff*, in Hübschmann/Hepp/Spitaler, AO/FGO, § 48 FGO Rz. 29 (März 2012); *Brockmeyer*, in Klein, AO^{12}, 2014, § 352 AO Rz. 10.

490 Ausdrücklich *Seer*, in Tipke/Lang, Steuerrecht^{22}, 2015, § 22 Rz. 133.

491 *Steinhauff*, in Hübschmann/Hepp/Spitaler, AO/FGO, § 48 FGO Rz. 2, 96 (März 2012); *von Beckerath*, in Beermann/Gosch, AO/FGO, § 48 FGO Rz. 180 (März 2012).

492 GrenzpendlerG vom 24.6.1994, BGBl. I 1994, 440. Näher *Steinhauff*, in Hübschmann/Hepp/Spitaler, AO/FGO, § 48 FGO Rz. 10, 231 (März 2012); *von Beckerath*, in Beermann/Gosch, AO/FGO, § 48 FGO Rz. 51 (März 2012).

493 BFH, Beschluss vom 19.6.1990 – VIII B 3/89, BStBl. II 1990, 1068 (1069); BFH, Urteil vom 23.10.1990 – VIII R 142/85, BStBl. II 1991, 401 (402); BFH, Urteil vom

Zur Begründung führt das Gericht stets an, dass die Beschränkung der Klagebefugnis eines Gesellschafters einer Personengesellschaft nur solange zu rechtfertigen sei, wie die betroffenen Gesellschafter an der Gesellschaft beteiligt seien und daher die Möglichkeit hätten, auf die Prozessführung des Geschäftsführers der Gesellschaft Einfluss zu nehmen[494].

Durch das Ausscheiden eines Gesellschafters sei ein Geschäftsführer sowohl im Innen- als auch im Außenverhältnis nicht mehr befugt, für den Ausgeschiedenen rechtsverbindlich zu handeln[495]. Darum könne dieser auf den Geschäftsführer und damit auch auf den Steuerprozess keinen Einfluss mehr nehmen, so dass eine Einschränkung der Klagebefugnis nicht mehr gerechtfertigt sei[496].

Mit gleicher Begründung hatte der Bundesfinanzhof den Gesellschaftern einer vollbeendeten Personengesellschaft ein eigenes Klagerecht zugesprochen[497].

Eine Gesellschaft ist spätestens mit Abschluss der Liquidation und nach der vollständigen Abwicklung des Gesamthandsvermögens zivilrechtlich vollbeendet[498]. Auch die Umwandlung einer Personengesellschaft in eine Kapitalgesellschaft führt zu einer Vollbeendigung einer Personengesellschaft[499].

23.5.1973 – I R 121/71, BStBl. II 1973, 746; BFH, Urteil vom 31.7.1980 – IV R 18/77, BStBl. II 1981, 33 (35); BFH, Beschluss vom 24.11.1988 – VIII B 90/87, BStBl. II 1989, 145 (147). Kritisch gegenüber dieser Rspr.: *Keuk*, StuW 1974, 1 (48).

494 BFH, Urteil vom 26.10.1989 – IV R 23/89, BStBl. II 1990, 333 (334); BFH, Beschluss vom 19.6.1990 – VIII B 3/89, BStBl. II 1990, 1068 (1069). Zudem *Steinhauff*, in Hübschmann/Hepp/Spitaler, AO/FGO, § 48 FGO Rz. 111 (März 2012); *von Beckerath*, in Beermann/Gosch, AO/FGO, § 48 FGO Rz. 221 (März 2012); *Birkenfeld*, in Hübschmann/Hepp/Spitaler, AO/FGO, § 352 AO Rz. 203 (März 1997).

495 BFH, Beschluss vom 19.6.1990 – VIII B 3/89, BStBl. II 1990, 1068 (1069).

496 BFH, Beschluss vom 19.6.1990 – VIII B 3/89, BStBl. II 1990, 1068 (1069). Ferner *von Beckerath*, in Beermann/Gosch, AO/FGO, § 48 FGO Rz. 187 (März 2012).

497 BFH, Urteil vom 22.11.1988 – VIII R 90/84, BStBl. II 1989, 326 (327); BFH, Urteil vom 26.10.1989 – IV R 23/89, BStBl. II 1990, 333 (334). Dazu näher *Steinhauff*, AO-StB 2010, 182 (183 f.).

498 *Steinhauff*, in Hübschmann/Hepp/Spitaler, AO/FGO, § 48 FGO Rz. 101 (März 2012); *ders.*, AO-StB 2010, 182 (184); *Brandis*, in Tipke/Kruse, AO/FGO, § 48 FGO Tz. 15 (Okt. 2013); *Dumke*, in Schwarz/Pahlke, FGO, § 48 FGO Rz. 14 (Mai 2012); *Von Beckerath*, in Beermann/Gosch, AO/FGO, § 48 FGO Rz. 186 (März 2012). Zu den verschiedenen Möglichkeiten der Vollbeendigung näher *Dumke*, in Schwarz/Pahlke, FGO, § 48 FGO Rz. 14 ff (Mai 2012) sowie *von Beckerath*, in Beermann/Gosch, AO/FGO, § 48 FGO Rz. 186 (März 2012). Ferner *Ruban*, in Festschrift Döllerer, 1988, S. 515 (531) sowie *Heidner*, DStR 1992, 201 ff.

499 BFH, Urteil vom 23.2.2011 – I R 52/10, BFH/NV 2011, 1354 (1356); jüngst BFH, Urteil vom 11.4.2013 – IV R 20/10, BStBl. II 2013, 705 (707). Ferner *Dumke*, in

b) *Einheitliche und gesonderte Feststellung*

Die Vollbeendigung einer Personengesellschaft stellt nach der Rechtsprechung des Bundesfinanzhofs gegenüber dem ausdrücklich normierten Ausscheiden einzelner Gesellschafter aus einer Personengesellschaft eine qualifizierte Form in Gestalt des Ausscheidens aller Gesellschafter dar[500].

Mit der Vollbeendigung einer Personengesellschaft ist daher auch ihre Befugnis, in Prozessstandschaft für ihre Gesellschafter Rechtsbehelfe gegen einheitliche und gesonderte Feststellungen einzulegen, erloschen[501]. Damit entfällt die Einspruchs- und Klagebefugnis des zur Vertretung berufenen Geschäftsführers nach § 352 Abs. 1 Nr. 1 AO und § 48 Abs. 1 Nr. 1 FGO[502]. Die gesetzliche

---

Schwarz/Pahlke, FGO, § 48 FGO Rz. 14d (Mai 2012); *von Beckerath*, in Beermann/Gosch, AO/FGO, § 48 FGO Rz. 186 (März 2012).

500 BFH, Beschluss vom 5.1.2010 – IV R 43/07, BFH/NV 2010, 1104 (1105); BFH, Urteil vom 9.2.2011 – IV R 37/08, BFH/NV 2011, 1120 (1121). Ebenso *Steinhauff*, in Hübschmann/Hepp/Spitaler, AO/FGO, § 48 FGO Rz. 97, 110 (März 2012); *ders.*, AO-StB 2014, 10 (11); *Brandis*, in Tipke/Kruse, AO/FGO, § 48 FGO Tz. 15 (Okt. 2013).

501 Aus jüngerer Zeit BFH, Urteil vom 22.1.2015 – IV R 62/11, überlassen durch juris; BFH, Urteil vom 11.4.2013 – IV R 20/10, BStBl. II 2013, 705 (707); BFH, Urteil vom 23.4.2009 – IV R 87/05, BFH/NV 2009, 1650 (1651); BFH, Beschluss vom 23.1.2009 – IV B 149/07, überlassen durch juris; BFH, Urteil vom 27.7.2005 – II R 35/04, BFH/NV 2006, 18 (19). Ferner BFH, Urteil vom 19.11.1985 – VIII R 25/85, BStBl. II 1986, 520 (521). Zudem *Brandis*, in Tipke/Kruse, AO/FGO, § 48 FGO Tz. 15 (Okt. 2013); *Steinhauff*, in Hübschmann/Hepp/Spitaler, AO/FGO, § 48 FGO Rz. 101 (März 2012); *Werth*, in Beermann/Gosch, AO/FGO, § 352 AO Rz. 33 (Febr. 2009); *Tormöhlen*, AO-StB 2013, 212 (213). Ursprünglich hatte der BFH allerdings in früherer Zeit zwischen einer Vollbeendigung vor und nach Klageerhebung unterschieden. Bei einer Vollbeendigung nach Klageerhebung sollte die Gesellschaft noch nach § 48 FGO klagebefugt sein, während sie bei einer Vollbeendigung vor Klageerhebung ihre Klagebefugnis verloren haben sollte. Siehe BFH, Urteil vom 19.5.1983 – IV R 125/82, BStBl. II 1984, 15 (16). Kritsch zu dieser Differenzierung *Ruban*, in Festschrift Döllerer, 1988, S. 515 (535); *Leyh*, in Festschrift zum 10jährigen Bestehen der Fachhochschule für Finanzen Nordrhein-Westfalen in Nordkirchen, 1986, S. 151 (167 f.). Allgemein dazu *von Beckerath*, in Beermann/Gosch, AO/FGO, § 48 FGO Rz. 187 (März 2012); jüngst *Steinhauff*, AO-StB 2014, 43 (44).

502 BFH, Urteil vom 26.10.1989 – IV R 23/89, BStBl. II 1990, 333 (334); aus jüngerer Zeit BFH, Urteil vom 9.2.2011 – IV R 37/08, BFH/NV 2011, 1120 (1121); BFH, Urteil vom 23.9.2008 – I R 90/07, BFH/NV 2009, 588 (589). Ferner *Steinhauff*, in Hübschmann/Hepp/Spitaler, AO/FGO, § 48 FGO Rz. 103 (März 2012).

Prozessstandschaft geht auch nicht auf den Rechtsnachfolger einer vollbeendeten Personengesellschaft über[503].

Vielmehr kann ein Feststellungsbescheid aufgrund einer Vollbeendigung einer Personengesellschaft nur noch von den früheren Gesellschaftern angefochten werden, soweit deren Mitgliedschaft die Zeit berührt, die den Feststellungsbescheid betrifft[504]. Insoweit lebt dann die bis zum Zeitpunkt der Vollbeendigung überlagerte Einspruchs- und Klagebefugnis der Gesellschafter nach § 352 Abs. 1 Nr. 2 AO bzw. § 48 Abs. 1 Nr. 2 FGO wieder auf[505]. Die Anerkennung einer eigenen Klagebefugnis der Gesellschafter nach einer Vollbeendigung der Personengesellschaft durch die Rechtsprechung entspricht dem verfassungsrechtlich anerkannten Gebot des effektiven Rechtsschutzes durch Art. 19 Abs. 4 GG[506].

In den Fällen von vollbeendeten Personengesellschaften müssen die Finanzbehörden und die Gerichte daher genauestens auf den Beendigungszeitpunkt achten, um die Einspruchs- und Klagebefugnis richtig zu bestimmen. Dies kann

---

503 Jüngst BFH, Urteil vom 3.4.2014 – IV R 12/10, BFH/NV 2014, 1653 (1655); BFH, Urteil vom 11.4.2013 – IV R 20/10, BStBl. II 2013, 705 (707). Ferner BFH, Urteil vom 25.4.2006 – VIII R 52/04, BStBl. II 2006, 847 (849); BFH, Urteil vom 19.11.1985 – VIII R 25/85, BStBl. II 1986, 520 (521). Zudem *Dumke*, in Schwarz/Pahlke, FGO, § 48 FGO Rz. 13b (Mai 2012); *ders.*, in Schwarz/Pahlke, AO, § 352 AO Rz. 13b (Juni 2012); *Steinhauff*, in Hübschmann/Hepp/Spitaler, AO/FGO, § 48 FGO, Rz. 96, 101 (März 2012); *ders.*, AO-StB 2010, 182 (184); *Brandis*, in Tipke/Kruse, AO/FGO, § 48 FGO Tz. 15 (Okt. 2013).

504 Aus jüngerer Zeit BFH, Urteil vom 11.4.2013 – IV R 20/10, BStBl. II 2013, 705 (707); BFH, Urteil vom 16.5.2013 – IV R 21/10, BFH/NV 2013, 1586 (1588); BFH, Beschluss vom 20.6.2012 – IV B 147/11, BFH/NV 2012, 1614 (1615); BFH, Urteil vom 22.9.2011 – IV R 42/09, BFH/NV 2012, 236 (237); BFH, Urteil vom 25.4.2006 – VIII R 52/04, BStBl. II 2006, 847 (849); BFH, Urteil vom 4.10.2006 – VIII R 7/03, BStBl. II 2009, 772 (773). Ferner *Steinhauff*, in Hübschmann/Hepp/Spitaler, AO/FGO, § 48 FGO Rz. 101 (März 2012); *ders.*, AO-StB 2010, 182 (184); *Brandis*, in Tipke/Kruse, AO/FGO, § 48 FGO Tz. 15 (Okt. 2013); *Dumke*, in Schwarz/Pahlke, FGO, § 48 FGO Rz. 13b (Mai 2012); *Birkenfeld*, in Hübschmann/Hepp/Spitaler, AO/FGO, § 352 AO Rz. 106 (März 1997); *von Wedelstädt*, in Lange, Personengesellschaften im Steuerrecht[9], 2015, Rz. 6929. Zudem *Heißenberg*, KÖSDI 1990, 8037 (8041); *von Wedelstädt*, AO-StB 2006, 230 (232); *Kamps*, Stbg. 2007, 119; *Gradl/Wiese*, DStZ 2004, 754 (758); *Dißars*, NWB 2011, 1715 (1720); *Tormöhlen*, AO-StB 2013, 212 (213); *Luxem*, GmbH-StB 2013, 338.

505 BFH, Urteil vom 11.4.2013 – IV R 20/10, BStBl. II 2013, 705 (707); BFH, Urteil vom 25.4.2006 – VIII R 52/04, BStBl. II 2006, 847 (849).

506 *Steinhauff*, in Hübschmann/Hepp/Spitaler, AO/FGO, § 48 FGO Rz. 103 (März 2012). Ferner *von Beckerath*, in Beermann/Gosch, AO/FGO, § 48 FGO Rz. 189 (März 2012).

in der Praxis zu enormen Schwierigkeiten führen. Denn oftmals versperren anspruchsvolle materiell-rechtliche Fragen den Blick für die nicht minder wichtige Verfahrensfrage der Klagebefugnis.

In einem Streitfall aus jüngerer Zeit hatten sowohl die Finanzbehörde als auch das Finanzgericht einen Rechtsbehelf als unbegründet zurückgewiesen und nicht bedacht, dass der Rechtsbehelf bereits unzulässig war[507]. In einem weiteren Streitfall ist die Einspruchsentscheidung durch die Finanzbehörde noch zu Recht an die bestehende Personengesellschaft ergangen[508]. Allerdings erlosch die Personengesellschaft im Wege der Anwachsung vor Klageerhebung, so dass allein das Finanzgericht die Klagebefugnis fehlerhaft beurteilt hatte[509]. Dies war erstmals im Revisionsverfahren aufgefallen.

c) Betriebssteuern

Eine Personengesellschaft ist hinsichtlich der Betriebssteuern, beispielsweise der Umsatz-, der Gewerbe- oder der Grunderwerbsteuer, selbst Steuerschuldnerin. Daher ist sie in diesen Verfahren auch selbst Steuerrechtssubjekt und aus eigenem Recht einspruchs- und klagebefugt[510].

---

507 BFH, Urteil vom 11.4.2013 – IV R 20/10, BStBl. II 2013, 705. Vorgehend FG Düsseldorf, Urteil vom 18.3.2010 – 11 K 2486/08 F. Dem Streitfall lag die Besonderheit zugrunde, dass die Klägerin, die A-GmbH, durch eine Umwandlung im Wege des Formwechsels der B-GmbH & Co. KG während des bereits laufenden Einspruchsverfahrens entstanden ist. Die A-GmbH erhob gegen einen geänderten Feststellungsbescheid, welcher hauptsächlich die Hinzurechnung von Schuldzinsen nach § 4 Abs. 4a EStG betraf, Klage. Das Finanzgericht wies die Klage betreffend die Hinzurechnung der Schuldzinsen als unbegründet ab. Die A-GmbH wandte sich hiergegen mit einer Revision. Hilfsweise beantragte sie die Rechtswidrigkeit des geänderten Feststellungsbescheides feststellen zu lassen. Denn sowohl der geänderte Feststellungsbescheid als auch die Einspruchsentscheidung seien dem falschen Inhaltsadressat bekannt gegeben worden. Siehe dazu auch die Anmerkungen von *Steinhauff*, AO-StB 2013, 269; *ders.*, jurisPR-SteuerR 36/2013 Anm. 4; *Pondelik*, SteuK 2013, 372; *Trossen*, GmbH-StB 2013, 268; *Luxem*, GmbH-StB 2013, 338.

508 BFH, Urteil vom 22.1.2015 – IV R 62/11, überlassen durch juris. Vorgehend FG Sachsen, Urteil vom 17.6.2010 – 4 K 154/07, überlassen durch juris.

509 Im Streitfall hatte sich das Finanzgericht allein mit der Berücksichtigung von Rückstellungen, d.h. mit materiell-rechtlichen Fragen auseinandergesetzt.

510 *Steinhauff*, in Hübschmann/Hepp/Spitaler, AO/FGO, § 48 FGO Rz. 19, 32 (März 2012); *von Beckerath*, in Beermann/Gosch, AO/FGO, § 48 FGO Rz. 28 (März 2012). Zum Steuerrechtssubjekt näher oben § 3.

Nach der Rechtsprechung des Bundesfinanzhofs ist eine Personengesellschaft steuerrechtlich so lange als materiell-rechtlich existent anzusehen, wie noch Steueransprüche gegen sie selbst oder von ihr geltend gemacht werden können[511].

Geht es in einem Rechtsstreit um die Betriebssteuern der Personengesellschaft, wie etwa die Gewerbesteuer[512] oder die Umsatzsteuer[513], so liegt eine steuerrechtliche Vollbeendigung der Gesellschaft – unabhängig von einer handelsrechtlichen Vollbeendigung – erst dann vor, wenn die Rechtsverhältnisse zwischen der Finanzbehörde und der Gesellschaft gänzlich abgewickelt sind[514] – sog. „Ewigkeitstheorie“[515].

d) Zur Vermengung der steuerrechtlichen Beendigungszeitpunkte

Die steuerrechtlichen Beendigungszeitpunkte einer Personengesellschaft und damit zusammenhängend auch die Einspruchs- und Klagebefugnis unterscheiden sich daher grundsätzlich danach, ob es sich um Betriebssteuern der Gesellschaft

---

511 BFH, Beschluss vom 12.4.2007 – IV B 69/05, BFH/NV 2007, 1923 mit Verweis auf BFH, Urteil vom 24.3.1987 – X R 28/80, BStBl. II 1988, 316.

512 Steuerrechtliche Vollbeendigung einer Personengesellschaft hinsichtlich der Gewerbesteuer: BFH, Urteil vom 25.7.2000 – VIII R 32/99, BFH/NV 2001, 178.

513 Steuerrechtliche Vollbeendigung einer Personengesellschaft hinsichtlich der Umsatzsteuer: BFH, Urteil vom 21.5.1971 – V R 117/67, BStBl. II 1971, 540; BFH, Urteil vom 18.9.1980 – V R 145/74, BStBl. II 1981, 293; BFH, Urteil vom 24.3.1987 – X R 28/80, BStBl. II 1988, 316.

514 Ständige Rspr.: Grundlegend BFH, Urteil vom 21.5.1971 – V R 117/67, BStBl. II 1971, 540 (542 f.); BFH, Urteil vom 26.10.1989 – IV R 23/89, BStBl. II 1990, 333 f. Zudem jüngst *Steinhauff*, jurisPR-SteuerR 36/2013 Anm. 4 unter C. III; *ders.*, jurisPR-SteuerR 49/2010 Anm. 1 unter C; *ders.*, AO-StB 2010, 182 (184); *Tormöhlen*, AO-StB 2013, 212. Ferner *Brandis*, in Tipke/Kruse, AO/FGO, § 48 FGO Tz. 15 (Okt. 2013); *Spindler*, in Hübschmann/Hepp/Spitaler, AO/FGO, § 57 FGO Rz. 37 (März 2010); *Schindler*, in Beermann/Gosch, AO/FGO, § 33 AO Rz. 34 (April 2015); *Gradl/Wiese*, DStZ 2004, 754 (758). Bedenken gegenüber dieser Auffassung des BFH äußern *Ruban*, in Festschrift Döllerer, 1988, S. 515 (532 f.); *Jessen*, NJW 1974, 2274; *Heidner*, DStR 1992, 201 (205 f.); *ders.*, DB 1991, 569; *Drüen*, in Tipke/Kruse, AO/FGO, § 33 AO Tz. 70 (Okt. 2015); *Steinhauff*, AO-StB 2010, 182 (184). Kritisiert werden die von der Rechtsprechung vorgebrachten Praktikabilitätserwägungen aufgrund derer eine handelsrechtlich vollbeendete Personengesellschaft dennoch steuerrechtlich fortbesteht. Zum Ganzen näher *Steinhauff*, AO-StB 2010, 182 (184).

515 *Steinhauff*, AO-StB 2010, 182 (184); *ders.*, in Hübschmann/Hepp/Spitaler, AO/FGO, § 48 FGO Rz. 19 (März 2012); *ders.*, jurisPR-SteuerR 15/2009 Anm. 3 unter E.; *Brandis*, in Tipke/Kruse, AO/FGO, § 48 FGO Tz. 15 (Okt. 2013). *Heidner*, DStR 1992, 201 (205): „Unendlichkeitstheorie“.

oder um Verfahren betreffend die einheitliche und gesonderte Feststellung von Besteuerungsgrundlagen handelt.

Indes hat der Bundesfinanzhof mehrfach in seinen Entscheidungen von dieser Differenzierung zwischen den Betriebssteuern und der einheitlichen und gesonderten Feststellung Abstand genommen[516]. In Fällen, in denen neben einem Steuerverfahren gegen eine einheitliche und gesonderte Feststellung zeitgleich auch ein Steuerverfahren gegen Betriebssteuern anhängig war, hatte der Bundesfinanzhof seine Rechtsprechungsgrundsätze hinsichtlich der Betriebssteuern auf die einheitliche und gesonderte Feststellung übertragen[517]. Im Schrifttum wird treffend von einer „Ausweitung der Ewigkeitstheorie" gesprochen[518].

Der Bundesfinanzhof „begründet" seine Vorgehensweise folgendermaßen:

> „Es ist kein Grund dafür ersichtlich, die Personengesellschaft in eigenen Angelegenheiten für klagebefugt zu halten, ihr die Eigenschaft nach § 48 Abs. 1 Nr. 1 FGO als Prozessstandschafterin für die Gesellschafter aufzutreten, aber nicht zuzuerkennen"[519].

Als Konsequenz dessen stellt der Bundesfinanzhof sodann fest:

> „Damit entfällt die vom FG gesehene Notwendigkeit, die Gesellschafter im Wege der Auslegung der Klageschrift als zusätzliche Kläger anzusehen"[520].

Diese Sichtweise der Rechtsprechung ist im Schrifttum zu Recht auf erhebliche Kritik gestoßen[521]. Eine wirkliche Begründung für die Übertragung der

---

516 Eingehend *Steinhauff*, AO-StB 2010, 182 ff.; *ders.*, in Hübschmann/Hepp/Spitaler, AO/FGO, § 48 FGO Rz. 111a (März 2012); *von Beckerath*, in Beermann/Gosch, AO/FGO, § 48 FGO Rz. 188 (März 2012).

517 BFH, Beschluss vom 12.4.2007 – IV B 69/05, BFH/NV 2007, 1923; BFH, Beschluss vom 31.1.2008 – IV B 144/06, BFH/NV 2008, 1134; BFH, Urteil vom 16.10.2008 – IV R 74/06, BFH/NV 2009, 725 (727); BFH, Urteil vom 17.12.2008 – IV R 85/06, BStBl. II 2009, 795 (796); BFH, Beschluss vom 16.12.2009 – IV B 103/07, BFH/NV 2010, 865 (866); BFH, Urteil vom 1.7.2010 – IV R 34/07, BFH/NV 2010, 2246 (2247); BFH, Beschluss vom 12.5.2010 – IV B 19/09, BFH/NV 2010, 1480 (1481).

518 V*on Beckerath*, in Beermann/Gosch, AO/FGO, § 48 FGO Rz. 188 (März 2012); *Brandis*, in Tipke/Kruse, AO/FGO, § 48 FGO Tz. 15 (Okt. 2013).

519 Ausdrücklich BFH, Beschluss vom 12.4.2007 – IV B 69/05, BFH/NV 2007, 1923 betreffend einen Gewerbesteuermessbescheid sowie einen Gewinnfeststellungsbescheid.

520 BFH, Urteil vom 17.12.2008 – IV R 85/06, BStBl. II 2009, 795 (796).

521 Allen voran *Steinhauff*, AO-StB 2010, 182 (184 ff.); *ders.*, in Hübschmann/Hepp/Spitaler, AO/FGO, § 48 FGO Rz. 111a (März 2012); *Brandis*, in Tipke/Kruse, AO/FGO, § 48 FGO Tz. 15 (Okt. 2013). Siehe zu dieser Kritik die ausführliche Darstellung bei *von Beckerath*, in Beermann/Gosch, AO/FGO, § 48 FGO Rz. 188 (März 2012).

Grundsätze bei Betriebssteuern auf zeitgleich anhängige Verfahren zur gesonderten und einheitlichen Feststellung nennt die Rechtsprechung nicht. Die Entscheidungsgründe verweisen stets auf vorangegangene Entscheidungen und suggerieren damit, dass eine Begründung in den früher ergangenen Entscheidungen zu finden wäre[522]. Dies ist indes nicht der Fall. Die Feststellung des Bundesfinanzhofs, dass aufgrund der angenommenen Klagebefugnis der Personengesellschaft nach § 48 Abs. 1 Nr. 1 FGO nunmehr eine Rechtsschutz gewährende Auslegung hinsichtlich der Gesellschafter entbehrlich sei[523], erweckt vielmehr den Eindruck, dass das gefundene Ergebnis der Rechtsprechung allein aus praktischen Erwägungen zustande gekommen ist[524].

Die „Ausweitung der Ewigkeitstheorie" auf zeitgleich anhängige Verfahren gegen Feststellungsbescheide hat zur Folge, dass die Rechtsprechung die verfahrensrechtlichen Unterschiede zwischen Betriebssteuern und der einheitlich und gesonderten Feststellung verwischt[525]. Insbesondere werden hierdurch die unterschiedlichen gesetzlichen Regelungen zur Rechtsbehelfsbefugnis von Personengesellschaften (§ 40 FGO und § 48 FGO) samt ihrer unterschiedlichen Zielsetzungen ignoriert[526]. Darum wird im Schrifttum zu Recht gefordert, die unterschiedlichen gesetzlichen Regelungen zur Rechtsbehelfsbefugnis „konsequent innerhalb der vorgegebenen Systeme anzuwenden"[527].

Zudem die Anmerkungen von *Steinhauff*, jurisPR-SteuerR 15/2009 Anm. 3; *ders.*, jurisPR-SteuerR 49/2010 Anm. 1; *ders.*, jurisPR-SteuerR 13/2013 Anm. 2; *ders.*, jurisPR-SteuerR 36/2013 Anm. 4.

522 Siehe nur BFH, Beschluss vom 31.1.2008 – IV B 144/06, BFH/NV 2008, 1134, welcher zur Begründung auf BFH, Beschluss vom 12.4.2007 – IV B 69/05, BFH/NV 2007, 1923 verweist. Ferner BFH, Urteil vom 1.7.2010 – IV R 34/07, BFH/NV 2010, 2246 (2247), welches auf BFH, Urteil vom 16.10.2008 – IV R 74/06, BFH/NV 2009, 725 (727) verweist.

523 BFH, Urteil vom 17.12.2008 – IV R 85/06, BStBl. II 2009, 795 (796). Näher zu einer Rechtsschutz gewährenden Auslegung unten § 11 III.

524 Dazu die ausdrückliche Kritik von *Steinhauff*, AO-StB 2010, 182 (185); *ders.*, in Hübschmann/Hepp/Spitaler, AO/FGO, § 48 FGO Rz. 111a (März 2012).

525 Ebenso *Steinhauff*, AO-StB 2010, 182 (185); *ders.*, in Hübschmann/Hepp/Spitaler, AO/FGO, § 48 FGO Rz. 111a (März 2012).

526 *Steinhauff*, AO-StB 2010, 182 (185); *ders.*, in Hübschmann/Hepp/Spitaler, AO/FGO, § 48 FGO Rz. 111a (März 2012).

527 *Steinhauff*, AO-StB 2010, 182 (186); *ders.*, in Hübschmann/Hepp/Spitaler, AO/FGO, § 48 FGO Rz. 111a (März 2012).

Zudem zieht die Rechtsauffassung des Bundesfinanzhofs schwierige verfahrensrechtliche Probleme nach sich[528]. Kompliziert kann es daher werden, wenn eine Klage gegen einen Betriebssteuerbescheid und eine Klage gegen einen Gewinnfeststellungsbescheid zu unterschiedlichen Zeitpunkten oder gar bei unterschiedlichen Spruchkörpern eines Finanzgerichts erhoben werden[529].

Ferner werden im Schrifttum Bedenken dagegen erhoben, dass durch diese Sichtweise der Rechtsprechung die Fälle von ausgeschiedenen Gesellschaftern und von Gesellschaftern einer vollbeendeten Personengesellschaft systemwidrig unterschiedlich behandelt werden[530]. Während den ausgeschiedenen Gesellschaftern mangels der Möglichkeit gesellschaftsrechtlicher Einflussnahme auf die Gesellschaft eine eigene Klagebefugnis nach § 48 Abs. 1 Nr. 3 FGO zugesprochen wird[531], soll die mangelnde Einflussnahme in Fällen von vollbeendeten Personengesellschaften nunmehr unerheblich sein[532]. Vornehmlich wird in diesem Kontext angeführt, dass das Gebot des effektiven Rechtsschutzes, welches in Art. 19 Abs. 4 GG verankert ist, es gebiete, dass die Gesellschafter einer vollbeendeten Personengesellschaft hinsichtlich der Gewinnfeststellung selbst rechtsbehelfsbefugt sein müssten[533].

Zudem wird im Schrifttum angeführt, dass diese Sichtweise der Rechtsprechung nur auf den ersten Blick zu einer Vereinfachung führe[534]. Ferner bestünden an der Ausweitung der durch § 48 FGO bewirkten Beschränkung der Klagebefugnis der Gesellschafter erhebliche Bedenken[535].

In jüngeren Entscheidungen hat die Rechtsprechung allerdings wieder – wie es zuvor auch ständige Rechtsprechung war – zwischen der einheitlichen und gesonderten Feststellung sowie den Betriebssteuern differenziert und gelangte damit zu unterschiedlichen steuerrechtlichen Beendigungszeitpunkten und

---

528 *Steinhauff*, in Hübschmann/Hepp/Spitaler, AO/FGO, § 48 FGO Rz. 111a (März 2012); *ders.*, AO-StB 2012, 182 (186) ausführlich zu „offenen Verfahrensfragen".

529 *Steinhauff*, AO-StB 2010, 182 (186); *ders.*, in Hübschmann/Hepp/Spitaler, AO/FGO, § 48 FGO Rz. 111a (März 2012).

530 *Steinhauff*, AO-StB 2010, 182 (185); *ders.*, in Hübschmann/Hepp/Spitaler, AO/FGO, § 48 FGO Rz. 111a (März 2012).

531 Siehe dazu bereits auf den vorherigen Seiten.

532 *Steinhauff*, AO-StB 2010, 182 (185); *ders.*, in Hübschmann/Hepp/Spitaler, AO/FGO, § 48 FGO Rz. 111a (März 2012).

533 Näher zu verfassungsrechtlichen Bedenken *Steinhauff*, AO-StB 2010, 182 (185); *ders.*, in Hübschmann/Hepp/Spitaler, AO/FGO, § 48 FGO Rz. 111a (März 2012).

534 *Brandis*, in Tipke/Kruse, AO/FGO, § 48 FGO Tz. 15 (Okt. 2013).

535 *Brandis*, in Tipke/Kruse, AO/FGO, § 48 FGO Tz. 15 (Okt. 2013).

daher auch zu unterschiedlichen Rechtsbehelfsbefugnissen von Gesellschaft und Gesellschaftern[536].

e) *Zur Insolvenz einer Personengesellschaft*

Es fehlt eine ausdrückliche gesetzliche Regelung für die Fälle der Liquidation und der Insolvenz einer Personengesellschaft in § 352 AO sowie § 48 FGO[537]. Befindet sich eine Personengesellschaft noch in ihrer Abwicklungsphase (Liquidation), ist die Gesellschaft noch prozessführungsbefugt und somit auch noch Prozessstandschafterin[538]. Indes gehen die Befugnisse zur Geschäftsführung sowie zur Vertretung auf die Liquidatoren der Personengesellschaft über[539]. Die Liquidatoren sind sodann hinsichtlich der einheitlichen und gesonderten Feststellungsbescheide einspruchs- und klagebefugt.

Auch durch die Eröffnung eines Insolvenzverfahrens wird eine Personengesellschaft noch nicht vollbeendet, so dass das Prozessführungsrecht bei der Personengesellschaft verbleibt[540]. Die Rechtsbehelfsbefugnis der Personengesellschaft

536 Dazu BFH, Urteil vom 4.12.2012 – VIII R 42/09, BStBl. II 2013, 365; dazu *Steinhauff*, jurisPR-SteuerR 13/2013 Anm. 2; BFH, Urteil vom 11.4.2013 – IV R 20/10, BStBl. II 2013, 705 (707); *Steinhauff*, jurisPR-SteuerR 36/2013 Anm. 4.

537 *Von Beckerath*, in Beermann/Gosch, AO/FGO, § 48 FGO Rz. 180 (März 2012).

538 Dazu jüngst BFH, Urteil vom 3.2.2010 – IV R 61/07, BStBl. II 2010, 942 (944). Ferner BFH, Urteil vom 26.10.1989 – IV R 23/89, BStBl. II 1990, 333; BFH, Beschluss vom 10.10.1985 – IV B 30/85, BStBl. II 1986, 68 (69); BFH, Urteil vom 21.1.1982 – IV R 146/78, BStBl. II 1982, 506 (508); BFH, Urteil vom 21.6.1979 – IV R 131/74, BStBl. II 1979, 780 (781); BFH, Urteil vom 30.3.1978 – IV R 72/74, BStBl. II 1978, 503 (504); BFH, Beschluss vom 19.8.1977 – IV B 24/77, BStBl. II 1977, 770 (771). Zudem *Steinhauff*, in Hübschmann/Hepp/Spitaler, AO/FGO, § 48 FGO Rz. 100 (März 2012); *von Groll*, in Gräber, FGO[7], 2010, § 48 FGO Rz. 25; *Dumke*, in Schwarz/Pahlke, AO, § 352 AO Rz. 15 (Juni 2012); *Cöster*, in Koenig, AO[3], 2014, § 352 Rz. 24; *Leyh*, in Festschrift zum 10jährigen Bestehen der Fachhochschule für Finanzen Nordrhein-Westfalen in Nordkirchen, 1986, S. 151 (165, 166); *Knobbe-Keuk*, Bilanz- und Unternehmenssteuerrecht[9], 1993, S. 528; *Heißenberg*, KÖSDI 1990, 8037 (8040); *von Wedelstädt*, in Lange, Personengesellschaften im Steuerrecht[9], 2015, Rz. 6930.

539 BFH, Urteil vom 3.2.2010 – IV R 61/07, BStBl. II 2010, 942 (944); ferner *Steinhauff*, in Hübschmann/Hepp/Spitaler, AO/FGO, § 48 FGO Rz. 98 (März 2012).

540 *Steinhauff*, in Hübschmann/Hepp/Spitaler, AO/FGO, § 48 FGO Rz. 127 (März 2012).

besteht damit fort[541]. Allerdings wird die Gesellschaft nunmehr durch ihre Liquidatoren vertreten[542].

Dem Insolvenzverwalter einer Personengesellschaft steht hingegen hinsichtlich der einheitlichen und gesonderten Feststellung keine Einspruchs- und Klagebefugnis zu[543], weil die einheitliche Gewinnfeststellung zu den insolvenzfreien Angelegenheiten der Gesellschaft zählt[544]. Zur Begründung führt die Rechtsprechung an, dass die Folgen einer Gewinnfeststellung nicht den Vermögensbereich der Personengesellschaft berühren, sondern vielmehr die Gesellschafter persönlich betreffen[545].

---

541 Jüngst BFH, Urteil vom 3.9.2009 – IV R 17/07, BStBl. II 2010, 631 (634); dazu *Steinhauff*, jurisPR-SteuerR 15/2010 Anm. 4; *ders.*, in Hübschmann/Hepp/Spitaler, AO/FGO, § 48 FGO Rz. 127 (März 2012).

542 Jüngst BFH, Urteil vom 3.9.2009 – IV R 17/07, BStBl. II 2010, 631 (634); *Leipold*, DStZ 2012, 103 (108); *von Beckerath*, in Beermann/Gosch, AO/FGO, § 48 FGO Rz. 193 (März 2012); *Werth*, in Beermann/Gosch, AO/FGO, § 352 AO Rz. 35 (Febr. 2009); *Gradl/Wiese*, DStZ 2004, 754 (759); *von Wedelstädt*, AO-StB 2006, 230 (232).

543 *Brandis*, in Tipke/Kruse, AO/FGO, § 48 FGO Tz. 16 (Okt. 2013); *von Beckerath*, in Beermann/Gosch, AO/FGO, § 48 FGO Rz. 193 (März 2012); *Steinhauff*, in Hübschmann/Hepp/Spitaler, AO/FGO, § 48 FGO Rz. 127 (März 2012); *von Groll*, in Gräber, FGO[7], 2010, § 48 FGO Rz. 25; *Dumke*, in Schwarz/Pahlke, FGO, § 48 FGO Rz. 16 (Mai 2012); *Leipold*, DStZ 2012, 103 (108). A.A. hingegen *Kaiser*, NZI 2013, 332 (335), wonach die Klagebefugnis in der Insolvenz der Personengesellschaft auf den Insolvenzverwalter übergehen soll. Zur Begründung führt er an, dass sich aus dem Feststellungsstreit zwangsläufig Auswirkungen auf die der Personengesellschaft gegen ihre Gesellschafter zustehenden Ansprüche ergeben würden.

544 Noch zum Konkursverfahren BFH, Urteil vom 21.6.1979 – IV R 131/74, BStBl. II 1979, 780 (781); BFH, Urteil vom 13.7.1967 – IV 191/63, BStBl. III 1967, 790 (791); BFH, Urteil vom 12.12.1985 – IV R 330/84, BStBl. II 1986, 408. Zudem *von Beckerath*, in Beermann/Gosch, AO/FGO, § 48 FGO Rz. 192 (März 2012); *von Groll*, in Gräber, FGO[7], 2010, § 48 FGO Rz. 25; *Werth*, in Beermann/Gosch, AO/FGO, § 352 AO Rz. 35 (Febr. 2009); *von Wedelstädt*, AO-StB 2006, 230 (232); *Benne*, BB 2001, 1977; *Leyh*, in Festschrift zum 10jährigen Bestehen der Fachhochschule für Finanzen Nordrhein-Westfalen in Nordkirchen, 1986, S. 151 (168 f.).

545 Noch zum Konkursverfahren BFH, Urteil vom 21.6.1979 – IV R 131/74, BStBl. II 1979, 780 (781); BFH, Urteil vom 13.7.1967 – IV 191/63, BStBl. III 1967, 790 (791).

8. Negative Feststellungsbescheide

Die Finanzbehörde bringt mit einem negativen Feststellungsbescheid zum Ausdruck, dass die Voraussetzungen für die Durchführung eines Feststellungsverfahrens nicht vorliegen[546]. Der negative Inhalt des Feststellungbescheides besteht also darin, dass keine gesonderte Feststellung durch die Finanzbehörde vorzunehmen ist[547].

Bei Einsprüchen und Klagen gegen einen negativen Feststellungsbescheid sind nach ständiger Rechtsprechung alle Gesellschafter ohne die Beschränkungen des § 352 Abs. 1 Nr. 1 AO bzw. des § 48 Abs. 1 Nr. 1 FGO rechtsbehelfsbefugt[548]. Über den Wortlaut des § 352 Abs. 1 Nr. 4 AO bzw. des § 48 Abs. 1 Nr. 4 FGO hinaus soll ein Streit zur Frage „wer an dem festgestellten Betrag beteiligt ist" daher auch dann vorliegen, wenn die Finanzbehörde einen negativen Feststellungsbescheid erlässt[549].

In der Rechtspraxis kann es oftmals zu dem Problem kommen, dass sich die Finanzbehörde und der Steuerpflichtige nicht einig darüber sind, ob ein negativer Feststellungsbescheid vorliegt. In diesem Fall muss durch Auslegung des Verwaltungsaktes ermittelt werden, ob ein negativer Feststellungsbescheid ergangen ist[550]. Die Feststellung, dass ein negativer Feststellungsbescheid vorliegt, ist vornehmlich für den Steuerpflichtigen bedeutsam, weil er sich dann insoweit auf die Rechtsbehelfsbefugnis i.S.d. § 352 Abs. 1 Nr. 4 AO bzw. § 48 Abs. 1 Nr. 4 FGO stützen kann. Vor allem in Fällen von ausländischen Personengesellschaften mit

---

546 BFH, Urteil vom 24.5.1977 – IV R 47/76, BStBl. II 1977, 737 (739); FG Niedersachen, Urteil vom 22.5.2014 – 10 K 245/13, EFG 2014, 1453 (1455) bestätigt durch BFH, Urteil vom 18.8.2015 – I R 42/14, BFH/NV 2016, 164. Ferner *Brandis*, in Tipke/Kruse, AO/FGO, Vor § 179 AO Tz. 6 (Aug. 2014); *Kunz*, in Beermann/Gosch, AO/FGO, § 179 AO, Rz. 56 (Aug. 2003).

547 *Ratschow*, in Klein, AO[12], 2014, § 179 AO Rz. 9; *Söhn*, in Hübschmann/Hepp/Spitaler, AO/FGO, § 179 AO Rz. 23 (Nov. 2010).

548 Jüngst FG Niedersachen, Urteil vom 22.5.2014 – 10 K 245/13, EFG 2014, 1453 ff. bestätigt durch BFH, Urteil vom 18.8.2015 – I R 42/14, BFH/NV 2016, 164; BFH, Urteil vom 11.11.2014 – VIII R 37/11, überlassen durch juris. Ferner BFH, vom 21.5.1992 – IV R 47/90, BStBl. II 1992, 865 (866); BFH, Urteil vom 24.5.1977 – IV R 47/76, BStBl. II 1977, 737 (742). Zudem *Steinhauff*, in Hübschmann/Hepp/Spitaler, AO/FGO, § 48 FGO Rz. 218 (März 2012); *Brandis*, in Tipke/Kruse, AO/FGO, § 48 FGO Tz. 28 (Okt. 2013); *von Beckerath*, in Beermann/Gosch, AO/FGO, § 48 FGO Rz. 231 (März 2012); *Cöster*, in Koenig, AO[3], 2014, § 352 AO Rn. 64.

549 Grundlegend BFH, Urteil vom 24.5.1977 – IV R 47/76, BStBl. II 1977, 737 (739).

550 Jüngst zur Auslegung zum Inhalt eines negativen Feststellungsbescheides FG Münster, Urteil vom 15.7.2011 – 14 K 4444/09 F, EFG 2012, 289 (291).

inländischen Gesellschaftern in denen der ausländische Geschäftsführer hinsichtlich eines deutschen Steuerstreits nicht tätig wird, kann eine zusätzliche Rechtsbehelfsbefugnis für einen inländischen Gesellschafter sehr hilfreich sein[551].

III. Beteiligtenfähigkeit

Die Vorschrift des § 57 FGO zählt die Beteiligten an einem finanzgerichtlichen Verfahren abschließend auf[552]. Dies sind der Kläger, der Beklagte, der Beigeladene sowie die Behörde, die dem Verfahren beigetreten ist. Allerdings wird gesetzlich nicht bestimmt, welches konkrete Rechtssubjekt beteiligtenfähig sein kann[553]. Zur Beteiligtenfähigkeit trifft sowohl § 57 FGO als auch die ganze Finanzgerichtsordnung keine Regelung[554]. In anderen Verfahrensordnungen hingegen, beispielsweise in der Verwaltungsgerichtsordnung (§ 61 Nr. 1 VwGO), in dem Sozialgerichtsgesetz (§ 70 Nr. 2 SGG) und in der Zivilprozessordnung (§ 50 Abs. 1 ZPO), ist die Beteiligtenfähigkeit gesetzlich geregelt[555].

Darum muss die Frage aufgeworfen werden, welche Rechtsgebilde – natürliche und juristische Personen, Personengesellschaften sowie sonstige Gemeinschaften – die Fähigkeit innehaben können, Beteiligter eines Steuerprozesses zu sein.

---

551 Einem jüngeren Streitfall des FG Niedersachsen, Urteil vom 22.5.2014 – 10 K 245/13, EFG 2014, 1453 (1455) lag ein solcher Sachverhalt zugrunde. Die Kläger waren als inländische Gesellschafter an einer Personengesellschaft nach niederländischem Recht, vergleichbar mit der Rechtsform einer Gesellschaft bürgerlichen Rechts, beteiligt. Weitere Gesellschafterin war eine Kapitalgesellschaft niederländischen Rechts, welche als Geschäftsführerin bestellt wurde. Diese hatte gegen den Bescheid über die einheitliche und gesonderte Feststellung keinen Einspruch eingelegt. Die Kläger stützten ihre Einspruchsbefugnis auf § 352 Abs. 1 Nr. 5 AO, die sich auch aus dem Vorliegen eines negativen Feststellungsbescheides ergeben sollte. Das Gericht verneinte indes das Vorliegen eines negativen Feststellungsbescheides, weil der Bescheid eine Reihe von positiven Feststellungen sowie rechtliche Bewertungen enthalten habe. Die Klägerin war daher auch nicht einspruchsbefugt.

552 *Brandis*, in Tipke/Kruse, AO/FGO, § 57 FGO Tz. 1 (Mai 2014); *Spindler*, in Hübschmann/Hepp/Spitaler, AO/FGO, § 57 FGO Rz. 3 (März 2010).

553 *Von Groll*, in Gräber, FGO[7], 2010, § 57 FGO Rz. 1; *Spindler*, in Hübschmann/Hepp/Spitaler, AO/FGO, § 57 FGO Rz. 3 (März 2010).

554 *Dumke*, in Schwarz/Pahlke, FGO, § 57 FGO Rz. 16 (Nov. 2008); *Brandt*, in Beermann/Gosch, AO/FGO, § 57 FGO Rz. 3 (Juli 2001); *Steinhauff*, in Hübschmann/Hepp/Spitaler, AO/FGO, § 48 FGO Rz. 89 (März 2012).

555 *Brandis*, in Tipke/Kruse, AO/FGO, § 57 FGO Tz. 3 (Mai 2014); *Brandt*, in Beermann/Gosch, AO/FGO, § 57 FGO Rz. 20 (Juli 2001); *Steinhauff*, in Hübschmann/Hepp/Spitaler, AO/FGO, § 48 FGO Rz. 89 (März 2012).

Die Beteiligtenfähigkeit wird in der Rechtsprechung umschrieben als „die Fähigkeit, Subjekt eines finanzgerichtlichen Prozessrechtsverhältnisses zu sein"[556]. Die Fähigkeit Beteiligter im Sinne des § 57 FGO zu sein, setzt nach der Rechtsprechung des Bundesfinanzhofs voraus, dass der Beteiligte – wenn auch nur begrenzt – steuerrechtsfähig auf dem Gebiet ist, welches Gegenstand des Steuerstreits ist[557]. Beteiligtenfähig ist daher, wer Träger steuerlicher Rechte und Pflichten sein kann[558]. Die Beteiligtenfähigkeit beurteilt sich damit nach der steuerrechtlichen Rechtsfähigkeit[559]. Sie ist die verfahrensrechtliche Komponente und korrespondiert mit der sog. Steuerrechtsfähigkeit[560]. Natürliche und juristische Personen sind als Steuersubjekte stets beteiligtenfähig in einem Steuerprozess[561].

Im Rahmen der einheitlichen und gesonderten Feststellung von Besteuerungsgrundlagen wird die Personengesellschaft von der Rechtsprechung des Bundesfinanzhofs als teilsteuerrechtsfähig anerkannt[562]. Dies soll der Rechtsprechung zufolge ausdrücklich für alle Einkunftsarten mit Gewinn- oder Überschusseinkünften gelten, soweit sie bei der Tätigkeit oder Vermögensnutzung einer Personengesellschaft anfallen können[563]. Darum sind nicht nur gewerbliche Personengesellschaften im Verfahren der einheitlichen und gesonderten Feststellung beteiligtenfähig[564], sondern auch Gesellschaften bürgerlichen Rechts

556 BFH, Urteil vom 9.7.1996 – VII R 136/95, BFH/NV 1997, 10 (11); *Brandt*, in Beermann/Gosch, AO/FGO, § 57 FGO Rz. 20 (Juli 2001).

557 BFH, Urteil vom 12.11.1985 – VIII R 364/83, BStBl. II 1986, 311 (313); BFH, Urteil vom 9.7.1996 – VII R 136/95, BFH/NV 1997, 10 (11); BFH, Urteil vom 18.5.2004 – IX R 83/00, BStBl. II 2004, 898 (899); BFH, Urteil vom 25.6.2009 – IX R 56/08, BStBl. II 2010, 202 (203).

558 *Dumke*, in Schwarz/Pahlke, FGO, § 57 FGO Rz. 16 (Nov. 2008).

559 *Ruban*, in Festschrift Döllerer, 1988, S. 515 (518); *Dumke*, in Schwarz/Pahlke, FGO, § 57 FGO Rz. 19 (Nov. 2008); *Seer*, in Tipke/Lang, Steuerrecht^{22}, 2015, § 22 Rz. 136. Näher zur Steuerrechtsfähigkeit bereits oben § 3.

560 *Spindler*, in Hübschmann/Hepp/Spitaler, AO/FGO, § 57 FGO Rz. 11 (März 2010); *Dumke*, in Schwarz/Pahlke, FGO, § 57 FGO Rz. 19 (Nov. 2008).

561 *Dumke*, in Schwarz/Pahlke, FGO, § 57 FGO Rz. 20, 22 (Nov. 2008).

562 Grundlegend BFH, Beschluss vom 25.6.1984 – GrS 4/82, BStBl. II 1984, 751 (762).

563 Grundlegend BFH, Beschluss vom 25.6.1984 – GrS 4/82, BStBl. II 1984, 751 (762).

564 *Spindler*, in Hübschmann/Hepp/Spitaler, AO/FGO, § 57 FGO Rz. 14 (Nov. 2010); *von Groll*, in Gräber, FGO^{7}, 2010, § 57 FGO Rz. 15a; *Brandt*, in Beermann/Gosch, AO/FGO, § 57 FGO Rz. 41 (Juli 2001); *Ruban*, in Festschrift Döllerer, 1988, S. 515 (526 f.). Dazu die Rspr.: BFH, Beschluss vom 25.6.1984 – GrS 4/82, BStBl. II 1984, 751 (762); BFH, Beschluss vom 25.2.1991 – GrS 7/89, BStBl. II 1991, 691.

im Verfahren der einheitlichen und gesonderten Feststellung von Vermietungseinkünften[565].

Obgleich der Bundesfinanzhof im Jahr 1984 für die Personengesellschaft einheitlich bei allen Gewinn- und Überschusseinkunftsarten im Verfahren der einheitlichen und gesonderten Feststellung eine Teil-Steuerrechtsfähigkeit anerkannt hat, hat er die als Vermieterin auftretende Gesellschaft bürgerlichen Rechts erst im Jahr 2004 für beteiligtenfähig erklärt und insoweit seine bisherige Rechtsprechung geändert[566].

IV. Hinzuziehung zum Verfahren und prozessuale Beiladung

1. Hintergrund

Mit der Hinzuziehung zum Einspruchsverfahren (§ 360 AO) und der Beiladung zum Klageverfahren (§ 60 FGO) werden Dritte an einem Rechtsbehelfsverfahren des Einspruchsführers bzw. des Klägers beteiligt[567]. Beide Vorschriften entsprechen einander weitgehend[568]. Sie unterscheiden jeweils zwischen einer einfachen und einer notwendigen Beteiligung des Dritten (Hinzuziehung bzw. Beiladung). Im Wege der einfachen Beiladung nach § 60 Abs. 1 Satz 1 FGO kann das Finanzgericht Dritte beiladen, wenn deren rechtliche Interessen nach den Steuergesetzen durch die Entscheidung berührt werden. Hingegen muss eine notwendige Beiladung nach § 60 Abs. 3 Satz 1 FGO erfolgen, wenn an dem streitigen Rechtsverhältnis Dritte derart beteiligt sind, dass die Entscheidung auch ihnen gegenüber nur einheitlich ergehen kann.

2. Pflicht zur notwendigen Beiladung

Eine notwendige Beiladung hat stets bei einer gesonderten und einheitlichen Feststellung von Besteuerungsgrundlagen zu erfolgen, weil eine Entscheidung nur einheitlich gegenüber allen Gesellschaftern ergehen kann[569]. Freilich ist die

565 Grundlegend BFH, Urteil vom 18.5.2004 – IX R 83/00, BStBl. II 2004, 898 (899) zu einer als Vermieterin auftretende Gesellschaft bürgerlichen Rechts.

566 BFH, Urteil vom 18.5.2004 – IX R 83/00, BStBl. II 2004, 898 (899).

567 *Leipold*, in Hübschmann/Hepp/Spitaler, AO/FGO, § 60 FGO Rz. 6 (Sept. 2013).

568 *Von Wedelstädt*, AO-StB 2007, 15; *Birkenfeld*, in Hübschmann/Hepp/Spitaler, AO/FGO, § 360 AO Rz. 40 (Juni 2010). Zu den Unterschieden siehe *Bartone*, in Beermann/Gosch, AO/FGO, § 360 AO Rz. 10 (Nov. 2013).

569 *Brandis*, in Tipke/Kruse, AO/FGO, § 60 FGO Tz. 24 (Mai 2014); *Leipold*, in Hübschmann/Hepp/Spitaler, AO/FGO, § 60 FGO Rz. 50 (Sept. 2013); *von Wedelstädt*, AO-StB 2007, 15 (18).

notwendige Beiladung für nicht klagebefugte Gesellschafter im Sinne des § 48 FGO nach § 60 Abs. 3 Satz 2 FGO ausgeschlossen[570]. Denn nur derjenige Gesellschafter muss notwendig beigeladen werden, der zwar selber klagebefugt ist, aber keine Klage erhoben hat. Die Einschränkung der Beiladungspflicht korrespondiert mit der Einschränkung der Klagebefugnis bei einheitlicher und gesonderter Feststellung von Besteuerungsgrundlagen[571].

3. Wirkungsweise der notwendigen Beiladung und Hinzuziehung

Durch eine notwendige Beiladung erlangt der beigeladene Gesellschafter einer Personengesellschaft die Rechtsstellung eines Beteiligten im Steuerverfahren im Sinne des § 57 Nr. 3 FGO[572]. Er kann nach § 60 Abs. 6 Satz 1 FGO selbständig Angriffs- und Verteidigungsmittel geltend machen sowie alle Verfahrenshandlungen wirksam vornehmen[573]. Zudem bindet das rechtskräftige Urteil nach § 110 Abs. 1 Satz 1 Nr. 1 FGO auch den Beigeladenen infolge seiner Stellung als Verfahrensbeteiligter[574]. Daher steht auch dem Beigeladenen die Möglichkeit offen gegen die Entscheidung Rechtsmittel einzulegen[575].

4. Folgen einer unterlassenen notwendigen Hinzuziehung und Beiladung

Unterbleibt eine notwendige Hinzuziehung eines Gesellschafters zum Vorverfahren nach § 360 Abs. 3 Satz 1 AO, so wird dieser Mangel durch eine Beiladung

---

570 Dazu aus jüngerer Zeit BFH, Urteil vom 15.4.2010 – IV R 5/08, BStBl. II 2010, 912 (914).

571 *Brandis*, in Tipke/Kruse, AO/FGO, § 60 FGO Tz. 24 (Mai 2014); *Leipold*, in Hübschmann/Hepp/Spitaler, AO/FGO, § 60 FGO Rz. 51, 52 (Sept. 2013).

572 *Brandis*, in Tipke/Kruse, AO/FGO, § 60 FGO Tz. 100 (Mai 2014); *Leipold*, in Hübschmann/Hepp/Spitaler, AO/FGO, § 60 FGO Rz. 162 (Sept. 2013); *Steinhauff*, in Hübschmann/Hepp/Spitaler, AO/FGO, § 48 FGO Rz. 270 (März 2012). Gleichermaßen erlangt der notwendig Hinzugezogene nach § 359 Nr. 2 AO die Stellung eines Beteiligten im Einspruchsverfahren.

573 Gleiches gilt nach § 360 Abs. 4 AO für den Hinzugezogenen, weil er „dieselben Rechte geltend machen kann, wie derjenige, der den Einspruch eingelegt hat".

574 *Brandis*, in Tipke/Kruse, AO/FGO, § 60 FGO Tz. 106 (Mai 2014); *Leipold*, in Hübschmann/Hepp/Spitaler, AO/FGO, § 60 FGO Rz. 171 (Sept. 2013).

575 *Brandis*, in Tipke/Kruse, AO/FGO, § 60 FGO Tz. 107 (Mai 2014); *Leipold*, in Hübschmann/Hepp/Spitaler, AO/FGO, § 60 FGO Rz. 168 (Sept. 2013). Näher zum Rechtsmittel der Revision unten § 9 IV. 2.

im Gerichtsverfahren geheilt[576]. Unterbleibt indes eine notwendige Beiladung durch ein Finanzgericht, so führt dies zu einem Verstoß gegen die Grundordnung des Verfahrens, der vom Revisionsgericht von Amts wegen zu prüfen ist[577]. Dieser Verstoß stellt einen Verfahrensmangel im Sinne des § 115 Abs. 2 Nr. 3 FGO dar[578]. Denn die Vorschriften über die notwendige Beiladung regeln eine unverzichtbare Sachentscheidungsvoraussetzung[579].

Der Bundesfinanzhof als Revisionsgericht kann diesen Verfahrensfehler nach § 123 Abs. 1 Satz 2 FGO heilen[580]. Die Vorschrift räumt ihm daher ein Ermessen ein, ob er die unterbliebene Beiladung selbst nachholt oder ob er die Sache wieder an das Finanzgericht zurückverweist und diesem die Nachholung der Beiladung überträgt[581].

Der Zweck einer notwendigen Beiladung im Revisionsverfahren soll darin liegen, dass eine Zurückweisung der Sache an das Finanzgericht aus Gründen der Verfahrensökonomie und der Verfahrensbeschleunigung vermieden werden kann[582]. Andererseits hat der Bundesfinanzhof auch die Möglichkeit an das Finanzgericht zurückzuverweisen, wenn die Sache auch im Falle einer nachgeholten Beiladung noch nicht entscheidungsreif ist. Dies wird insbesondere der Fall sein,

---

576 BFH, Urteil vom 13.7.1993 – VIII R 50/92, BStBl. II 1994, 282 (284). Zudem *Leipold*, in Hübschmann/Hepp/Spitaler, AO/FGO, § 60 FGO Rz. 160 (Sept. 2013); *Brandis*, in Tipke/Kruse, AO/FGO, § 60 FGO Tz. 112 (Mai 2014); *Levedag*, in Gräber, FGO[8], 2015, § 60 FGO Rz. 147.

577 BFH, Urteil vom 16.5.2013 – IV R 21/10, BFH/NV 2013, 1586 (1587); BFH, Beschluss vom 21.12.2011 – IV B 101/10, BFH/NV 2012, 598; BFH, Urteil vom 9.11.2011 – IV R 37/08, BFH/NV 2011, 1120 (1122); BFH, Urteil vom 23.4.2009 – IV R 24/08, BFH/NV 2009, 1427 (1428); BFH, Urteil vom 11.5.2005 – VI R 38/02, BStBl. II 2005, 776 (777).

578 BFH, Urteil vom 28.1.2003 – VIII B 192/02, BFH/NV 2003, 926 (927); BFH, Urteil vom 23.2.2011 – I R 52/10, BFH/NV 2011, 1354 (1356). Zudem *Brandis*, in Tipke/Kruse, AO/FGO, § 60 FGO Tz. 110 (Mai 2014); *von Wedelstädt*, AO-StB 2007, 46 (48).

579 BFH, Urteil vom 4.9.2014 – IV R 44/13, BFH/NV 2015, 209 (210); BFH, Beschluss vom 21.12.2011 – IV B 101/10, BFH/NV 2012, 598.

580 BFH, Urteil vom 16.5.2013 – IV R 21/10, BFH/NV 2013, 1586 (1587); BFH, Urteil vom 23.2.2011 – I R 52/10, BFH/NV 2011, 1354 (1356).

581 BFH, Urteil vom 16.5.2013 – IV R 21/10, BFH/NV 2013, 1586 (1587); BFH, Urteil vom 5.6.2008 – IV R 79/05, BStBl. II 2009, 15 (17). Zudem *Brandis*, in Tipke/Kruse, AO/FGO, § 60 FGO Tz. 111 (Mai 2014); *Leipold*, in Hübschmann/Hepp/Spitaler, AO/FGO, § 60 FGO Rz. 183 (Sept. 2013); *Steinhauff*, in Hübschmann/Hepp/Spitaler, AO/FGO, § 48 FGO Rz. 297 (März 2012).

582 BFH, Urteil vom 16.5.2013 – IV R 21/10, BFH/NV 2013, 1586 (1587); BFH, Beschluss vom 18.12.2002 – I R 12/02, BFH/NV 2003, 636 (637).

wenn noch weitere entscheidungserhebliche Tatsachen (vornehmlich materiell-rechtliche Streitigkeiten) aufzuklären sind[583].

5. Das Wechselspiel zwischen Beiladung und Klagebefugnis

Bei einer einheitlichen und gesonderten Feststellung von Besteuerungsgrundlagen besteht eine Wechselwirkung zwischen Beiladung und Klagebefugnis, denn nur die nach § 48 FGO klagebefugten Gesellschafter sind auch notwendig beizuladen[584].

Zur Beurteilung der Frage, ob eine notwendige Beiladung eines Gesellschafters erforderlich ist, muss daher zunächst festgestellt werden, ob diesem eine eigene Klagebefugnis zusteht. Erst wenn dies bejaht wird und der Gesellschafter auch selber keine Klage erhoben hat, kann festgestellt werden, dass er nach § 60 Abs. 3 FGO notwendig beizuladen ist. Ob es dann zweckmäßiger ist, dass eine nachträgliche Beiladung durch den Bundesfinanzhof nach § 123 Abs. 1 Satz 2 FGO erfolgt oder die Sache an die Vorinstanz zurückverwiesen wird, hängt jeweils vom konkreten Streitfall ab.

Vornehmlich in den häufig anzutreffenden Fällen von vollbeendeten Personengesellschaften geht es nicht nur um Fehler im Rahmen der Beiladung, sondern vor allem um Fehler im Rahmen der Klagebefugnis[585]. Von Bedeutung für diese Beurteilung ist stets seit welchem genauen Zeitpunkt eine Personengesellschaft vollbeendet ist. Ab einer Vollbeendigung ist sie nämlich weder

583 BFH, Urteil vom 4.9.2014 – IV R 44/13, BFH/NV 2015, 209 ff. Der Streitfall betraf neben der unterlassenen notwendigen Beiladung noch materiell-rechtliche Fragen hinsichtlich einer Rücklage nach § 6b EStG sowie Übertragungen nach § 6 Abs. 5 EStG.

584 BFH, Urteil vom 19.10.2009 – VIII B 190/08, BFH/NV 2010, 224; *Leipold*, in Hübschmann/Hepp/Spitaler, AO/FGO, § 60 FGO Rz. 52 (Sept. 2013); *Steinhauff*, in Hübschmann/Hepp/Spitaler, AO/FGO, § 48 FGO Rz. 3, 270 (März 2012); *ders.*, AO-StB 2014, 10 (11); *Brandis*, in Tipke/Kruse, AO/FGO, § 60 FGO Tz. 24, 26 (Mai 2014).

585 Dazu aus jüngerer Zeit BFH, Urteil vom 16.5.2013 – IV R 21/10, BFH/NV 2013, 1586. Zudem BFH, Beschluss vom 21.12.2011 – IV B 101/10, BFH/NV 2012, 598. Im Streitfall hatte das FG fehlerhaft die Voraussetzungen einer notwendigen Beiladung verneint. Der BFH konnte allerdings aufgrund der vom FG getroffenen Feststellungen nicht sicher beurteilen, welche Alternativen des § 48 Abs. 1 FGO einschlägig sind. Denn das FG hatte keine Feststellungen zur Existenz eines Empfangsbevollmächtigten der atypisch stillen Gesellschaft getroffen. Auch eine zwischenzeitlich eingetretene Vollbeendigung der empfangsbevollmächtigten GmbH stand in Frage. Darum konnte der BFH auch die notwendige Beiladung nicht sicher beurteilen. Denn Klagebefugnis und notwendige Beiladung stehen in einem Zusammenhang.

klagebefugt noch ist sie die richtige Inhaltsadressatin und / oder Bekanntgabeadressatin eines Gewinnfeststellungsbescheides und einer Einspruchsentscheidung. Alle diese Fehler treten allerdings oft erst zum Vorschein, wenn es in der Sache eigentlich um eine unterlassene notwendige Beiladung geht[586].

Indes ist zu beachten, dass der fehlerhaft nicht Beigeladene Gesellschafter einer Personengesellschaft die unterlassene Beiladung nicht selbst mit einem Rechtsmittel, also einer Revision, gegen das ohne seine Beteiligung ergangene Urteil geltend machen kann[587]. Denn ein nicht Beigeladener Gesellschafter ist nach § 57 Nr. 3 FGO kein Beteiligter im Klageverfahren vor dem Finanzgericht. Darum ist er auch kein Beteiligter im Revisionsverfahren vor dem Bundesfinanzhof.

V. Besonderheit: Verfassungsbeschwerde einer Personengesellschaft – Zum Wechselspiel zwischen Rechtsfähigkeit und Grundrechtsfähigkeit

Die Zulässigkeit einer Verfassungsbeschwerde einer Personengesellschaft hängt davon ab, ob die Personengesellschaft selbst nach Art. 19 Abs. 3 GG Trägerin eines Grundrechts sein kann. Art. 19 Abs. 3 GG bestimmt, dass die Grundrechte auch für juristische Personen gelten, soweit sie ihrem Wesen nach auf diese anwendbar sind. Damit wird der Kreis der Grundrechtsberechtigten von natürlichen auf juristische Personen erweitert[588]. Obgleich sich der Wortlaut der Vorschrift nur auf juristische Personen erstreckt, können auch Personengesellschaften unter gewissen Voraussetzungen unter Art. 19 Abs. 3 GG fallen und damit Träger von Grundrechten sein.

Das Bundesverfassungsgericht hat bereits vor über 60 Jahren entschieden, dass die OHG und die KG grundrechtsfähig sind und daher eine zulässige Verfassungsbeschwerde einlegen können[589]. Hingegen wurde die GbR erst im Jahr

---

586 Dazu BFH, Urteil vom 16.5.2013 – IV R 21/10, BFH/NV 2013, 1586.

587 Aus jüngerer Zeit BFH, Urteil vom 4.9.2014 – IV R 44/13, BFH/NV 2015, 209 (211). Im Streitfall bestand die Besonderheit, dass sowohl die Klägerin, eine GmbH & Co. KG, als auch der ausgeschiedene Gesellschafter A eine Revision eingelegt hatten. Beide rügten die Verletzung von materiellem Recht sowie die unterlassene notwendige Beiladung des A. Der BFH entschied, dass die Revision der Klägerin begründet war. Hingegen wies er die Revision des A als unzulässig ab.

588 *Huber*, in von Mangoldt/Klein/Starck, Grundgesetz[6], 2010, Art. 19 Rz. 227.

589 BVerfG, Urteil vom 20.7.1954 – 1 BvR 459/52, 1 BvR 484/52, 1 BvR 548/52, 1 BvR 555/52, 1 BvR 623/52, 1 BvR 651/52, 1 BvR 748/52, 1 BvR 783/52, 1 BvR 801/52, 1 BvR 5/53, 1 BvR 9/53, 1 BvR 96/53, 1 BvR 114/54, BVerfGE 4, 7 (12 f.) betreffend das damalige Investitionshilfegesetz.

2002 durch das Bundesverfassungsgericht als grundrechtsfähig anerkannt[590], nachdem der Bundesgerichtshof die GbR im Jahr 2001 als teilrechtsfähig anerkannt hatte. Bis zu diesem Zeitpunkt war die GbR nicht grundrechtsfähig, weil sie von der Rechtsordnung nicht als Rechtssubjekt angesehen wurde[591].

Allerdings ist nicht jede OHG, KG oder GbR vollumfänglich befugt eine Verfassungsbeschwerde einzulegen. Es können nur solche Gesellschaften Träger von Grundrechten sein, die auch einfach-gesetzlich Zuordnungssubjekt von Rechten sein können[592]. Damit besteht ein Wechselspiel zwischen Rechtsfähigkeit und Grundrechtsfähigkeit. Insbesondere kann der Grundrechtsschutz einer teilrechtsfähigen Gesellschaft niemals weiterreichen als die Teilrechtsfähigkeit[593].

Eine Personengesellschaft ist daher bei den Betriebssteuern, beispielsweise der Gewerbe- und Umsatzsteuer, selbst Steuerrechtssubjekt und damit auch Trägerin des allgemeinen Gleichheitsgrundrechts nach Art. 3 Abs. 1 GG.

Hingegen kennt das Einkommensteuerrecht nur die Besteuerung der natürlichen Person. Eine Personengesellschaft ist kein Steuersubjekt im Einkommensteuerrecht und damit hinsichtlich einer einheitlichen und gesonderten Gewinnfeststellung auch nicht grundrechtsfähig. Das Bundesverfassungsgericht hat daher bereits in mehreren Entscheidungen klargestellt, dass eine von einer Personengesellschaft gegen eine einheitliche und gesonderte Gewinnfeststellung erhobene Verfassungsbeschwerde unzulässig ist[594]. Zudem lehnt es in ständiger Rechtsprechung eine Prozessstandschaft im Verfassungsbeschwerdeverfahren ab[595]. Darum hat das Bundesverfassungsgericht auch im Jahr 2013 konsequenterweise entschieden, dass die Verfassungsbeschwerde einer GbR hinsichtlich einer einheitlichen und gesonderten Gewinnfeststellung im Einkommensteuerrecht mangels eigener Betroffenheit unzulässig ist[596]. Auch die Anerkennung einer

590 BVerfG, Nichtannahmebeschluss vom 2.9.2002 – 1 BvR 1103/02, NJW 2002, 3533.

591 Dazu *Rüfner*, in Festschrift 50 Jahre Bundesverfassungsgericht, Bd. II, 2001, S. 55 (62).

592 *Huber*, in von Mangoldt/Klein/Starck, Grundgesetz^{6}, 2010, Art. 19 Abs. 3 Rz. 240; *Stern*, Das Staatsrecht der Bundesrepublik Deutschland, Bd. III/1, 1988, S. 1134.

593 *Sachs*, in Sachs, GG^{7}, 2014, Art. 19 Rz. 63; *Stern*, Das Staatsrecht der Bundesrepublik Deutschland, Bd. III/1, 1988, S. 1134; *Rüfner*, in Festschrift 50 Jahre Bundesverfassungsgericht, Bd. II, 2001, S. 55 (62).

594 Jüngst BVerfG, Beschluss vom 5.6.2013 – 2 BvR 2677/11, HFR 2013, 842; ferner BVerfG, Beschluss vom 26.2.1987 – 1 BvR 1441/86, DStZ/E 1987, 122; BVerfG, Beschluss vom 24.11.1988 – 2 BvR 1694/87, Information StW 1989, 382.

595 Siehe nur BVerfG, Beschluss vom 5.6.2013 – 2 BvR 2677/11 m.w.N., HFR 2013, 842.

596 BVerfG, Nichtannahmebeschluss vom 5.6.2013 – 2 BvR 2677/11, HFR 2013, 842. Dem Streitfall lag folgender Sachverhalt zugrunde: Die Beschwerdeführerin, eine

beschränkten Steuerrechtssubjektivität der Personengesellschaft hinsichtlich der Gewinnerzielung, der Gewinnermittlung sowie der Einkünftequalifikation durch die steuerrechtliche Rechtsprechung hat für die Entscheidung des Bundesverfassungsgerichts ausdrücklich keine Relevanz.

GbR, wendete sich mit ihrer Verfassungsbeschwerde unmittelbar gegen die finanzgerichtlichen Entscheidungen, mit welchen die Bescheide über die einheitliche Feststellung von Besteuerungsgrundlagen für die jeweiligen Streitjahre sowie die Bescheide über die gesonderte Feststellung des vortragsfähigen Gewerbeverlustes auf den 31.12. des jeweiligen Streitjahres bestätigt worden sind. Mittelbar machte die GbR geltend, dass § 15 Abs. 3 Nr. 1 EStG den allgemeinen Gleichheitssatz verletze, soweit die Abfärbewirkung nur bei Personengesellschaften, nicht aber bei anderen Mitunternehmerschaften eintreten könne.

§ 8 Abgleich zwischen den Rechtssubjekten im Verfahrensrecht und im materiellen Recht

I. Erklärungspflicht versus materielles Recht

Zur Abgabe der gesonderten Feststellungserklärung ist nach § 181 Abs. 2 Satz 2 Nr. 1 AO im Grundsatz jeder Feststellungsbeteiligte verpflichtet. Die Erklärungspflicht ist damit sehr weit gefasst. Gleichwohl bezeichnet die Rechtsprechung die Personengesellschaft als solche in materiell-rechtlicher Hinsicht als Subjekt der Einkunftserzielung, -ermittlung und -qualifikation[597]. Somit besteht eine Divergenz zwischen formellen und materiellen Recht[598]. Gleichermaßen stimmt die weit gefasste Erklärungspflicht nicht mit der eingeschränkten Rechtsbehelfsbefugnis der Gesellschafter überein[599]. Die Rechtsbehelfsbefugnis ist vorrangig auf den zur Vertretung berufenen Geschäftsführer beschränkt. Zudem wird die Personengesellschaft nach herrschender Ansicht als gesetzliche Prozessstandschafterin angesehen und erlangt damit eine prozessuale Teilrechtsfähigkeit, obwohl sie ausdrücklich kein Erklärungssubjekt für die Feststellungserklärung nach § 181 Abs. 2 AO ist[600].

II. Adressierung versus materielles Recht

Inhaltsadressaten eines Feststellungsbescheides sind allein die Gesellschafter, nicht die Personengesellschaft als solche. Gleichwohl ist die Personengesellschaft der Rechtsprechung zufolge in materiell-rechtlicher Hinsicht im Einkommensteuerrecht partiell steuerrechtsfähig. Damit besteht verfahrensrechtlich eine Diskrepanz zum materiellen Recht[601]. Der Bundesfinanzhof stellt hierzu allein fest:

> „Diese verfahrensrechtliche Beurteilung wird nicht dadurch berührt, dass die neuere Rechtsprechung in Auslegung des § 15 Abs. 1 Nr. 2 EStG Mitunternehmerschaften als Subjekt der Gewinnerzielung anerkennt“[602].

---

597 Ebenso *Herrmann*, DStZ 1998, 87 (90).

598 Dazu *Steinhauff*, in Hübschmann/Hepp/Spitaler, § 48 FGO Rz. 21, 22 (März 2012).

599 *Brandis*, in Tipke/Kruse, § 181 AO Tz. 13 (Aug. 2014).

600 Dazu auch *Pinkernell*, Einkünftezurechnung bei Personengesellschaften, 2001, S. 72.

601 Ebenso *Steinhauff*, in Hübschmann/Hepp/Spitaler, AO/FGO, § 48 FGO Rz. 20 (März 2012); ferner *von Groll*, FR 2007, 540 (541).

602 BFH, Urteil vom 21.5.1987 – IV R 134/83, BStBl. II 1987, 764 (765).

Gleichermaßen ist nicht verständlich, warum eine Personengesellschaft zwar Adressatin einer Prüfungsanordnung sein kann, nicht aber Adressatin des daraufhin ergehenden Feststellungsbescheides[603].

III. Außenprüfung versus materielles Recht

Materielles Recht und Verfahrensrecht stimmen gegenwärtig nur bei der Beteiligung einer gewerblichen Personengesellschaft an einer Außenprüfung überein[604]. Eine Personengesellschaft, welche gewerbliche Einkünfte erzielt, ist selbst Prüfungssubjekt und Inhaltsadressatin einer Prüfungsanordnung. Im Gleichklang damit wird sie materiell-rechtlich als partielles Steuerrechtssubjekt angesehen. Hingegen wird eine vermögensverwaltende Personengesellschaft in materiellrechtlicher Hinsicht gleichermaßen als partielles Steuerrechtssubjekt behandelt, im Rahmen einer Außenprüfung sind indes allein die Gesellschafter betroffen.

IV. Einspruchs- und Klagebefugnis versus materielles Recht

Die überwiegende Meinung im Schrifttum sowie die Rechtsprechung weisen der Personengesellschaft im Rechtsbehelfsverfahren eine gesetzliche Prozessstandschaft zu[605]. Dies stimmt zwar mit der von der Rechtsprechung anerkannten partiellen Steuerrechtsfähigkeit der Personengesellschaft im Einkommensteuerrecht überein. Hingegen widerspricht dies der Stellung der Personengesellschaft im Verfahren der einheitlichen und gesonderten Feststellung. Denn dort sind allein die Gesellschafter erklärungspflichtig sowie die Adressaten des jeweiligen Feststellungsbescheides.

V. Ergebnis

Verfahrensrecht und materielles Recht sind im Hinblick auf die „Besteuerung" der Personengesellschaften und ihrer Gesellschafter nicht optimal aufeinander abgestimmt[606]. Denn der Personengesellschaft wird im Einkommensteuerrecht –

---

603 Dazu *von Groll*, in Gräber, FGO[7], 2010, § 48 FGO Rz. 24.

604 Ebenso *Steinhauff*, in Hübschmann/Hepp/Spitaler, § 48 FGO Rz. 18 (März 2012); *Herrmann*, DStZ 1998, 87 (91).

605 Dazu bereits oben § 7 II. 5.

606 Ausdrücklich *Steinhauff*, in Hübschmann/Hepp/Spitaler, § 48 FGO Rz. 22 (März 2012); *Herrmann*, DStZ 1998, 87 (91); kritisch auch *von Groll*, FR 2007, 540 (541) der anführt, dass es wenig nutze, der Personengesellschaft im Einkommensteuerrecht [...] die Stellung eines Einkünfteerzielungs- und Gewinnermittlungssubjekts

unabhängig von der jeweiligen Einkunftsart – von der Rechtsprechung eine partielle Steuerrechtsfähigkeit zugesprochen. Im Verfahrensrecht der einheitlichen und gesonderten Feststellung wird hingegen fast durchgängig auf die jeweiligen Gesellschafter abgestellt. Dies steht in komplettem Widerspruch zu der im materiellen Recht zugesprochenen partiellen Steuerrechtsfähigkeit der Personengesellschaft.

Unterschiede zwischen gewerblichen und vermögensverwaltenden Personengesellschaften bestehen indes bei der Außenprüfung. Dies erscheint fragwürdig, wenn beiden Gesellschaften in materiell-rechtlicher Hinsicht ausdrücklich eine partielle Steuerrechtsfähigkeit zugesprochen wird.

Während im Verfahren der einheitlichen und gesonderten Feststellung in jeglicher Hinsicht auf die Gesellschafter abgestellt wird, erlangen diese im Einspruchs- und Klageverfahren nur sehr eingeschränkte Befugnisse. Nach herrschender Ansicht im Schrifttum sowie nach der Rechtsprechung steht vorrangig der Personengesellschaft als gesetzliche Prozessstandschafterin die Rechtsbehelfsbefugnis, vertreten durch ihren vertretungsberechtigten Geschäftsführer, zu. Dies steht zwar im Gleichklang mit der herrschenden anerkannten partiellen Steuerrechtsfähigkeit der Personengesellschaft, widerspricht indes der Stellung der Personengesellschaft im Feststellungsverfahren.

Im materiellen Recht bestehen in sich Brüche. Denn gewerbliche und vermögensverwaltende Personengesellschaften werden im Hinblick auf die Zurechnung von Wirtschaftsgütern unterschiedlich behandelt. Dies erscheint inkonsequent, wenn beiden Gesellschaften zugleich dieselbe steuerrechtliche Selbstständigkeit zugesprochen werden soll. Denn die Anerkennung der Personengesellschaft als partielles Steuerrechtssubjekt durch die Rechtsprechung ist nur durch die Abkehr von der Bilanzbündeltheorie möglich geworden. Indes erinnert die im Rahmen der vermögensverwaltenden Personengesellschaft vorgenommene Bruchteilsbetrachtung an die Bilanzbündeltheorie[607].

---

zuzusprechen, wenn man hierbei nicht von Anfang an ihre Bedeutung für den Regelungsgehalt des maßgeblichen Steuerverwaltungsakts sowie ihre hieraus abzuleitende Stellung im Rechtsschutzverfahren bedenke; gleichermaßen kritisch *Drüen*, in Tipke/Kruse, AO/FGO, § 33 AO Tz. 68 (Okt. 2015): „unzureichende Abstimmung mit dem Verfahrensrecht".

607 Dazu auch *Engel*, Vermögensverwaltende Personengesellschaften im Ertragsteuerrecht[2], 2015, S. 69.

§ 9 Das Positiv-Beispiel: Die Gewerbesteuer bei Personengesellschaften

Das Gewerbesteuergesetz verweist mehrfach auf das Einkommensteuergesetz[608]. Fraglich ist, ob sich das Spannungsverhältnis zwischen Gesellschaft und Gesellschafter im Einkommensteuerrecht, was zur mangelnden Abstimmung von Verfahrensrecht und materiellem Recht führt, auch negativ auf das Gewerbesteuerrecht auswirkt.

I. Zum materiellen Recht der Personengesellschaft

Die Personengesellschaft ist nach § 5 Abs. 1 Satz 3 GewStG Schuldnerin der Gewerbesteuer, wenn ihre Tätigkeit Gewerbebetrieb ist. Damit sind vermögensverwaltende Personengesellschaften von der Gewerbesteuer ausgenommen. Steuergegenstand ist – entsprechend dem Charakter der Gewerbesteuer als Objektsteuer[609] – nach § 2 Abs. 1 Satz 1 GewStG der Gewerbebetrieb. Allein die Personengesellschaft ist das Besteuerungssubjekt. Sie ist insoweit steuerrechtsfähig[610].

Gleichwohl findet an manchen Stellen des Gewerbesteuergesetzes materiellrechtlich ein Durchgriff durch die Gesellschaft auf die Gesellschafter statt. Ausgangspunkt für die Ermittlung des Gewerbeertrags ist nach § 7 Satz 1 GewStG der Gewinn aus Gewerbebetrieb, wie er sich nach den einkommensteuerrechtlichen oder körperschaftsteuerrechtlichen Vorschriften ermittelt[611]. Durch die Anknüpfung an die Einkommensteuer wird folglich auch an die mehrstufige Transparenz bei der Besteuerung von Personengesellschaften angeknüpft[612].

---

608 Siehe nur die Vorschriften § 2 Abs. 1 Satz 2 GewSt und § 7 GewStG.

609 Trotz enormer Kritik an der Gewerbesteuer hat das BVerfG hat auch noch in einem jüngeren Beschluss vom 15.1.2008 – 1 BvL 2/04, BVerfGE 120, 1 (27), diese als „vornehmlich auf den Ertrag des Gewerbebetriebs gerichtete Objektsteuer" eingeordnet, welche verfassungsrechtlich gerechtfertigt sei.

610 Dazu bereits oben § 3 IV. 1. a).

611 In der Arbeit soll lediglich auf Besonderheiten der Personengesellschaft hinsichtlich Einkommensteuer/Gewerbesteuer eingegangen werden. Ausführlich zur Ermittlung des Gewerbeertrags *Selder*, in Glanegger/Güroff, GewStG[8], 2014, § 7 GewStG Rz. 1 ff.

612 Dazu *Ley*, Ubg 2011, 274 (279); *von Beckerath*, in Beermann/Gosch, AO/FGO, § 48 FGO Rz. 28 (März 2012).

Im Rahmen des gewerbesteuerlichen Verlustabzugs nach § 10a GewStG wird – trotz des Objektsteuercharakters der Gewerbesteuer – nach h.M. der einzelne Gesellschafter als Träger des Verlustabzugs angesehen. Der Verlustabzug ist nach nunmehr überwiegender Auffassung sowohl von der Identität des Unternehmens[613] als auch der Identität des Unternehmers[614] abhängig[615]. Diese Sichtweise wurde durch die Einfügung der Sätze 4 und 5 in § 10a GewStG durch Gesetz vom 13.12.2006[616] mittelbar bestätigt[617]. Obgleich das Erfordernis der Unternehmeridentität nunmehr in § 10a GewStG mittelbar gesetzlich verankert ist, erfährt diese Voraussetzung für den gewerbesteuerlichen Verlustabzug im Schrifttum grundlegende Kritik[618]. Denn die Unternehmeridentität als durchweg personales Element[619] steht in Widerspruch zu der Gewerbesteuer als Objektsteuer[620].

---

613 Unternehmensidentität bedeutet, dass der Gewerbeverlust bei demselben Gewerbebetrieb entstanden sein muss, dessen Gewerbeertrag in dem maßgeblichen Erhebungszeitraum gekürzt werden soll. Dazu BFH, Urteil vom 12.1.1983 – IV R 177/88, BStBl. II 1983, 425; aus jüngerer Zeit BFH, Urteil vom 14.3.2006 – I R 1/04, BStBl. II 2006, 549 (551); BFH, Urteil vom 11.10.2012 – IV R 38/09, BStBl. II 2013, 958; ferner *Drüen*, in Blümich, EStG/KStG/ GewStG, § 10a GewStG Rz. 45 (Aug. 2013); *Kleinheisterkamp*, in Lenski/Steinberg, GewStG, § 10a Rz. 18 (Okt. 2013).

614 Unternehmeridentität bedeutet, dass der Steuerpflichtige, der den Verlustabzug in Anspruch nimmt, den Gewerbeverlust zuvor in eigener Person erlitten haben muss. Dazu BFH, Beschluss vom 3.5.1993 – GrS 3/92, BStBl. II 1993, 616 (620 f.).

615 Dazu *Drüen*, in Blümich, EStG/KStG/GewStG, § 10a GewStG Rz. 1 (Aug. 2013).

616 BGBl. I 2006, 2878.

617 *Drüen*, in Blümich, EStG/KStG/GewStG, § 10a GewStG Rz. 61 (Aug. 2013). Bis zu diesem Zeitpunkt wurde im Schrifttum erhebliche Kritik an dem Erfordernis der Unternehmeridentität geübt. Dazu *Knobbe-Keuk*, Bilanz- und Unternehmenssteuerrecht[9], 1993, S. 764, welche anführt, dass der „Mitunternehmer" gewerbesteuerlich keine Rolle spiele. Da die Gesellschaft selbst Unternehmerin sei, werde durch einen Wechsel im Gesellschafterbestand die Möglichkeit des Verlustabzugs nach § 10a GewStG nicht berührt. Ferner die umfangreichen Literaturnachweise in BFH, Beschluss vom 3.5.1993 – GrS 3/92, BStBl. II 1993, 616 (619).

618 *Drüen*, in Blümich, EStG/KStG/GewStG, § 10a GewStG Rz. 62 (Aug. 2013); *Hey*, DStR 2009, Beihefter 109 (117); *Bier*, DStJG 35 (2012), S. 219 (232); wohl auch *Roser*, DStJG 35 (2012), S. 189 (201 f.).

619 Glanegger/*Güroff*, GewStG[8], 2014, § 10a GewStG Rz. 3.

620 *Drüen*, in Blümich, EStG/KStG/GewStG, § 10a GewStG Rz. 62 (Aug. 2013), der betont, dass Steuergegenstand der Gewerbebetrieb als solcher sei und der Verlustabzug daher nicht an den Unternehmer geknüpft sein dürfe. Ferner *Hey*, DStR 2009, Beihefter 109 (117), die feststellt, dass die Voraussetzung der Unternehmeridentität einen Fremdkörper in der Gewerbesteuer darstelle, weil die Verlustnutzung hierdurch von

Der Große Senat des Bundesfinanzhofs hatte sich in einem Beschluss aus dem Jahr 1993 ausführlich mit § 10a GewStG befasst und insoweit auch auf das Einkommensteuerrecht Bezug genommen[621]. Das Gericht hat ausdrücklich die Unternehmeridentität als Voraussetzung für den Verlustabzug bestätigt und betont, dass hierin kein Verstoß gegen den Objektsteuercharakter der Gewerbesteuer zu sehen sei[622]. Im Ausgangspunkt stellte das Gericht zur Begründung fest, dass die Träger des Rechts auf den Verlustabzug nicht die Gesellschaft selbst, sondern die einzelnen Gesellschafter einer Personengesellschaft seien[623]. Denn bei einer gewerblichen Personengesellschaft seien im Regelfall die Gesellschafter als Unternehmer des Betriebs anzusehen, und zwar sowohl in einkommensteuerrechtlicher als auch in gewerbesteuerrechtlicher Sicht[624]. Zudem führte das Gericht aus, dass das „unterschiedliche Wesen" der Einkommen- und der Gewerbesteuer und der Objektsteuercharakter der Gewerbesteuer es nicht rechtfertigen würden, von der Unternehmeridentität als Voraussetzung für den Verlustabzug abzusehen[625].

Durch diese Entscheidung kommt es zu dem befremdlichen Ergebnis, dass die gewerbliche Personengesellschaft zwar nach § 5 Abs. 1 Satz 3 GewStG als Steuerschuldnerin anzusehen ist, aber die Unternehmer des Betriebes die einzelnen Gesellschafter sein sollen und ihnen damit auch der Gewerbeertrag zugerechnet wird[626]. Hingegen ist im Einkommensteuerrecht der einzelne Gesellschafter

---

der Person des Gewerbetreibenden abhängig gemacht werde, auf den es aufgrund der Ausgestaltung als Objektsteuer gerade nicht ankommen solle. Zudem *Schulte*, in Leitgedanken des Rechts, Bd. II, 2013, § 188 Rz. 23. Glanegger/*Güroff*, GewStG[8], 2014, § 10a GewStG Rz. 90 sehen die Kritik durch die Einführung der Sätze 4 und 5 in § 10a GewStG nunmehr als überholt an.

621 BFH, Beschluss vom 3.5.1993 – GrS 3/92, BStBl. II 1993, 616.

622 BFH, Beschluss vom 3.5.1993 – GrS 3/92, BStBl. II 1993, 616 (620).

623 BFH, Beschluss vom 3.5.1993 – GrS 3/92, BStBl. II 1993, 616 (620); kritisch *G. Söffing*, DB 1994, 747 (749), der anführt, dass diese Sichtweise gegen die Einheitsbetrachtung verstoße; ferner *Robisch*, BB 1994, 1686 ff.; *Braun*, Die Personenhandelsgesellschaft im Gewerbesteuerrecht, BB 1993, 1055 (1059).

624 BFH, Beschluss vom 3.5.1993 – GrS 3/92, BStBl. II 1993, 616 (620); *Kempermann*, DStZ 1995, 225 (229) betont, dass dem BFH aufgrund der zahlreichen Hinweise im GewStG auf die (Mit)Unternehmerstellung der Gesellschafter wohl keine andere Wahl geblieben sei, wenn er gewerbesteuerlich die Mitunternehmerschaft nicht gänzlich ignorieren wolle.

625 BFH, Beschluss vom 3.5.1993 – GrS 3/92, BStBl. II 1993, 616 (620).

626 Dazu *Pinkernell*, Einkünftezurechnung bei Personengesellschaften, 2001, S. 66, der von einem „kuriosen Ergebnis" spricht.

nach § 1 Abs. 1 EStG Steuerschuldner, die Personengesellschaft wird indes durch die Rechtsprechung als beschränkt steuerrechtsfähig qualifiziert.

II. Zum Verfahrensrecht der Personengesellschaft

Die Gewerbesteuer wird in einem mehrstufigen Verfahren ermittelt[627]. Die Durchführung des Besteuerungsverfahrens erfolgt durch die Finanzämter und die jeweiligen Gemeinden. Die Finanzbehörde ermittelt die Besteuerungsgrundlagen, setzt diese fest und erlässt einen Gewerbesteuermessbescheid i.S.d. § 184 Abs. 1 Satz 1 AO[628]. Anschließend teilen die Finanzbehörden den Inhalt des Steuermessbescheids den Gemeinden mit, denen die Festsetzung der Gewerbesteuer, d.h. der Erlass des Gewerbesteuerbescheids obliegt (§ 184 Abs. 3 AO). Die Gemeinden sind an die Festsetzungen der Finanzbehörde nach § 184 Abs. 1 Satz 4 i.V.m. § 182 Abs. 1 AO gebunden.

1. Erklärungspflichten

Die Personengesellschaft als Steuerschuldnerin hat nach § 14a Satz 1 GewStG eine Steuererklärung zur Festsetzung des Steuermessbetrags und ggf. eine Zerlegungserklärung in elektronischer Form abzugeben[629].

2. Adressierung und Bekanntgabe

Steuermessbeträge sind durch einen Steuermessbescheid festzusetzen (§ 184 Abs. 1 Satz 1 AO). Hierbei sind die Vorschriften über die Durchführung der Besteuerung sinngemäß anzuwenden (§ 184 Abs. 1 Satz 3 AO). Dem Schrifttum zufolge gilt dieser Verweis allerdings über die konkreten Vorschriften des 4. Teils der AO (§§ 134 - 217 AO - „Durchführung der Besteuerung") hinaus, so dass alle Vorschriften, die für Steuerbescheide gelten, Anwendung finden[630]. Darum gelten auch in diesem Verfahren die Vorschriften der AO betreffend die Adressierung und Bekanntgabe von Steuerbescheiden nach § 122 AO[631]. Indes ist § 183 AO für

---

627 Dazu Glanegger/*Güroff*, GewStG[8], 2014, § 1 Rz. 24 ff.

628 Falls in mehreren Gemeinden Betriebsstätten zur Ausübung des Gewerbes unterhalten werden, ist der Steuermessbetrag in die auf die einzelnen Gemeinden entfallenden Anteile (Zerlegungsanteile) zu zerlegen, § 28 Abs. 1 Satz 1 GewStG.

629 Auf Antrag kann die Finanzbehörde zur Vermeidung unbilliger Härten nach § 14a Satz 2 GewStG auf eine elektronische Übermittlung verzichten.

630 *Brandis*, in Tipke/Kruse, AO/FGO, § 184 AO Tz. 5 (Mai 2015).

631 Glanegger/*Güroff*, GewStG[8], 2014, § 1 Rz. 30; *Brandis*, in Tipke/Kruse, AO/FGO, § 184 AO Tz. 5 (Mai 2015).

einen Gewerbesteuermessbescheid nicht anzuwenden (§ 184 Abs. 1 Satz 4 AO). Damit ein Gewerbesteuermessbescheid wirksam ist, muss er nach § 119 Abs. 1 AO hinreichend bestimmt sein.

Inhaltsadressat eines Gewerbesteuermessbescheides ist der Schuldner der Gewerbesteuer[632]. Darum ist der Bescheid inhaltlich an die Personengesellschaft zu adressieren. Für die Bekanntgabe des Steuermessbescheides ist § 122 AO einschlägig.

Die Festsetzung der Gewerbesteuer erfolgt ebenso durch einen Steuerbescheid im Sinne des § 155 Abs. 1 AO[633]. Für die Gewerbesteuer als Realsteuer (§ 3 Abs. 2 AO) wird nach § 1 Abs. 2 AO weitgehend eine entsprechende Anwendung der Vorschriften der AO angeordnet[634]. Darum hat die Gemeinde einen Gewerbesteuerbescheid nach den Bekanntgaberegelungen der § 122 AO zu erlassen.

3. Außenprüfung

Allein die Personengesellschaft unterliegt der Außenprüfung und ist Prüfungssubjekt. Die Prüfungsanordnung ist an die Personengesellschaft zu richten[635]. Die Gemeinde kann nach § 21 Abs. 3 Satz 2 i.V.m. Abs. 2 FVG unter bestimmten Voraussetzungen an der Außenprüfung teilnehmen[636]. Freilich besteht kein eigenständiges Prüfungsrecht der Gemeinde[637]. Der Gemeindebedienstete besitzt nur das bloße „Recht zur beobachtenden Anwesenheit“[638].

632 BFH, Urteil vom 13.12.2007 – IV R 91/05, BFH/NV 2008, 1289 (1290); *Brandis*, in Tipke/Kruse, AO/FGO, § 184 AO Tz. 14 (Mai 2015).

633 Glanegger/*Güroff*, GewStG[8], 2014, § 1 Rz. 42.

634 Insbesondere sind nach § 1 Abs. 2 Nr. 3 AO die Vorschriften des Dritten Teils mit Ausnahmen der §§ 82–84 AO anwendbar.

635 BFH, Urteil vom 16.11.1989 – IV R 29/89, BStBl. II 1990, 272 (273); *Seer*, in Tipke/Kruse, AO/FGO, § 196 AO Tz. 24 (Okt. 2013).

636 *Seer*, in Tipke/Kruse, AO/FGO, § 196 AO Tz. 22 (Okt. 2013).

637 BVerwG, Urteil vom 27.1.1995 – 8 C 30/92, BStBl. II 1995, 522 (524); ferner *Seer*, in Tipke/Kruse, AO/FGO, § 196 AO Tz. 22 (Okt. 2013); *Krumm*, in Tipke/Kruse, AO/FGO, § 21 FVG Tz. 2 (Jan. 2016).

638 So BVerwG, Urteil vom 27.1.1995 – 8 C 30/92, BStBl. II 1995, 522 (526). Zudem *Drüen*, DÖV 2012, 493 (495); *Intemann*, in Koenig, AO[3], 2014, § 195 Rz. 19.

4. Einspruchs- und Klagebefugnis

Der Rechtsschutz in Gewerbesteuerangelegenheiten spaltet sich in den Finanzrechtsweg und in den allgemeinen Verwaltungsrechtsweg auf[639]. Gegen den von der Finanzbehörde erlassenden Gewerbesteuermessbescheid kann die Personengesellschaft Einspruch einlegen und Klage vor dem Finanzgericht erheben[640]. Allein die Personengesellschaft kann damit, vertreten durch ihre vertretungsbefugten Gesellschafter, klagen[641]. Denn nur diese ist als Steuerschuldnerin nach § 40 Abs. 2 FGO klagebefugt[642]. Hingegen sind die Gesellschafter nicht klagebefugt[643]. Die Vorschriften § 352 AO und § 48 FGO sind weder unmittelbar noch analog auf einen Gewerbesteuermessbescheid anwendbar. Denn es handelt sich hierbei nicht um einen Bescheid über die einheitliche und gesonderte Feststellung von Besteuerungsgrundlagen[644]. Gegen den von der Gemeinde erlassenden Gewerbesteuerbescheid ist nach § 40

639 Allgemein zum Rechtsschutz im Rahmen der Gewerbesteuer Glanegger/*Güroff*, GewStG[8], 2014, § 1 Rz. 47 ff. Kritisch zu dieser Rechtswegaufspaltung *Weber/Aberle*, DStR 2008, 1315 (1316). Sie weisen darauf hin, dass sich ein prozessuales Problem ergebe, weil die Frist- und Bekanntmachungsregelungen im Steuerrecht und im Verwaltungsrecht unterschiedlich ausgelegt und angewendet würden. Ferner *Tipke*, Die Steuerrechtsordnung, Bd. III[2], 2012, S. 1493. Zudem *Pelka*, in Festschrift Lang, 2011, S. 981 (983 f., 997 f.), der treffend von einem „Rechtsbehelfs-Wirrwarr im Abgabenrecht" spricht.

640 Hierbei können nach § 351 Abs. 2 AO Entscheidungen im Gewerbesteuermessbescheid (Grundlagenbescheid) nur durch Anfechtung dieses Bescheides, nicht auch durch Anfechtung des Gewerbesteuerbescheides (Folgebescheid) angegriffen werden. Näher dazu *Brandis*, in Tipke/Kruse, AO/FGO, § 184 AO Tz. 19 (Mai 2015).

641 BFH, Beschluss vom 12.10.2000 – IV B 145/99, überlassen durch juris; BFH, Beschluss vom 12.4.2007 – IV B 69/05, BFH/NV 2007, 1923; *Steinhauff*, in Hübschmann/Hepp/Spitaler, AO/FGO, § 48 FGO Rz. 19 (März 2012); *Brandis*, in Tipke/Kruse, § 48 FGO Tz. 6 (Okt. 2013); *von Beckerath*, in Beermann/Gosch, AO/FGO, § 40 FGO Rz. 236 (Dez. 2011); *Bartone*, in Kühn/von Wedelstädt[21], 2015, § 48 FGO Rz. 1; *Dumke*, in Schwarz/Pahlke, FGO, § 48 FGO Rz. 6a (Mai 2012).

642 Dazu auch *Leyh*, in Festschrift zum 10jährigen Bestehen der Fachhochschule für Finanzen Nordrhein-Westfalen in Nordkirchen, 1986, S. 151 (154).

643 BFH, Beschluss vom 12.10.2000 – IV B 145/99, überlassen durch juris.

644 BFH, Beschluss vom 12.10.2000 – IV B 145/99, überlassen durch juris; BFH, Beschluss vom 10.4.2001 – V B 116/00, BFH/NV 2001, 1220 betreffend einen Umsatzsteuerbescheid; zudem *Steinhauff*, in Hübschmann/Hepp/Spitaler, AO/FGO, § 48 FGO Rz. 19 (März 2012); *Dumke*, in Schwarz/Pahlke, FGO, § 48 FGO Rz. 6a (Mai 2012).

Abs. 1 VwGO ebenso nur für die Personengesellschaft der Weg zu den allgemeinen Verwaltungsgerichten eröffnet[645].

III. Abgleich Verfahrensrecht und materielles Recht

Entsprechend der materiell-rechtlichen Stellung der Personengesellschaft als Gewerbesteuerrechtssubjekt wird verfahrensrechtlich einheitlich auf die Personengesellschaft als Rechtssubjekt abgestellt. Allein sie ist erklärungspflichtig, Adressatin eines Gewerbesteuermessbescheides, eines Gewerbesteuerbescheides sowie einspruchs- und klagebefugt. Damit sind materielles Recht und Verfahrensrecht im Gegensatz zur Behandlung der Gesellschaft und ihrer Gesellschafter im Einkommensteuerrecht aufeinander abgestimmt. Innerhalb des materiellen Rechts bestehen zwar durch § 10a GewStG Brüche. Denn obgleich die Personengesellschaft nach § 5 Abs. 1 Satz 3 GewStG Steuerschuldnerin der Gewerbesteuer ist, werden im Rahmen des § 10a GewStG die Gesellschafter als Träger des Gewerbebetriebs angesehen[646]. Konsequenter wäre es, im Rahmen der Gewerbesteuer allein auf die Personengesellschaft abzustellen[647]. Gleichwohl ist festzuhalten, dass diese Brüche nur im materiellen Recht der Gewerbesteuer existieren. Verfahrensrecht und materielles Recht sind aufeinander abgestimmt.

---

645 BFH, Beschluss vom 7.7.1971 – I B 18/71, BStBl. II 1971, 738.

646 Dazu *von Beckerath*, in Beermann/Gosch, AO/FGO, § 48 FGO Rz. 28 (März 2012).

647 Dazu *Roser*, DStJG 35 (2012), S. 189 (217), der eine konsequente Trennung zwischen Gesellschaft und Gesellschafter bei der Gewerbesteuer fordert.

§ 10 Verfassungsrechtlicher Maßstab: Konsequenzen aus dem Spannungsverhältnis Einheit der Gesellschaft und Vielheit der Gesellschafter

Das steuerliche Verfahrensrecht der Personengesellschaft und ihrer Gesellschafter ist mit der materiell-rechtlichen Lage nicht abgestimmt[648]. Während der Personengesellschaft von der Rechtsprechung des Bundesfinanzhofs im materiellen Recht eine partielle Steuerrechtsfähigkeit zugesprochen wird[649], wird verfahrensrechtlich entweder auf die Gesellschaft oder auf die Gesellschafter als jeweiliges Rechtssubjekt abgestellt. Sowohl auf der materiell-rechtlichen Ebene als auch auf der verfahrensrechtlichen Ebene ist bei Personengesellschaften keine klare Linie zu erkennen. Infolgedessen werden in der Praxis oftmals enorme verfahrensrechtliche Fehler verursacht, welche zumeist erst in den Revisionsverfahren „durch Zufall" aufgedeckt werden. Häufig stehen hierbei eine fehlerhafte Beurteilung der Einspruchs- und Klagebefugnis von Gesellschaftern oder Gesellschaft sowie eine unterlassene notwendige Beiladung eines Gesellschafters im Raum.

Indes sind fehlerhafte Beurteilungen hinsichtlich der Buchführungs- und Erklärungspflichten in der Rechtspraxis selten. Zudem kommt diesen abstrakten Problemkreisen wenig praktische Relevanz zu, weil eine Fehlbeurteilung keine Vereitelung des Rechtsschutzes für den Gesellschafter zur Folge hat. Gleichermaßen kann eine fehlerhafte Adressierung und Bekanntgabe eines Feststellungsbescheides den Rechtsschutz eines Gesellschafters nicht vereiteln. Denn gravierende Fehler im Rahmen der Adressierung und Bekanntgabe führen letztendlich zur Unwirksamkeit des Feststellungsbescheides. Dieser entfaltet damit überhaupt keine Wirkung mehr, so dass ein Gesellschafter auch nicht nachteilhaft betroffen

648 *Herrmann*, DStZ 1998, 87 (91); dies feststellend auch: *Steinhauff*, in Hübschmann/Hepp/Spitaler, AO/FGO, § 48 FGO Rz. 22 (März 2012); *Drüen*, in Tipke/Kruse, AO/FGO, § 33 AO Tz. 68 (Okt. 2015); *von Groll*, Gedächtnisschrift Trzaskalik, 2005, S. 19 (29).

649 BFH, Urteil vom 25.6.1984 – GrS 4/82, BStBl. II 1984, 751 (761 f.); BFH, Beschluss vom 3.7.1995 – GrS 1/93, BStBl. II 1995, 617 (621); BFH, Urteil vom 11.4.2005 – GrS 2/02, BStBl. II 2005, 679 (682).

ist. Existieren keine wirksamen Bescheide, bedarf es auch keinerlei Rechtsschutz für den Gesellschafter.

Darum wirken sich die Verfahrensfehler vornehmlich bei der Beurteilung der Einspruchs- und Klagebefugnis sowie bei der Hinzuziehung und Beiladung aus. Im Folgenden ist daher zu untersuchen, ob dieser Zustand noch den verfassungsrechtlichen Anforderungen entspricht.

I. Rechtsweggarantie und Gebot des effektiven Rechtsschutzes aus Art. 19 Abs. 4 GG

Art. 19 Abs. 4 GG garantiert als das „formelle Hauptgrundrecht"[650] den Rechtsweg zu deutschen staatlichen Gerichten für jeden, der durch die öffentliche Gewalt in seinen Rechten verletzt wird[651]. Der Gerichtsschutz ist damit nicht als objektive Gesetzmäßigkeitskontrolle, sondern als Individualrechtsschutz gewährleistet[652]. Erfasst werden sowohl der Zugang zum Gericht, das Verfahren vor Gericht sowie eine Entscheidung durch das Gericht[653].

Das Verfahrensgrundrecht garantiert nicht nur das formelle Recht und damit die theoretische Möglichkeit, Rechtsschutz zu erlangen[654]. Vielmehr garantiert es auch die Effektivität des Rechtsschutzes, denn der Bürger hat einen „substantiellen Anspruch auf eine tatsächlich wirksame gerichtliche Kontrolle"[655].

---

650 *Friedrich Klein*, in VVDStRL 8 (1950), S. 67 (88 ff.); ferner *Schmidt-Aßmann*, in Maunz-Dürig, GG, Art. 19 Abs. 4 Rz. 21 (Febr. 2003); *ders.*, NVwZ 1983, 1 (3); *ders.*, Verwaltungsrechtliche Dogmatik, 2013, S. 95; *Pitschas*, ZRP 1998, 96 (100); *Huber*, in von Mangoldt, GG[6], 2010, Art. 19 Abs. 4 Rz. 341, 361; *Schulze-Fielitz*, in Dreier, GG[3], Bd. 1, 2013, Art. 19 Abs. 4 Rz. 40; dazu auch *Tipke*, StuW 2004, 3 (5).

651 Grundlegend hierzu: *Huber*, in von Mangoldt, GG[6], 2010, Art. 19 Abs. 4 Rz. 381 ff.; *Schulze-Fielitz*, in Dreier, GG[3], Bd. 1, 2013, Art. 19 Abs. 4 Rz. 60 ff.; *Schmidt-Aßmann*, in Maunz-Dürig, GG, Art. 19 Abs. 4 Rz. 14 (Febr. 2003). Neben der deutschen Rechtsweggarantie gibt es die Rechtsschutzgarantie des Unionsrechts i.S.d. Art. 47 Abs. 1 GrCh sowie das Recht auf eine wirksame Beschwerde i.S.d. Art. 13 EMRK. Dazu im Überblick *R. P. Schenke*, in Festschrift W.-R. Schenke, 2011, S. 305 ff.

652 *Papier*, in Handbuch des Staatsrechts, Bd. VIII[3], 2010, § 177 Rz. 2.

653 *Schulze-Fielitz*, in Dreier, GG[3], Bd. 1, 2013, Art. 19 Abs. 4 Rz. 79.

654 Statt aller BVerfG, Beschluss vom 19.6.1973 – 1 BvL 39/69 und 1 BvL 14/72, BVerfGE 35, 263 (274).

655 Ständige Rspr., siehe BVerfG, Beschluss vom 19.6.1973 – 1 BvL 39/69, 1 BvL 14/72, BVerfGE 35, 263 (274); BVerfG, Beschluss vom 24.4.1974 – 2 BvR 236/74, 2 BvR 245/74, 2 BvR 308/74, BVerfGE 37, 150 (153); BVerfG, Beschluss vom 29.10.1975 – 2 BvR 630/73, BVerfGE 40, 272 (275); BVerfG, Beschluss vom 16.12.1975 – 2 BvR 854/75, BVerfGE 41, 23 (26); BVerfG, Beschluss vom 8.7.1982 – 2 BvR 1187/80, BVerfGE

Art. 19 Abs. 4 GG gewährleistet den Rechtsschutz nur im Rahmen der jeweils geltenden Prozessordnung[656]. Das deutsche Rechtssystem stellt hierfür die Finanzgerichtsordnung (FGO), die Verwaltungsgerichtsordnung (VwGO), die Sozialgerichtsordnung (SGG), das Arbeitsgerichtsgesetz (AGG) und das Gerichtsverfassungsgesetz (GVG) zur Verfügung. Die fünf Prozessordnungen haben ihre Wurzel im Grundgesetz in der Vorschrift des Art. 95 Abs. 1 GG[657]. Alle fünf Gerichtsbarkeiten stehen gleichrangig nebeneinander[658] und enthalten jeweils ihren eigenen Instanzenzug, welcher bei dem jeweiligen obersten Bundesgericht endet. Darum gibt es fünf verschiedene Rechtswege – den ordentlichen, den verwaltungsgerichtlichen, den arbeitsgerichtlichen, den sozialgerichtlichen und den finanzgerichtlichen Rechtsweg.

Die Finanzgerichtsbarkeit hat infolge von Art. 19 Abs. 4 GG die Aufgabe, dem Steuerpflichtigen effektiven Rechtsschutz zu gewähren[659]. Sie stellt einen nur aus zwei Instanzen bestehenden Rechtsweg zur Verfügung – die Finanzgerichte in erster Instanz sowie den Bundesfinanzhof in zweiter Instanz[660]. Der nur zweistufige Aufbau der Finanzgerichtsbarkeit steht in Einklang mit Art. 19 Abs. 4 GG, weil dieser gerade keinen mehrstufigen Instanzenzug gewährleistet[661]. Es besteht

---

61, 82 (109 f.); BVerfG, Beschluss vom 17.4.1991 – 1 BvR 419/81 und 1 BvR 213/83, BVerfGE 84, 34 (49); BVerfG, Beschluss vom 30.4.2003 – 1 PBvU 1/02, BVerfGE 107, 395 (401, 408); BVerfG, Beschluss vom 13.6.2007 – 1 BvR 1550/03, 1 BvR 2357/04, 1 BvR 603/05, BVerfGE 118, 168 (207); *Huber*, in von Mangoldt, GG[6], 2010, Art. 19 Abs. 4 Rz. 332; *Schmidt-Aßmann*, in Maunz-Dürig, GG, Art. 19 Abs. 4 Rz. 229 (Febr. 2003); *Schulze-Fielitz*, in Dreier, GG[3], Bd. 1, 2013, Art. 19 IV Rz. 80 f.; *Sachs*, in Sachs, GG[7], 2014, Art. 19 Rz. 143; *Papier*, in Isensee/Kirchhof, Handbuch des Staatsrechts, Bd. VIII[3], 2010, § 177 Rz. 90; *Laubinger*, VerwArch 73 (1982), S. 60 (82); *Lorenz*, Jura 1983, 393; *Schmidt-Jortzig*, NJW 1994, 2569; *Kahl*, VerwArch 95 (2004), S. 1 (4); *Jesse*, Einspruch und Klage im Steuerrecht[3], 2009, S. 2.

656 BVerfG, Entscheidung vom 17.12.1969 – 2 BvR 23/65, BVerfGE 27, 297 (310). Ferner *Herbert*, in Gräber, FGO[8], 2015, § 33 FGO Rz. 1.

657 Art. 95 Abs. 1 GG unterscheidet zwischen der ordentlichen Gerichtsbarkeit, der Verwaltungs-, der Finanz-, der Arbeits- und der Sozialgerichtsbarkeit. Als oberste Gerichtshöfe des Bundes existieren infolge dessen der Bundesgerichtshof (BGH), das Bundesverwaltungsgericht (BVerwG), der Bundesfinanzhof (BFH), das Bundesarbeitsgericht (BAG) und das Bundessozialgericht (BSG).

658 *Jachmann*, in Maunz/Dürig, GG, Art. 95 Rz. 74 (Okt. 2011).

659 *Herbert*, in Gräber, FGO[8], 2015, § 33 FGO Rz. 1.

660 *Kruse*, Lehrbuch des Steuerrechts, Bd. I, 1991, S. 391. Exemplarisch zu der Frage, ob ein Bedürfnis zu einer weiteren Instanz besteht *Rönitz*, DB 1987, 653 f.

661 *Kruse*, Lehrbuch des Steuerrechts, Bd. I, 1991, S. 391. Auch ein einstufiges Verfahren soll daher dem Gebot aus Art. 19 Abs. 4 GG genügen.

daher für den Bürger kein Anspruch auf die Überprüfung einer gerichtlichen Entscheidung in einer weiteren Instanz[662].

Bescheide über die einheitliche und gesonderte Feststellung von Besteuerungsgrundlagen unterliegen als Steuerverwaltungsakte im Sinne des § 118 AO der finanzgerichtlichen Kontrolle durch § 33 Abs. 1 Nr. 1 FGO[663]. Denn der Finanzrechtsweg ist gegeben in öffentlich-rechtlichen Streitigkeiten[664] über Abgabenangelegenheiten, soweit die Abgaben der Gesetzgebung des Bundes unterliegen und durch Bundesfinanzbehörden oder Landesfinanzbehörden verwaltet werden (§ 33 Abs. 1 Nr. 1 FGO).

II. Einschränkung des Rechtsschutzes durch § 352 AO und § 48 FGO

Die Gesellschafter einer Personengesellschaft sind grundsätzlich nicht einspruchs- und klagebefugt, soweit Geschäftsführer oder Einspruchs- bzw. Klagebevollmächtigte vorhanden sind[665]. Allein in den Fällen der Absätze 1 Nr. 3 bis 5 (§ 352 AO und § 48 FGO) sind die Gesellschafter ausnahmsweise rechtsbehelfsbefugt[666]. Fraglich ist, ob diese Einschränkung des Rechtsschutzes durch § 352 AO und § 48 FGO mit dem Grundgesetz, vornehmlich mit der durch Art. 19 Abs. 4 GG garantierten Rechtsweggarantie vereinbar ist[667]. Denn die Rechtsweggarantie wird durch beide Vorschriften eingegrenzt[668].

---

662 Dazu BVerfG, Beschluss vom 30.4.2003 – 1 PbVu 1/02, BVerfGE 107, 395 (401 ff.). Zudem *Ratschow*, in Gräber, FGO[8], 2015, § 115 FGO Rz. 3. Kritisch hingegen *Seer*, StuW 2001, 3 (6).

663 Allgemein zum finanzgerichtlichen Rechtsschutz, *Jesse*, Einspruch und Klage im Steuerrecht[3], 2009, S. 1 ff.

664 Ob eine Streitigkeit öffentlich-rechtlicher oder bürgerlich-rechtlicher Art ist, richtet sich nach der „wahren Rechtsnatur" des erhobenen Anspruchs. Dazu GmS-OGB, Beschluss vom 10.4.1986 – GmS-OGB 1/85, BGHZ 97, 312, 313; BFH, Beschluss vom 16.7.1985 – VII B 53/85, BStBl. II 1985, 553. Ferner *Seer*, in Tipke/Kruse, AO/FGO, § 33 FGO Tz. 7 (Okt. 2014).

665 Dazu bereits unten § 7 II. 2.

666 Dazu bereits unten § 7 II. 2.

667 Dazu auch *von Beckerath*, in Beermann/Gosch, AO/FGO, § 48 FGO Rz. 24 ff. (März 2012); *Steinhauff*, in Hübschmann/Hepp/Spitaler, AO/FGO, § 48 FGO Rz. 27 ff. (März 2012).

668 Dazu auch die Darstellung bei *von Beckerath*, in Beermann/Gosch, AO/FGO, § 48 FGO Rz. 23 (März 2012).

1. Einschränkung der Rechtsbehelfsbefugnis bei Vorhandensein eines zur Vertretung berufenen Geschäftsführers

Teile im Schrifttum halten es für verfassungsrechtlich bedenklich, dass die nicht zur Geschäftsführung berufenen Gesellschafter von der Einspruchs- und Klagebefugnis ausgeschlossen werden[669]. Denn hierin sei ein Verstoß gegen Art. 19 Abs. 4 GG zu erblicken[670]. Vornehmlich wird kritisiert, dass die Frage des Rechtsschutzes im Rahmen der öffentlichen Gewalt unzulässigerweise mit den auf privatrechtlichem Gebiet liegenden Rechtsbeziehungen zwischen den Gesellschaftern vermengt wird[671]. Darum sei es bedenklich die Beschränkung der Einspruchs- und Klagebefugnis mit gesellschaftsrechtlichen Gesichtspunkten zu begründen[672].

Gleichermaßen hat das Finanzgericht Hamburg im Jahr 1969 gegen § 48 Abs. 1 Nr. 3 FGO a.F.[673] verfassungsrechtliche Bedenken erhoben und die Sache dem Bundesverfassungsgericht zur Prüfung vorgelegt[674]. Das Gericht sieht die Regelung mit Art. 19 Abs. 4 GG als unvereinbar an, weil den nicht zur Geschäftsführung berufenen Gesellschaftern das durch Art. 19 Abs. 4 GG garantierte Recht abgeschnitten werde, sich gegen einen Verwaltungsakt, der sie rechtswidrig belaste und für die Festsetzung ihrer persönlichen Steuerschuld verbindlich sei, durch Anrufung der zuständigen Gerichte zu wehren[675]. Das Gericht betont, dass das Feststellungsverfahren keine steuerlichen Angelegenheiten der Gesellschaft betreffe, sondern allein die persönlichen Steuerangelegenheiten der Gesellschafter[676]. Darum habe das Feststellungsverfahren mit der Gesellschaft als

---

669 Vornehmlich *Meßmer*, StuW 1966, 33 (39 ff.); nur feststellend zu § 239 Abs. 1 Nr. 3 AO a.F. *Heinemann*, BB 1964, 254 (255).

670 *Meßmer*, StuW 1966, 33 (39 ff.); nur feststellend zu § 239 Abs. 1 Nr. 3 AO a.F. *Heinemann*, BB 1964, 254 (255).

671 *Meßmer*, StuW 1966, 33 (42) mit ausdrücklichem Bezug auf BFH, Urteil vom 8.10.1957 – I 32/57, BStBl. III 1957, 436 (437).

672 *Meßmer*, StuW 1966, 33 (42) mit Bezug auf BFH, Urteil vom 8.10.1957 – I 32/57, BStBl. III 1957, 436 (437).

673 Die Vorgängernorm des § 48 Abs. 1 Nr. 1 Alternative 1 FGO.

674 FG Hamburg, Vorlagebeschluss vom 20.8.1969 – III 22/68, EFG 1969, 508 ff.; allerdings Aufhebung des Vorlagebeschlusses seitens des FG, dazu EFG 1974, 1. *Von Wallis* weist in FR 1973, 201 auf einen weiteren Vorlagebeschluss des FG Hamburg vom 21.10.1969 hin, allerdings ohne Nennung eines Aktenzeichens bzw. einer Fundstelle. Dieser Beschluss soll nach *von Wallis* allerdings am 20.4.1972 aufgehoben worden sein.

675 FG Hamburg, Vorlagebeschluss vom 20.8.1969 – III 22/68, EFG 1969, 508 (509).

676 FG Hamburg, Vorlagebeschluss vom 20.8.1969 – III 22/68, EFG 1969, 508 (510); so bereits *Meßmer*, StuW 1966, 33 (44).

solcher nichts zu tun und könne deshalb auch nicht unter die Geschäftsführung für die Gesellschaft fallen[677].

Auch im Schrifttum werden die beachtlichen Konsequenzen dieser Rechtsbehelfsbeschränkung für die nicht rechtsbehelfsbefugten Gesellschafter erkannt[678]. Denn Feststellungsbescheide sind nach § 182 Abs. 1 AO für Folgebescheide bindend, so dass Entscheidungen in einem Feststellungsbescheid nach § 351 Abs. 2 AO nur durch Anfechtung dieses Bescheids angegriffen werden können[679].

Gleichwohl gehen die Rechtsprechung[680] und der ganz überwiegende Teil des Schrifttums[681] von der Verfassungsmäßigkeit von § 352 AO und § 48 FGO aus. Ein Verstoß gegen Art. 19 Abs. 4 GG sei nicht gegeben[682].

Die Rechtsprechung betont, dass eine Anfechtungsbeschränkung gerechtfertigt sei, weil die nicht klagebefugten Gesellschafter freiwillig durch die bürgerlich-rechtliche Gestaltung (den geschlossenen Gesellschaftsvertrag) die

---

677 FG Hamburg, Vorlagebeschluss vom 20.8.1969 – III 22/68, EFG 1969, 508 (510); so bereits *Meßmer*, StuW 1966, 33 (44).

678 Ausdrücklich *Steinhauff*, in Hübschmann/Hepp/Spitaler, AO/FGO, § 48 FGO Rz. 27 (März 2012): „In der Tat sind die Folgen der Anfechtungsbeschränkung für die nicht klagebefugten Feststellungsbeteiligten weitreichend".

679 Dazu auch *Steinhauff*, in Hübschmann/Hepp/Spitaler, AO/FGO, § 48 FGO Rz. 27 (März 2012).

680 Ausdrücklich zu § 239 Abs. 1 AO a.F. BFH, Urteil vom 8.10.1957 - I 32/57 U, BStBl. III 1957, 436 (437); ausdrücklich zu § 233 Abs. 1 Nr. 3 AO sowie § 48 Abs. 1 Nr. 3 FGO a. F. BFH, Urteil vom 7.2.1975 - III R 41/74, BStBl. II 1975, 495 (496); ferner mittelbar BFH, Urteil vom 4.5.1972 - IV 251/64, BStBl. II 1972, 672; BFH, Urteil vom 26.10.1989 - IV R 23/89, BStBl. II 1990, 333 (334); BFH, Beschluss vom 19.6.1990 - VIII B 3/89, BStBl. II 1990, 1068 (1069 f.).

681 *Von Beckerath*, in Beermann/Gosch, AO/FGO, § 48 FGO, Rz. 24 (März 2012); *Steinhauff*, in Hübschmann/Hepp/Spitaler, AO/FGO, § 48 FGO Rz. 28 (März 2012); *ders.*, AO-StB 2010, 182 (183); *Brandis*, in Tipke/Kruse, AO/FGO, § 48 FGO Tz. 3 (Okt. 2013); *von Groll*, in Gräber, FGO[7], 2010, § 48 FGO Rz. 7; *Brockmeyer*, in Klein, AO[12], 2014, § 352 AO Rz. 3; *Cöster*, in Koenig, AO[3], 2014, § 352 Rz. 9; *Birkenfeld*, in Hübschmann/Hepp/Spitaler, AO/FGO, § 352 AO Rz. 15 (März 1997); *Werth*, in Beermann/Gosch, AO/FGO, § 352 AO Rz. 2 (Febr. 2009); *Dumke*, in Schwarz/Pahlke, AO, § 352 AO Rz. 4 (Juni 2012); *ders.*, in Schwarz/Pahlke, FGO, § 48 FGO Rz. 4 (Mai 2012); *Keuk*, StuW 1974, 1 (47); *Knobbe-Keuk*, Bilanz- und Unternehmenssteuerrecht[9], 1993, S. 528 Fn. 34; *Dißars*, NWB 2011, 1715; *Ernst*, StuW 1958, 509 (520).

682 Statt vieler *von Beckerath*, in Beermann/Gosch, AO/FGO, § 48 FGO Rz. 24 (März 2012).

Grundlage hierzu geschaffen haben[683]. Auch das Schrifttum ist sich einig, dass beide Vorschriften lediglich die verfahrensrechtlichen Folgerungen aus eigenverantwortlich geschaffenen zivilrechtlichen Positionen ziehen[684]. Denn wenn der nicht klagebefugte Gesellschafter mit dem Verhalten des Geschäftsführers nicht einverstanden ist, handelt es sich um eine das interne Gesellschaftsverhältnis betreffende zivilrechtliche Frage[685]. Darum hat der Gesellschafter seine Interessen auf dem Zivilrechtsweg zu verfolgen[686].

Das Bundesverfassungsgericht äußert sich zu den Rechtsschutzbeschränkungen im Hinblick auf Art. 19 Abs. 4 Satz 1 GG wie folgt:

> „Die Rechtsschutzgewährung durch die Gerichte bedarf […] einer normativen Ausgestaltung durch eine Verfahrensordnung. Dabei kann der Gesetzgeber auch Regelungen treffen, die für ein Rechtsschutzbegehren *besondere formelle Voraussetzungen aufstellen* und sich *dadurch* für den Rechtsuchenden *einschränkend auswirken*. Solche Einschränkungen müssen aber mit den Belangen einer rechtsstaatlichen Verfahrensordnung vereinbar sein und dürfen den einzelnen Rechtsuchenden nicht unverhältnismäßig belasten. […] Der Rechtsweg darf danach nicht in unzumutbarer, durch Sachgründe der genannten Art nicht mehr zu rechtfertigender Weise erschwert werden"[687]. [Hervorhebung durch die Verfasserin]

Die Vorschriften § 352 AO und § 48 FGO sind nunmehr anhand des aufgezeigten Maßstabs des Bundesverfassungsgerichts zu untersuchen. Sowohl die Abgabenordnung als auch die Finanzgerichtsordnung stellen in § 352 AO und § 48 FGO besondere formelle Voraussetzungen auf, die sich für die Betroffenen einschränkend auswirken.

Fraglich ist, ob diese Einschränkungen mit den Belangen einer rechtsstaatlichen Verfahrensordnung vereinbar sind. Im Ausgangspunkt ist festzuhalten, dass die Gesellschafter trotz mangelnder Einspruchs- und Klagebefugnis vor der

---

683 BFH, Urteil vom 8.10.1957 – I 32/57 U, BStBl. III 1957, 436 (437); bestätigt durch BFH, Urteil vom 7.2.1975 – III R 41/74, BStBl. II 1975, 495 (496); zudem BFH, Urteil vom 28.6.1995 – II R 35/94, BFH/NV 1996, 146 (147).

684 *Von Groll*, in Gräber, FGO[7], 2010, § 48 FGO Rz. 7; *Steinhauff*, in Hübschmann/Hepp/Spitaler, AO/FGO, § 48 FGO Rz. 28 (März 2012); *ders.*, AO-StB 2010, 182 (183); *Werth*, in Beermann/Gosch, AO/FGO, § 352 AO Rz. 2 (Febr. 2009); *von Beckerath*, in Beermann/Gosch, AO/FGO, § 48 FGO Rz. 26 (März 2012).

685 BFH, Urteil vom 8.10.1957 – I 32/57 U, BStBl. III 1957, 436 (437).

686 BFH, Urteil vom 8.10.1957 – I 32/57 U, BStBl. III 1957, 436 (437); BFH, Urteil vom 7.2.1975 – III R 41/74, BStBl. II 1975, 495 (496); *Keuk*, StuW 1974, 1 (47); *Brandis*, in Tipke/Kruse, AO/FGO, § 48 FGO Tz. 3 (Okt. 2013); *Steinhauff*, in Hübschmann/Hepp/Spitaler, AO/FGO, § 48 FGO Rz. 28 (März 2012).

687 BVerfG, Beschluss vom 2.3.1993 – 1 BvR 249/92, BVerfGE 88, 118 (123).

Finanzbehörde und den Finanzgerichten nicht vollkommen rechtsschutzlos gestellt werden. Denn notfalls haben die Gesellschafter immer die Möglichkeit vor den Zivilgerichten auf ihren Geschäftsführer einzuwirken, damit dieser seinen Pflichten zur außergerichtlichen und gerichtlichen Vertretung der Gesellschaft nachkommt[688]. Jedoch ist darauf hinzuweisen, dass eine Klage auf Erfüllung einer Geschäftsführungspflicht (hier eine Rechtsbehelfseinlegung durch den Geschäftsführer) nicht zielführend ist, weil ein Urteil nach § 888 Abs. 3 ZPO nicht vollstreckbar ist[689].

Freilich hilft diese Möglichkeit den nicht klagebefugten Gesellschaftern in der steuerrechtlichen Praxis dann nicht weiter, wenn sich die Personengesellschaft in einer Krise befindet[690]. In solchen Fällen werden die Gesellschafter oftmals von den Feststellungsbescheiden keine Kenntnis erlangen oder es bedarf der Mithilfe des rechtsbehelfsbefugten Geschäftsführers, um den steuerrechtlichen Verpflichtungen der Personengesellschaft nachzukommen[691]. Gleichwohl verbleibt die rein theoretische Möglichkeit, auf den Geschäftsführer zivilrechtlich einzuwirken, so dass der Rechtsschutz nach Art. 19 Abs. 4 GG letztendlich gewährleistet wird.

In den in der Praxis häufig anzutreffenden Fällen von ausgeschiedenen Gesellschaftern und vollbeendeten Personengesellschaften hat die Rechtsprechung den Gesellschaftern über den Wortlaut beider Vorschriften hinaus eine eigene Rechtsbehelfsbefugnis zugesprochen[692]. Die Rechtsprechung begründet dies damit, dass eine Versagung der Rechtsbehelfsbefugnis verfassungsrechtlich nicht mehr zu rechtfertigen sei, wenn für die Gesellschafter keine Möglichkeit mehr bestehe, auf die Gesellschaft Einfluss zu nehmen[693].

Nunmehr hat der Steuergesetzgeber für die Fälle von ausgeschiedenen Gesellschaftern die Einspruchs- und Klagebefugnis ausdrücklich in § 352 Abs. 1 Nr. 3 AO und § 48 Abs. 1 Nr. 3 FGO gesetzlich normiert. Indes fehlt für die Vollbeendigung einer Gesellschaft weiterhin eine gesetzliche Regelung. In den Fällen von ausgeschiedenen Gesellschaftern und vollbeendeten Personengesellschaften

---

688 Dazu auch *Steinhauff*, in Hübschmann/Hepp/Spitaler, AO/FGO, § 48 FGO Rz. 28 (März 2012); *Birkenfeld*, in Hübschmann/Hepp/Spitaler, AO/FGO, § 352 AO Rz. 15 (März 1997); *von Beckerath*, in Beermann/Gosch, AO/FGO, § 48 FGO Rz. 24 (März 2012).

689 Dazu *Roth*, in Baumbach/Hopt, HGB[36], 2014, § 114 Rz. 15.

690 *Von Beckerath*, in Beermann/Gosch, AO/FGO, § 48 FGO Rz. 24 (März 2012).

691 *Von Beckerath*, in Beermann/Gosch, AO/FGO, § 48 FGO Rz. 24 (März 2012).

692 Dazu bereits oben § 7 II. 7.

693 Dazu bereits oben § 7 II. 7.

wird letztlich durch die Anerkennung einer Rechtsbehelfsbefugnis der Gesellschafter der Gewährleistung eines effektiven Rechtsschutzes nach Art. 19 Abs. 4 GG Rechnung getragen[694].

Darum ist gegen die Einschränkung des Rechtsschutzes der Gesellschafter durch die „Zwangsvertretung"[695] des zur Vertretung berufenen Geschäftsführers unter Zugrundelegung der aufgestellten Grundsätze des Bundesverfassungsgerichts im Kern verfassungsrechtlich nichts einzuwenden[696].

Problematisch sind indes die Fälle, in denen inländische Gesellschafter an einer ausländischen Personengesellschaft mit ausländischem Geschäftsführer beteiligt sind[697]. Ein Einwirken vor deutschen Zivilgerichten ist in diesen Fällen nicht mehr möglich, weil ausländisches Gesellschaftsrecht betroffen ist. Den Betroffenen bleibt damit nur die – erschwerte – Möglichkeit nach ausländischem Recht auf die Geschäftsführer einzuwirken. Der Bundesfinanzhof hat in solchen Konstellationen trotz eindringlicher Kritik im Schrifttum[698] eine Klagebefugnis der betroffenen inländischen Gesellschaftern nach § 48 Abs. 1 Nr. 2 FGO verneint[699]. Darin liegt eine nicht unbedenkliche verfassungsrechtliche Einschränkung im Hinblick auf Art. 19 Abs. 4 GG.

2. Einschränkung der Rechtsbehelfsbefugnis bei Vorhandensein eines Empfangsbevollmächtigten

Ebenso problematisch sind die Fälle der Einschränkung der Rechtsbehelfsbefugnis bei Vorhandensein eines Klagebevollmächtigten im Sinne des § 48 Abs. 1 Nr. 1 Alternative 2 FGO bzw. eines Einspruchsbevollmächtigten im Sinne des § 352 Abs. 1 Nr. 1 Alternative 2 AO. Denn beide Regelungen knüpfen in ihrem Absatz 2 an § 183 AO an[700].

Im Schrifttum wird zu Recht kritisiert, dass diese Vorschriften durch ihre in Absatz 2 verwendete Verweistechnik für den Rechtsanwender nur schwer

694 Ebenso *von Beckerath*, in Beermann/Gosch, AO/FGO, § 48 FGO Rz. 25 (März 2012); *Steinhauff*, in Hübschmann/Hepp/Spitaler, AO/FGO, § 48 FGO, Rz. 28 (März 2012).

695 Treffende Bezeichnung von *Steinhauff*, in Hübschmann/Hepp/Spitaler, AO/FGO, § 48 FGO Rz. 28 (März 2012).

696 Ebenso *Steinhauff*, in Hübschmann/Hepp/Spitaler, AO/FGO, § 48 FGO Rz. 28 (März 2012).

697 Dazu bereits oben § 7 II. 4.

698 Dazu bereits oben § 7 II. 4.

699 Dazu bereits oben § 7 II. 4.

700 Dazu bereits oben § 7 II. 6.

vermittelbar sind[701]. Die Regelungen der Einspruchs- und Klagebevollmächtigten werden dadurch für den Rechtsanwender unübersichtlich. Folge dessen kann eine Rechtsschutzvereitelung sein.

Zudem ist der Zusammenhang zwischen einem Rechtsbehelfsführer nach § 352 AO und § 48 FGO sowie einem Empfangsbevollmächtigten nach § 183 AO höchst fraglich[702]. Denn ein gemeinsamer Empfangsbevollmächtigter wird nach § 183 Abs. 1 Satz 1 AO lediglich dazu befugt „alle Verwaltungsakte und Mitteilungen in Empfang zu nehmen". Zwischen der Funktion eines Empfangsbevollmächtigten und eines Einspruchs- und Klagebefugter ist kein Zusammenhang erkennbar[703].

Während sich der Rechtsbehelfsausschluss der Gesellschafter zugunsten des zur Vertretung berufenen Geschäftsführers zu seiner verfassungsrechtlichen Rechtfertigung noch auf freiwillig geschaffene zivil- und handelsrechtliche Erwägungen stützen kann[704], passt diese Rechtfertigung indes nicht auf den gemeinsamen Empfangsbevollmächtigten[705]. Indessen wird die Bestimmung des Klagebevollmächtigten bzw. die des Einspruchsbevollmächtigten dadurch entschärft, dass die Beteiligten über die Rechtsbehelfsbefugnis belehrt worden sein müssen (§ 48 Abs. 2 Satz 3 FGO sowie § 352 Abs. 2 Satz 3 AO)[706]. Somit haben die Beteiligten noch die Möglichkeit, die Empfangsvollmacht zu widerrufen, um zu verhindern, dass der Empfangsbevollmächtigte auch im Einspruchs- und Klageverfahren befugt wird[707].

Ist kein gemeinsamer Empfangsbevollmächtigter vorhanden, kann der fingierte oder der von der Finanzbehörde bestimmte Empfangsbevollmächtigte die Einspruchs- und Klagebefugnis wahrnehmen. In diesen beiden Fällen besteht offensichtlich gar kein zivilrechtlicher Anknüpfungspunkt für eine entsprechende Befugnis[708]. Darum hat der Steuergesetzgeber den Beteiligten zusätzlich ein

---

701 Zu § 352 AO *Birkenfeld*, in Hübschmann/Hepp/Spitaler, AO/FGO, § 352 AO Rz. 2 (März 1997).

702 Dazu bereits oben § 7 II. 6.

703 Dazu bereits oben § 7 II. 6.

704 Dazu oben § 7 II. 3.

705 *Von Beckerath*, in Beermann/Gosch, AO/FGO, § 48 FGO Rz. 26 (März 2012).

706 *Von Beckerath*, in Beermann/Gosch, AO/FGO, § 48 FGO Rz. 26 (März 2012).

707 Ebenso *Steinhauff*, in Hübschmann/Hepp/Spitaler, AO/FGO, § 48 FGO Rz. 29 (März 2012); *von Beckerath*, in Beermann/Gosch, AO/FGO, § 48 FGO Rz. 26 (März 2012).

708 *Von Beckerath*, in Beermann/Gosch, AO/FGO, § 48 FGO Rz. 27 (März 2012).

Widerspruchsrecht nach § 352 Abs. 2 Satz 2 Halbsatz 2 AO sowie nach § 48 Abs. 2 Satz 2 Halbsatz 2 FGO eingeräumt[709].

Sowohl die Belehrungspflicht als auch das eingeräumte Widerspruchsrecht entschärfen die verfassungsrechtlichen Bedenken hinsichtlich der Einschränkung des Rechtsschutzes zugunsten eines Empfangsbevollmächtigten[710].

3. Ergebnis

Die Einschränkung des Rechtsschutzes durch § 352 AO und § 48 FGO ist im Grunde mit Art. 19 Abs. 4 GG vereinbar. Im Falle der Einschränkung des finanzgerichtlichen Rechtsschutzes zugunsten des zur Vertretung berufenen Geschäftsführers verbleibt den Gesellschaftern stets die (theoretische) Möglichkeit, auf dem Zivilrechtsweg auf den Geschäftsführer einzuwirken, damit dieser im Steuerstreit gerichtlich oder außergerichtlich tätig wird.

Verfassungsrechtlich bedenklich sind indes die Fälle, in denen nicht klagebefugte Gesellschafter an einer ausländischen Gesellschaft samt ausländischem Geschäftsführer beteiligt sind. Denn der Betroffene kann in solchen Fällen nicht auf den Geschäftsführer im Rahmen des deutschen Zivilrechtswegs einwirken, sondern muss im Rahmen des ausländischen Rechts Rechtsschutz erlangen. Dies birgt in der Praxis naturgemäß Schwierigkeiten. Der Bundesfinanzhof hat sich in jüngeren Entscheidungen ausdrücklich für die Rechtsschutzbeschränkung in § 48 Abs. 1 Nr. 1 Alternative 1 FGO ausgesprochen und damit ausschließlich dem ausländischen Geschäftsführer die Einspruchs- und Klagebefugnis zugesprochen. In Folge dessen hat er den inländischen Gesellschaftern ihren Rechtsschutz versagt. Dies erscheint im Hinblick auf Art. 19 Abs. 4 GG durchaus bedenklich. Denn eine verfassungskonforme Auslegung des § 48 Abs. 1 Nr. 1 Alternative 1 FGO hätte dem inländischen Gesellschafter zu seinem Recht verholfen.

Die Einschränkung des Rechtsschutzes zugunsten des Empfangsbevollmächtigten ist mit Art. 19 Abs. 4 GG vereinbar. Denn die nicht einspruchs- und klagebefugten Gesellschafter haben stets die Möglichkeit die Empfangsvollmacht zu widerrufen.

Zusammenfassend ist damit festzustellen, dass die nicht rechtsbehelfsbefugten Gesellschafter selbst aktiv werden müssen – entweder müssen zivilrechtliche Schritte eingeleitet werden, um den Geschäftsführer zum Tätigwerden zu

---

709 *Von Beckerath*, in Beermann/Gosch, AO/FGO, § 48 FGO Rz. 27 (März 2012).

710 Ebenso *Steinhauff*, in Hübschmann/Hepp/Spitaler, AO/FGO, § 48 FGO Rz. 29 (März 2012); *von Beckerath*, in Beermann/Gosch, AO/FGO, § 48 FGO Rz. 26, 27 (März 2012); *Seer*, in Tipke/Lang, Steuerrecht[22], 2015, § 22 Rz. 133.

„zwingen" oder dem Empfangsbevollmächtigten muss direkt seine Vollmacht widerrufen werden.

Obgleich § 352 AO und § 48 FGO mit Art. 19 Abs. 4 GG vereinbar sind, ist die derzeitige Rechtspraxis nicht befriedigend. Denn auch Regelungen, die nicht verfassungswidrig sind, können gleichwohl enorme Probleme verursachen.

III. Einschränkung des Rechtsschutzes durch eine fehlerhafte Beurteilung der Einspruchs- und Klagebefugnis durch die Finanzgerichte

Bedenklich ist, dass nicht nur die Steuerpflichtigen samt ihrer Steuerberater, sondern auch die Finanzgerichte ihre Probleme mit den Vorschriften der § 352 AO und § 48 FGO haben[711]. Wie bereits die aktuellen Urteile aufzeigen, bestehen oftmals Unsicherheiten hinsichtlich der richtigen Beurteilung der Klagebefugnis als wohl wichtigste Sachurteilsvoraussetzung einer Klage, so dass diese in Folge dessen als unzulässig abgewiesen wird[712].

Fraglich ist, ob eine fehlerhafte Beurteilung der Einspruchs- und Klagebefugnis die Betroffenen in ihrem Grundrecht aus Art. 19 Abs. 4 GG verletzen kann.

Damit der Anwendungsbereich des Art. 19 Abs. 4 GG eröffnet ist, müsste jemand durch die öffentliche Gewalt in seinen Rechten verletzt worden sein[713]. Geschützt sind alle natürliche Personen, juristische Personen des Privatrechts sowie nicht voll-rechtsfähige Personenvereinigungen, soweit sie über eine partielle oder relative Rechtssubjektivität verfügen[714]. Damit ist ein nicht klagebefugter Gesellschafter einer Personengesellschaft als natürliche Person vom Anwendungsbereich erfasst. Zudem müsste öffentliche Gewalt ausgeübt werden sowie eine Rechtsverletzung vorliegen.

---

711 Treffend bemerkt hierzu *Tipke*, Die Steuerrechtsordnung, Bd. III², 2012, S. 1504: „Stets sollte bedacht werden: Auch Richter machen Verfahrensfehler – aus der Sicht des Bundesfinanzhofs und des Bundesverfassungsgerichts. Das gilt aber für Richter aller Gerichte".

712 Dazu bereits oben § 7 II.

713 Grundlegend zu den Voraussetzungen: *Schmidt-Aßmann*, in Maunz/Dürig, GG, Art. 19 Abs. 4 Rz. 38 ff. (Juli 2014); *Papier*, in Isensee/Kirchhof, Handbuch des Staatsrechts, Bd. VIII³, 2010, § 177 Rz. 23 ff.

714 *Papier*, in Isensee/Kirchhof, Handbuch des Staatsrechts, Bd. VIII³, 2010, § 177, Rz. 23; *Schmidt-Aßmann*, in Maunz/Dürig, GG, Art. 19 Abs. 4 Rz. 38–44 (Juli 2014).

Fraglich ist, ob die Finanzgerichte durch eine fehlerhafte Beurteilung der Einspruchs- und Klagebefugnis öffentliche Gewalt ausüben. Denn dafür müsste sich der Anwendungsbereich des Art. 19 Abs. 4 GG auch auf die Judikative erstrecken.

Nach ständiger Rechtsprechung des Bundesverfassungsgerichts[715] und überwiegender Meinung im Schrifttum[716] umfasst die öffentliche Gewalt im Sinne des Art. 19 Abs. 4 GG nicht die rechtsprechende Tätigkeit. Darum sind richterliche Handlungen oder Unterlassungen vom Schutzbereich des Art. 19 Abs. 4 GG nicht erfasst[717].

Das Bundesverfassungsgericht hat diese Ansicht in einem jüngeren Plenarbeschluss aus dem Jahr 2003 nochmals ausdrücklich bestätigt[718]. Das Gericht betont, dass die enge Auslegung des Begriffs der öffentlichen Gewalt unter dem Aspekt der Rechtsstaatlichkeit dann keinen Bedenken unterliege, wenn der allgemeine Justizgewährungsanspruch Rechtsschutz ermögliche[719]. Dieser soll vornehmlich Rechtsschutz hinsichtlich der Verletzung von Verfahrensgrundsätzen

715 BVerfG, Beschluss vom 21.10.1954 – 1 BvL 9/51, 1 BvL 2/53, BVerfGE 4, 74 (96); BVerfG, Beschluss vom 7.7.1960 – 2 BvR 435/60, 2 BvR 440/60, BVerfGE 11, 263 (265); BVerfG, Entscheidung vom 5.2.1963 – 2 BvR 21/60, BVerfGE 15, 275 (280); BVerfG, Entscheidung vom 20.6.1967 – 2 BvL 10/64, BVerfGE 22, 106 (110); BVerfG, Beschluss vom 11.10.1978 – 2 BvR 1055/76, BVerfGE 49, 329 (340); BVerfG, Beschluss vom 12.7.1983 – 1 BvR 1470/82, BVerfGE 65, 76 (90); BVerfG, Beschluss vom 16.6.1987 – 1 BvR 1113/86, BVerfGE 76, 93 (98); BVerfG, Beschluss vom 30.4.2003 – 1 PBvU 1/02, BVerfGE 107, 395 (403 ff.).

716 *Papier*, in Isensee/Kirchhof, Handbuch des Staatsrechts, Bd. VIII^3, 2010, § 177, Rz. 43; *Schmidt-Aßmann*, in Maunz/Dürig, GG, Art. 19 Abs. 4 Rz. 96 ff. (Juli 2014); *Sachs*, in Sachs, GG^7, 2014, Art. 19 Rz. 121; *W.-R. Schenke*, JZ 2005, 116 ff.; *Kischel*, Die Begründung, 2003, S. 89 f.; besonders eingehend *Hößlein*, Judikatives Unrecht, 2007, S. 181 ff.; a.A. *Huber*, in von Mangoldt/Klein, GG^6, 2010, Art. 19 Abs. 4 Rz. 442; wohl auch *Schulze-Fielitz*, in Dreier, GG^3, Bd. 1, 2013, Art. 19 IV Rz. 49; *Lorenz*, Der Rechtsschutz des Bürgers und die Rechtsweggarantie, 1973, S. 241 ff.

717 *Papier*, in Isensee/Kirchhof, Handbuch des Staatsrechts, Bd. VIII^3, 2010, § 177 Rz. 43. Nach der bekannten Formel von *Dürig*, in Maunz/Dürig, GG, Art. 19 Abs. 4 Rz. 17 (Erstbearbeitung) soll der „Schutz durch den Richter, nicht gegen den Richter" gewährt werden.

718 BVerfG, Beschluss vom 30.4.2003 – 1 PBvU 1/02, BVerfGE 107, 395 (406 ff.).

719 BVerfG, Beschluss vom 30.4.2003 – 1 PBvU 1/02, BVerfGE 107, 395 (406 ff.). Siehe zudem die Darstellung von *Papier*, in Isensee/Kirchhof, Handbuch des Staatsrechts, Bd. VIII^3, 2010, § 177 Rz. 43.

ermöglichen[720]. Hierunter fällt insbesondere die Verweigerung des rechtlichen Gehörs nach Art. 103 Abs. 1 GG durch das Gericht[721].

Eine fehlerhafte Beurteilung der Einspruchs- und Klagebefugnis durch die Gerichte kann daher nicht unter das Merkmal „Ausübung von öffentlicher Gewalt" gefasst werden. Darum ist mangels Ausübung von öffentlicher Gewalt der Gerichte der Schutzbereich von Art. 19 Abs. 4 GG nicht eröffnet. Eine fehlerhafte Beurteilung der Einspruchs- und Klagebefugnis ist damit mit Art. 19 Abs. 4 GG vereinbar.

IV. Praktische Schwierigkeit: Das Erkennen eines Verfahrensmangels durch den Betroffenen

Die praktische Schwierigkeit besteht immer darin, dass der Betroffene den Verfahrensmangel erkennen muss. Erst dann wird der Betroffene eine Revision einlegen und seine Verfahrensfrage durch den Bundesfinanzhof klären lassen können[722].

Die Rechtsprechung definiert Verfahrensfehler als „Verstöße gegen das Gerichtsverfahrensrecht, die das Finanzgericht bei der Handhabung seines Verfahrens begeht und die zur Folge haben, dass eine ordnungsgemäße Grundlage für die Entscheidung im Urteil fehlt"[723]. Es muss eine objektive Verletzung des

720 BverfG, Beschluss vom 30.4.2003 – 1 PBvU 1/02, BVerfGE 107, 395 (406 ff.).

721 *Papier*, in Isensee/Kirchhof, Handbuch des Staatsrechts, Bd. VIII[3], 2010, § 177 Rz. 43.

722 *Schmidt-Aßmann*, in Verwaltungsrechtliche Dogmatik, 2013, S. 125 merkt zutreffend an, dass Rechtsschutz keine sich von selbst einstellende Rechtswohltat sei. Wer seine Rechte verletzt sehe, müsse selbst aktiv werden.

723 Ständige Rspr., z.B. BFH, Beschluss vom 5.7.2005 – XI B 101/04, BFH/NV 2005, 1854 (1855); BFH, Beschluss vom 9.8.2005 – V B 56/05, BFH/NV 2005, 2230 (2231); BFH, Beschluss vom 9.1.2006 – XI B 25/05, BFH/NV 2006, 1106 (1107); BFH, Beschluss vom 26.6.2006 – XI B 154/05, BFH/NV 2006, 1862; BFH, Beschluss vom 30.11.2010 – VI B 100/10, BFH/NV 2011, 574 (575); BFH, Beschluss vom 26.10.2011 – I B 68/11, BFH/NV 2012, 612; ferner *Lange*, in Hübschmann/Hepp/Spitaler, AO/FGO, § 115 FGO Rz. 221 (Nov. 2012); *Ratschow*, in Gräber, FGO[8], 2015, § 115 FGO, Rz. 76; *Seer*, in Tipke/Kruse, AO/FGO, § 115 FGO Tz. 87 (Okt. 2012).

Verfahrensrechts vorliegen[724]. Auf ein Verschulden des Finanzgerichts kommt es nicht an[725].

In den praxisrelevanten Fällen muss der Betroffene daher die fehlerhafte Abweisung durch ein Prozessurteil infolge einer fehlerhaften Beurteilung der Klagebefugnis oder eine unterbliebene notwendige Beiladung erkennen. Zwischen Klagebefugnis und notwendiger Beiladung besteht eine Wechselwirkung[726], so dass die Verfahrensfehler zumeist beide Bereiche betreffen.

Eine fehlerhafte Beurteilung von Sachurteilsvoraussetzungen, die ein Prozessurteil statt ein Sachurteil zur Folge hat, stellt einen Verfahrensmangel im Sinne des § 115 Abs. 2 Nr. 3 FGO dar[727]. Auch die Vorschriften über die notwendige Beiladung regeln eine unverzichtbare Sachurteilsvoraussetzung[728].

Darum ist sowohl eine fehlerhafte Beurteilung der Klagebefugnis[729] als auch eine unterlassene notwendige Beiladung eines Gesellschafters[730] als Verfahrensmangel anzusehen.

Freilich betreffen die Probleme des Erkennens eines Verfahrensmangels nicht die Einschränkung des Rechtsschutzes an sich. Denn Art. 19 Abs. 4 GG vermag einer unbestimmten oder unklaren Norm nicht zur Bestimmtheit oder Klarheit

---

724 BFH, Urteil vom 16.11.1993 – VIII R 7/93, BFH/NV 1994, 891; BFH, Beschluss vom 10.3.2005 – IX B 171/03, BFH/NV 2005, 1578 (1579); BFH, Beschluss vom 1.8.2007 – XI B 183/06, BFH/NV 2007, 1921 (1922); *Lange*, in Hübschmann/Hepp/Spitaler, AO/FGO, § 115 FGO Rz. 221 (Nov. 2012); *Werth*, in Beermann/Gosch, AO/FGO, § 115 FGO Rz. 132 (Sept. 2014); *Seer*, in Tipke/Kruse, AO/FGO, § 115 FGO Tz. 88 (Okt. 2012).

725 BFH, Beschluss vom 10.3.2005 – IX B 171/03, BFH/NV 2005, 1578 (1579); *Lange*, in Hübschmann/Hepp/Spitaler, AO/FGO, § 115 FGO Rz. 221 (Nov. 2012); *Werth*, in Beermann/Gosch, AO/FGO, § 115 FGO Rz. 132 (Sept. 2014); *Seer*, in Tipke/Kruse, AO/FGO, § 115 FGO Tz. 88 (Okt. 2012).

726 Dazu bereits unter § 7 IV.

727 *Seer*, in Tipke/Kruse, AO/FGO, § 115 FGO Tz. 88 (Okt. 2012); *Lange*, in Hübschmann/Hepp/Spitaler, AO/FGO, § 115 FGO Rz. 234 (Nov. 2012); *Werth*, in Beermann/Gosch, AO/FGO, § 115 FGO Rz. 136 (Sept. 2014). Siehe hierzu jüngst BFH, Beschluss vom 10.3.2014 – X B 230/12, BFH/NV 2014, 888 (889).

728 Zum Beispiel aus jüngerer Zeit BFH, Urteil vom 4.9.2014 – IV R 44/13, BFH/NV 2015, 209 (210).

729 BFH, Beschluss vom 30.12.2003 – IV B 21/01, BStBl. II 2004, 239 (240). Ferner *Brandis*, in Tipke/Kruse, AO/FGO, § 48 FGO Tz. 4 (Okt. 2013); *Steinhauff*, in Hübschmann/Hepp/Spitaler, AO/FGO, § 48 FGO Rz. 41 (März 2012); *von Groll*, in Gräber, FGO[7], 2010, § 48 FGO Rz. 10.

730 Dazu bereits unter § 7 IV.

verhelfen[731]. Vielmehr geht es um die generelle Handhabung von komplexen Verfahrensvorschriften. Das lenkt den Blick auf die Verfassungsgebote der Normenbestimmtheit und Normenklarheit.

1. Grundsätze der Normenbestimmtheit und Normenklarheit

Die Verfassungsgebote der Normenbestimmtheit und Normenklarheit erlangen insbesondere im Steuerrecht große Bedeutung[732]. Denn das Steuerrecht ist „von Hause aus" kompliziert. Die Gebote der Normenbestimmtheit und Normenklarheit haben ihre Wurzeln im Rechtsstaatsprinzip, welches aus Art. 20 Abs. 3 GG abzuleiten ist[733].

Das Bundesverfassungsgericht stellt zu den Geboten in ständiger Rechtsprechung folgende Leitlinien auf:

> „Das im Rechtsstaatsprinzip (Art. 20 Abs. 3 GG) begründete Gebot hinreichender Bestimmtheit der Gesetze […] zwingt den Gesetzgeber nicht, den Tatbestand mit genau erfaßbaren Maßstäben zu umschreiben. Der Gesetzgeber ist jedoch gehalten, seine Vorschriften so bestimmt zu fassen, wie dies nach der Eigenart der zu ordnenden Lebenssachverhalte mit Rücksicht auf den Normzweck möglich ist […]. Die Notwendigkeit der Auslegung einer gesetzlichen Begriffsbestimmung nimmt ihr noch nicht die Bestimmtheit, die der Rechtsstaat von einem Gesetz erfordert. Es *genügt*, wenn *die Betroffenen* die *Rechtslage erkennen* und ihr *Verhalten danach einrichten* können"[734]. [Hervorhebung durch die Verfasserin]

Das Verhältnis von Normenbestimmtheit und Normenklarheit ist unklar und wird daher auch im Schrifttum kontrovers beurteilt[735]. Während Teile im Schrifttum davon ausgehen, dass eine eindeutige Abgrenzung zwischen beiden

---

731 BFH, Vorlagebeschluss vom 6.9.2006 – XI R 26/04, BStBl. II 2007, 167 (169).

732 Siehe nur aus jüngerer Zeit die Dissertationsschrift von *Jehke*, Bestimmtheit und Klarheit im Steuerrecht, 2005, passim.

733 Ständige Rspr. siehe BVerfG, Urteil vom 23.10.1951 – 2 BvG 1/51, BVerfGE 1, 14 (45); BVerfG, Urteil vom 19.3.2003 – 2 BvL 9/98, 108, 1 (20). Ferner *Sachs*, in Sachs, GG[7], 2014, Art. 20 Rz. 126; *Schmidt-Aßmann*, in Maunz/Dürig, GG, Art. 19 Abs. 4 Rz. 15 (Juli 2014); kritisch zur verfassungsrechtlichen Herleitung *Towfigh*, Komplexität und Normenklarheit, Der Staat (2009), 29 (44 f.).

734 BVerfG, Beschluss vom 18.5.1988 – 2 BvR 579/84, BVerfGE 78, 205 (212), der allerdings das Gebot der Normenklarheit nicht ausdrücklich verwendet.

735 Dazu *Bartone*, in Rensen/Brink, Linien der Rechtsprechung des Bundesverfassungsgerichts, S. 310; *Fetzer*, in Festschrift W.-R. Schenke, 2011, S. 129 (132). Eingehend zu Gemeinsamkeiten und Unterschieden von Bestimmtheit und Klarheit *Jehke*, Bestimmtheit und Klarheit im Steuerrecht, 2005, S. 28 ff., 180 ff.

Verfassungsgeboten nicht möglich sei[736], verwenden andere andere Teile im Schrifttum beide Begriffe sogar synoym[737].

Auch das Bundesverfassungsgericht prüft beide Verfassungsgebote oftmals zusammen, so dass in den Entscheidungen eine klare Abgrenzung nicht immer möglich ist[738].

Der Bundesfinanzhof hat indes in einem Vorlagebeschluss an das Bundesverfassungsgericht aus dem Jahr 2006 vorbildlich zwischen den Begriffen Normenbestimmtheit und Normenklarheit differenziert[739]. Die Normenbestimmtheit gebietet demnach die begriffliche Präzision bei der Abfassung einer Norm[740]. Im Ausgangspunkt geht es also um die Wahl eines präzisen Wortlauts einer Norm[741]. Hingegen gebietet die Normenklarheit dem Bundesfinanzhof zufolge ein möglichst übersichtliches, widerspruchfreies und verständliches Recht[742].

---

736 *Sachs*, in Sachs GG^7, 2014, Art. 20 Rz. 126; *Grzeszick*, in Maunz/Dürig, GG, Art. 20 Rz. 58 (Nov. 2006).

737 Etwa *Papier/Möller*, AöR 122 (1997), S. 177 ff.

738 Siehe nur BVerfG, Urteil vom 27.7.2005 – 1 BvR 668/04, BVerfGE 113, 348 (375); BVerfG, Urteil vom 12.4.2005 – 2 BvR 581/01, BVerfGE 112, 304 (315); BVerfG, Beschluss vom 3.3.2004 – 1 BvF 3/92, BVerfGE 110, 33 (53). Allein die Normenklarheit nennend z.B. BVerfG, Urteil vom 19.3.2003 – 2 BvL 9/98, 2 BvL 10/98, 2 BvL 11/98, 2 BvL 12/98, BVerfGE 108, 1 (20); BVerfG, Beschluss vom 9.4.2003 – 1 BvL 1/01, 1 BvR 1749/01, BVerfGE 108, 52 (75).

739 BFH, Vorlagebeschluss vom 6.9.2006 – XI R 26/04, BStBl. II 2007, 167. Das Gericht hatte im Wege der konkreten Normenkontrolle i.S.d. Art. 100 Abs. 1 GG dem BVerfG die Frage vorgelegt, ob die Vorschriften zur Mindestbesteuerung (§ 2 Abs. 3 a.F. EStG, § 10d EStG a.F.) wegen Verletzung des Grundsatzes der Normenklarheit verfassungswidrig sind. Das BVerfG hatte die Vorlage als unzulässig abgewiesen, weil sie nicht den Begründungsanforderungen i.S.d. § 80 Abs. 2 Satz 1 BVerfGG entsprach. Denn es fehlte an einer hinreichenden Aufbereitung des einfachrechtlichen Gehalts der vorgelegten Normen, anhand dessen erst die Problematik der Normenklarheit beurteilt werden kann. Das BVerfG betonte, dass es insbesondere hinsichtlich den Anforderungen an hinreichende Bestimmtheit und Klarheit einer Norm einer Begründung bedürfe, inwiefern eine Entscheidung für eine der dargelegten Auslegungsmöglichkeiten den Rahmen der Aufgabe der Rechtsanwendungsorgane, Zweifelsfragen zu klären und Auslegungsprobleme mit den herkömmlichen Mitteln juristischer Methode zu bewältigen, sprengen würde. Zum Ganzen auch *Fetzer*, in Festschrift W.-R. Schenke, 2011, S. 129 (132 ff.). Zur österreichischen Rechtslage siehe *Ruppe*, DStR-Beihefter 2008, 20 ff.

740 BFH, Vorlagebeschluss vom 6.9.2006 – XI R 26/04, BStBl. II 2007, 167 (173).

741 Ebenso *Fetzer*, in Festschrift W.-R. Schenke, 2011, S. 129 (133).

742 BFH, Vorlagebeschluss vom 6.9.2006 – XI R 26/04, BStBl. II 2007, 167 (173).

Zumeist wird eine unbestimmte Norm, welche sprachlich nicht präzise gefasst ist, gleichermaßen dem Vorwurf ausgesetzt sein, dass sie unklar ist, d.h. zu unübersichtlich und unverständlich[743]. Dies muss allerdings nicht zwangsläufig der Fall sein.

Der Gesetzgeber ist daher gehalten, klare und verständliche Tatbestände zu schaffen, welche für den Betroffenen handhabbar sind[744]. Fraglich ist allerdings stets, wer der „Betroffene", d.h. wer der Adressat einer Norm sein soll[745]. Als Normadressaten kommen sowohl der Steuerpflichtige als auch sein Steuerberater in Betracht. Das Bundesverfassungsgericht[746] und der Bundesfinanzhof[747] stellen für die Steuergesetze regelmäßig auf die Sicht des Steuerpflichtigen ab. Im Schrifttum wird zwar auch eindringlich dahingehend appeliert, dass der Steuerpflichtige der Normadressat sein soll[748]. Dennoch wird gleichermaßen resignierend festgestellt, dass der Steuerpflichtige in der realen Steuer-Praxis (s)einen Steuerberater braucht[749].

Überdies ist zu klären, ob die Anforderungen hinsichtlich der Verständlichkeit einer Norm und damit die Anforderungen an den Normadressaten

743 Dazu auch *Fetzer*, in Festschrift W.-R. Schenke, 2011, S. 129 (133).

744 *Drüen*, in Tipke/Kruse, AO/FGO, § 3 AO Tz. 40 (Mai 2015).

745 Dazu *Towfigh*, in Der Staat (2008), 29 (42 f.); *Fetzer*, in Festschrift W.-R. Schenke, 2011, S. 129 (134 ff.).

746 BVerfG, Entscheidung vom 2.6.1964 – 2 BvL 23/62, BVerfGE 18, 52 (61); BVerfG, Beschluss vom 10.11.1998 – 2 BvR 1057/91, 2 BvR 1226/91, 2 BvR 980/91, BVerfGE 99, 216 (243); BVerfG, Beschluss vom 3.3.2004 – 1 BvF 3/92, BVerfGE 110, 33 (53); BVerfG, Urteil vom 27.7.2005 – 1 BvR 668/04, BVerfGE 113, 348 (375); BVerfG, Urteil vom 12.4.2005 – 2 BvR 581/01, BVerfGE 112, 304 (316).

747 BFH, Vorlagebeschluss vom 6.9.2006 – XI R 26/04, BStBl. II 2007, 167 (172).

748 *Hey*, Steuerplanungssicherheit als Rechtsproblem, 2002, S. 560.

749 *Tipke*, Die Steuerrechtsordnung, Bd. I², 2000, S. 140: „Schon daraus ergibt sich, daß man nicht verlangen kann, Laien müßten die Steuergesetze verstehen, gar die Steuern vorausberechnen können". Ferner *Benda*, DStZ 1984, 159 (164): „Komplexe Sachverhalte können zwar nicht in abstrakte und gleichwohl für jedermann ohne Schwierigkeiten einsichtige Rechtsnormen gebracht werden; mindestens mit Hilfe des Spezialisten müssen sie aber in ihrem Inhalt einsichtig sein". *Meßmer*, BB 1981, Beilage 1, 1 (19): „Das in Jahrzehnten unüberschaubar gewordene Regelungsgefüge kann nicht in wenigen Jahren entwirrt und wenigstens für Fachkundige übersehbar gemacht werden". *Herzog*, NJW 1999, 25: „Meist formulieren wir unsere Gesetze so, daß sie nur den Juristen ansprechen und nicht auch den Laien". Näher zur Adressatengerechtigkeit *Hey*, Steuerplanungssicherheit als Rechtsproblem, 2002, S. 560 f.

objektiver oder subjektiver Natur sind[750]. Denn auch Steuerpflichtige können möglicherweise steuerlich vorgebildet sein bzw. verfügen allgemein über ein unterschiedliches Bildungsniveau.

Die Rechtsprechung stellt grds. auf eine objektivierte Sicht der Steuerpflichtigen ab[751]. Denn es reiche nicht aus, dass sich die Rechtsfolgen einer Norm allenfalls Experten erschließen[752]. Allerdings verfolgt die Rechtsprechung diesen Ansatz nicht strikt. Denn es sollen auch Ausnahmen zugelassen werden, wenn der Normadressat typischerweise steuerlich beraten ist[753].

Prozessual stehen für die Verletzung der Gebote der Normenbestimmtheit und Normenklarheit eine Individualverfassungsbeschwerde nach Art. 93 Abs. 1 Nr. 4a GG sowie eine Richtervorlage nach Art. 100 Abs. 1 Satz 1 GG zur Verfügung. Obgleich das Bundesverfassungsgericht beide Gebote anerkennt und den Streitfällen als Prüfmaßstab zugrunde legt, hat es bislang noch keine steuerrechtliche Norm wegen eines Verstoßes gegen das Gebot der Normenbestimmtheit oder der Normenklarheit für verfassungswidrig erklärt[754]. Dennoch ist festzustellen, dass eine Richtervorlage im Gegensatz zu einer Individualverfassungsbeschwerde zur Durchsetzung der Gebote effektiver scheint[755]. Denn wenn ein Richter des Bundesfinanzhofs das Normgefüge nicht versteht, tritt der Mangel

750 Dazu *Towfigh*, in Der Staat (2008), 29 (42 ff.). *Towfigh* differenziert zwischen einer rechtswissenschaftlich-objektiven und einer adressatenorientiert-subjektiven Sichtweise. *Towfigh* spricht sich für eine rechtswissenschaftlich-objektive Sichtweise aus. Denn wenn der Normadressat das Recht nicht verstehe, müsse er es sich erklären lassen. Zudem *Fetzer*, in Festschrift W.-R. Schenke, 2011, S. 129 (134 ff.).

751 BFH, Vorlagebeschluss vom 6.9.2006 – XI R 26/04, BStBl. II 2007, 167 (172).

752 BVerfG, Beschluss vom 3.3.2004 – 1 BvF 3/92, BVerfGE 110, 33 (64).

753 In BFH, Vorlagebeschluss vom 6.9.2006 – XI R 26/04, BStBl. II 2007, 167 (172) wird beispielsweise auf § 27 KStG verwiesen. Indes soll es sich bei den Vorschriften der § 3 Abs. 2 EStG a.F. sowie § 10d EStG a.F. nicht um typische Normen handeln, bei denen zwangsläufig ein Berater einbezogen werden wird.

754 Dazu kritisch *Hey*, in Tipke/Lang, Steuerrecht[22], 2015, § 3 Rz. 247: „Das BVerfG weigert sich, die Gebote der Bestimmtheit und Normenklarheit im Steuerrecht zu effektuieren"; *Fetzer*, in Festschrift W.-R. Schenke, 2011, S. 129 (138). Treffend insoweit *Papier*, in DStJG 12 (1989), S. 61: „Verfassungsrecht und Wirklichkeit klaffen selten so stark auseinander wie beim Bestimmtheitsgrundsatz allgemein und bei seiner Anwendung auf das Steuerrecht im besonderen. Seine Unangefochtenheit und „verbale Glorifizierung" in Rechtsprechung und Literatur stehen in einem auffälligen Mißverhältnis zur tatsächlichen Beachtung in der Gesetzgebung und zur faktischen Durchsetzung seitens der Judikatur".

755 Ebenso *Hey*, Steuerplanungssicherheit als Rechtsproblem, 2002, S. 566.

an Bestimmtheit oder Klarheit noch offensichtlicher zum Vorschein, als wenn der Steuerpflichtige das Normgefüge nicht versteht[756].

2. Die Anwendung des Prüfmaßstabs auf die Vorschriften der § 352 AO und § 48 FGO

Anhand des aufgezeigten Prüfmaßstabs des Bundesverfassungsgerichts muss der Betroffene die Rechtslage der § 352 AO und § 48 FGO erkennen und sein Verhalten danach ausrichten können.

Fakt ist, dass Verfahrensmängel im Rahmen der § 352 AO und § 48 FGO entweder überhaupt nicht oder erst in Revisionsverfahren durch das Revisionsgericht „durch Zufall" aufgedeckt werden.

Bei beiden Vorschriften ist festzustellen, dass sowohl die Finanzbehörde, die Finanzgerichte und die Steuerpflichtigen samt Steuerberater ihre Probleme mit der komplexen Rechtslage haben. Daher kommt es bei den Vorschriften der § 352 AO und § 48 FGO auch nicht auf eine Entscheidung hinsichtlich des richtigen Normadressaten an[757]. Denn die Vorschriften sind sowohl für den Steuerpflichtigen als auch für seinen Steuerberater schwierig zu verstehen.

Beide Vorschriften sind äußerst kompliziert und daher schwierig zu erfassen, weil viele Tatbestandsmerkmale an andere Normen anknüpfen[758]. Dies führt in der Praxis dazu, dass beide Normen für die Rechtsanwender, d.h. für die Steuerpflichtigen samt Berater, die Finanzbehörde und die Gerichte unverständlich werden.

Bereits in beiden Absätzen 1 knüpft der „zur Vertretung berufene Geschäftsführer" an das Gesellschaftsrecht und der „Einspruchs- und Klagebevollmächtigte" an die Bekanntgabeerleichterungsvorschrift des § 183 AO an[759].

Stets muss festgestellt werden, dass ein Geschäftsführer oder ein Empfangsbevollmächtigter in der Gesellschaft *vorhanden* ist. Dies setzt freilich die hierfür

---

756 Ebenso *Hey*, Steuerplanungssicherheit als Rechtsproblem, 2002, S. 566.

757 Dazu bereits oben § 10 IV. 1.

758 Treffend *von Wedelstädt*, AO-StB 2006, 261 (264): „eine für die praktische Anwendung durch den gestressten Steuerberater oder Finanzbeamten wenig ermutigende gesetzliche Regelung". Ferner *Bilsdorfer*, NWB 2005, 8859 (8866). Zudem ausdrücklich *Birkenfeld*, in Hübschmann/Hepp/Spitaler, AO/FGO, § 352 AO Rz. 31 (März 1997) zu § 352 AO: „Der Gesetzgeber hat sein Ziel, eine einfache und verständliche Regelung zu finden, verfehlt".

759 Dazu *Birkenfeld*, in Hübschmann/Hepp/Spitaler, AO/FGO, § 352 AO Rz. 2 (März 1997).

erforderliche zivil- und handelsrechtliche Kenntnis voraus[760]. Ebenso muss erkannt werden, ob ein Gesellschafter ausgeschieden ist oder eine Personengesellschaft vollbeendet wurde.

Nachdem diese Tatsachen erkannt werden, müssen im Anschluss daraus die richtigen rechtlichen Schlüsse gezogen werden. Die Fehler können mithin auf zwei Ebenen verursacht werden.

Darum wird im Schrifttum zu Recht kritisiert, dass das Gesetz diesen Rechtsbereich unübersichtlich geregelt hat[761].

Ob die Vorschriften einer verfassungsrechtlichen Überprüfung hinsichtlich dem Gebot der Normenbestimmtheit und Normenklarheit standhalten würden, ist höchst fraglich. Allerdings ist auch hier zu betonen, dass bislang noch keine steuerrechtliche Norm wegen Verstoßes gegen das Bestimmtheitsgebot für verfassungswidrig erklärt worden ist[762].

3. Die Anwendung des Prüfmaßstabs auf die Vorschriften der § 360 AO und § 60 FGO

Die Vorschriften zur Hinzuziehung (§ 360 AO) sowie zur Beiladung (§ 60 FGO) sind indes nicht dem Vorwurf ausgesetzt zu unbestimmt oder unklar zu sein. Die Schwierigkeiten im Hinblick auf die notwendige Hinzuziehung und Beiladung von Gesellschaftern resultieren allein aus dem Wechselspiel mit den Regelungen zur Einspruchs- und Klagebefugnis[763], welche für sich genommen zu kompliziert ausgestaltet sind.

V. Keine Rechtsschutzvereitelung trotz Nicht-Erkennens eines Verfahrensmangels

Es gibt auch Entscheidungen, in denen zwar Verfahrensfehler in Form einer Fehlbeurteilung von Einspruchs- und Klagebefugnis vorliegen. Allerdings haben diese Fehlbeurteilungen gerade nicht den Rechtsschutz von Gesellschaftern oder

---

760 Dazu *Birkenfeld*, in Hübschmann/Hepp/Spitaler, AO/FGO, § 352 AO Rz. 2 (März 1997).

761 Ausdrücklich *Brandis*, in Tipke/Kruse, AO/FGO, § 48 FGO Tz. 3 (Okt. 2013) zu § 48 FGO. Zudem *Birkenfeld*, in Hübschmann/Hepp/Spitaler, AO/FGO, § 352 AO Rz. 2 (März 1997) zu § 352 AO: „Die Vorschrift ist mißglückt. Sie schafft mehr Probleme als Lösungen".

762 *Tipke*, Die Steuerrechtsordnung, Bd. I, S. 229 bemerkt hierzu treffend, dass eine gravierende Differenz zwischen „Wort und Tat" bestehe. Dazu bereits oben § 10 IV. 1.

763 Dazu oben § 7 IV. 5.

Gesellschaft vereitelt. Vielmehr werden in den Entscheidungen die Einsprüche und Klagen ohne weiteres als zulässig erachtet, obgleich insoweit gar keine Rechtsbehelfsbefugnis (mehr) besteht. Vornehmlich in den Fällen von vollbeendeten Personengesellschaften kommt es in der Praxis öfters vor, dass die vollbeendeten Personengesellschaft noch einen Einspruch einlegen und eine Klage erheben, obwohl sie nicht mehr dazu befugt sind[764].

VI. Der Rettungsanker: Das Rechtsmittel der Revision

1. Zulassungsbedürftigkeit

Die Revision ist ein Rechtsmittel gegen alle Arten von Urteile – Endurteile, Teilurteile, Grundurteile sowie Zwischenurteile[765]. Sie ermöglicht die Aufhebung eines angefochtenen Urteils[766]. Die Revision ist zulassungsabhängig[767]. Daher ist sie nur durch das Finanzgericht oder auf Nichtzulassungsbeschwerde hin durch den Bundesfinanzhof zuzulassen, wenn einer der in § 115 Abs. 2 FGO normierten Zulassungsgründe vorliegt[768].

Eine Revision kann nach § 115 Abs. 2 Nr. 1 FGO zugelassen werden, wenn die Rechtssache grundsätzliche Bedeutung hat. Häufig wird in diesen Fällen die Verletzung von materiellem Recht gerügt. Zudem kann eine Revision aufgrund einer Fortbildung des Rechts oder zur Sicherung einer einheitlichen Rechtsprechung nach § 115 Abs. 2 Nr. 2 FGO zugelassen werden. Neben diesem Gründen ist für diese Arbeit insbesondere die sog. Verfahrensrevision nach § 115 Abs. 2 Nr. 3 FGO von Relevanz. Die Revision ist hierbei bei Geltendmachung und Vorliegen eines Verfahrensmangels zuzulassen[769].

2. Zweck einer Verfahrensrevision

Dem Betroffenen wird durch eine Verfahrensrevision ermöglicht, Verfahrensfehler in einer weiteren Instanz überprüfen zu lassen und sich dadurch vor

---

764 Aus jüngerer Zeit BFH, Urteil vom 11.4.2013 – IV R 20/10, BStBl. II 2013, 705; BFH, Urteil vom 16.5.2013 – IV R 21/10, BFH/NV 2013, 1586. Zum letzten Streitfall näher im Folgenden. Zur Klagebefugnis bei vollbeendeten Personengesellschaften bereits unter § 7 II. 7.

765 *Ratschow*, in Gräber, FGO[8], 2015, Vor § 115 FGO Rz. 3a; § 115 FGO Rz. 4.

766 *Ratschow*, in Gräber, FGO[8], 2015, § 115 FGO Rz. 1.

767 *Seer*, in Tipke/Lang, Steuerrecht[22], 2015, § 22 Rz. 230.

768 *Seer*, in Tipke/Lang, Steuerrecht[22], 2015, § 22 Rz. 233.

769 § 115 Abs. 2 Nr. 3 FGO entspricht den Vorschriften § 132 Abs. 2 Nr. 3 VwGO und § 160 Abs. 2 Nr. 3 Halbsatz 1 SGG.

fehlerhaften Entscheidungen zu schützen[770]. Darum gewährleistet die Verfahrensrevision effektiven Rechtsschutz im Sinne des Art. 19 Abs. 4 GG[771]. Sie dient vornehmlich dem Individualrechtsschutz sowie der Einzelfallgerechtigkeit[772]. Darüber hinaus dient sie der Verfahrensaufsicht, also einer Kontrolle des Bundesfinanzhofes über die Finanzgerichte als Instanzgerichte[773].

3. Die Revision als Rettungsanker im Rahmen der § 352 AO und § 48 FGO

Oftmals werden Revisionen aufgrund schwieriger materiell-rechtlicher Streitfragen nach § 115 Abs. 2 Nr. 1 FGO zugelassen, weil die Rechtssache grundsätzliche Bedeutung hat. Die Verfahrensfehler werden dann „durch Zufall" durch das Revisionsgericht mit entdeckt. Die Verletzung von formellem Recht fällt also erst im Rahmen der rechtlichen Überprüfung durch das Revisionsgericht auf. In einem Streitfall aus jüngster Zeit hatten sich die Finanzbehörde und das Finanzgericht lediglich mit komplexen materiell-rechtlichen Problemen (Veräußerungsgewinn) auseinandergesetzt[774]. Der Bundesfinanzhof brachte indes eine Fülle von Verfahrensfehlern zu Tage (unterlassene notwendige Beiladung, ggf.

---

770 *Ratschow*, in Gräber, FGO[8], 2015, § 115 Rz. 73; *Werth*, in Beermann/Gosch, AO/FGO, § 115 FGO Rz. 130 (Sept. 2014).

771 *Werth*, in Beermann/Gosch, AO/FGO, § 115 FGO Rz. 130 (Sept. 2014); *Seer*, in Tipke/Kruse, AO/FGO, § 115 FGO Tz. 83 (Okt. 2012).

772 *Ratschow*, in Gräber, FGO[8], 2015, § 115 Rz. 73; ferner *Seer*, in Tipke/Kruse, AO/FGO, § 115 FGO Tz. 83 (Okt. 2012); *Werth*, in Beermann/Gosch, AO/FGO, § 115 FGO Rz. 130 (Sept. 2014).

773 *Ratschow*, in Gräber, FGO[8], 2015, § 115 Rz. 73; *Werth*, in Beermann/Gosch, AO/FGO, § 115 FGO Rz. 130 (Sept. 2014); treffend *Seer*, in Tipke/Kruse, AO/FGO, § 115 FGO Tz. 83 (Okt. 2012): „Der BFH hat darüber zu wachen, dass die Instanzgerichte gesetzmäßig prozedieren". Zudem zum allgemeinen Verwaltungsrecht BVerwG, Beschluss vom 2.11.1995 – 9 B 710/94, DVBl. 1996, 108; *W.-R. Schenke*, in Kopp/Schenke, VwGO[21], 2015, § 132 Rz. 20.

774 FG Hessen, Urteil vom 24.3.2010 – 13 K 2850/07, EFG 2011, 622 ff. Dem Streitfall lag die Besonderheit zugrunde, dass sich die Klägerin gegen einen zu hohen Veräußerungsgewinn wandte. Konkret ging es um die Frage, ob der bei der Veräußerung eines Bruchteils eines Mitunternehmeranteils angefallene Gewinn nach dem Buchwert des veräußerten Teilgeschäftsanteils im Wege der Durchschnittsbewertung zu ermitteln ist. Damit hat die Klägerin die Verletzung des materiellen Rechts gerügt. Die Revision wurde wegen grundsätzlicher Bedeutung der Sache nach § 115 Abs. 2 Nr. 1 FGO zugelassen.

fehlerhafte Beurteilung der Klagebefugnis, ggf. falscher Inhalts- und Bekanntgabeadressat des Feststellungsbescheids sowie der Einspruchsentscheidung)[775].

Damit ist im Vorhinein weder der Finanzbehörde, noch dem Steuerpflichtigen samt Berater, noch dem Finanzgericht der formelle Fehler aufgefallen.

Es gibt indes auch Fälle, in denen eine Verfahrensrevision geltend gemacht wird, um (vermeintliche) Verfahrensfehler gerichtlich in einer weiteren Instanz durch den Bundesfinanzhof überprüfen zu lassen. Hier ist also dem Betroffenen ein Verfahrensfehler aufgefallen[776].

Oftmals betreffen die Fälle gleichzeitig materiell-rechtliche Fragen und Verfahrensfragen, so dass das Finanzgericht die Rechtssache wegen grundsätzlicher Bedeutung nach § 115 Abs. 2 Nr. 1 FGO zulässt[777].

Betrifft ein Streitfall indes allein Verfahrensfehler, wird die Zulassung der Revision zumeist erst aufgrund einer Nichtzulassungsbeschwerde geprüft[778]. Denn

---

775 BFH, Urteil vom 16.5.2013 - IV R 21/10, BFH/NV 2013, 1586 (1588). Der BFH als Revisionsgericht stellte indes fest, dass das vorinstanzliche Urteil bereits aus verfahrensrechtlichen Gründen aufzuheben war. Denn das FG hatte eine notwendige Beiladung unterlassen. Zudem stellte der BFH fest, dass das Urteil auch aus anderen Gründen aufzuheben und die Sache an das FG zurückzuverweisen war. Denn der Senat konnte aufgrund der bisherigen Feststellungen durch das FG nicht zuverlässig beurteilen, ob die Klägerin im Zeitpunkt der Klageerhebung überhaupt (noch) klagebefugt war. Nach bisherigen Feststellungen war die Klägerin auf eine GmbH & Co. KG angewachsen und diese wurde ihrerseits auf eine andere GmbH & Co. KG verschmolzen. Daher müsste die Klägerin bereits im Zeitpunkt der Einspruchseinlegung und der Klageerhebung vollbeendet gewesen sein. Dem FG wurde damit aufgetragen der Tatsache der Vollbeendigung der Personengesellschaft sowie dem konkreten Zeitpunkt der Vollbeendigung im zweiten Rechtsgang nachzugehen. Ferner wies der BFH darauf hin, dass das FG im zweiten Rechtsgang ebenso zu prüfen habe, ob der Gewinnfeststellungsbescheid und die Einspruchsentscheidung dem richtigen Inhaltsadressaten und / oder Bekanntgabeadressaten bekanntgegeben worden ist.

776 Aus jüngerer Zeit BFH, Urteil vom 4.9.2014 - IV R 44/13, BFH/NV 2015, 209 ff. Vorgehend FG Baden-Württemberg, Urteil vom 21.8.2013 - 4 K 1882/08, EFG 2014, 332 ff. Im Streitfall wurden das Unterlassen einer notwendigen Beiladung sowie die Verletzung von materiellem Recht durch die Kläger gerügt. Die Revision führte zu einer Aufhebung der Vorentscheidung und zur Zurückverweisung der Sache an das FG. Der BFH entschied, dass der ausgeschiedene Gesellschafter nach § 48 Abs. 1 Nr. 3 FGO selbst klagebefugt war. Daher wäre er auch notwendig nach § 60 Abs. 3 FGO beizuladen gewesen.

777 So auch im Streitfall der vorherigen Note. FG Baden-Württemberg, Urteil vom 21.8.2013 - 4 K 1882/08, EFG 2014, 332 ff.

778 Dazu *Seer*, in Tipke/Lang, Steuerrecht^{22}, 2015, § 22 Rz. 238.

das Finanzgericht wird den Verfahrensfehler nicht erkannt haben. Sonst hätte es diesen Fehler nicht begangen.

Liegen die Voraussetzungen für eine Verfahrensrevision nach § 115 Abs. 2 Nr. 3 FGO vor, kann der Betroffene diese auch geltend machen. Damit kann der Betroffene auch den Verfahrensmangel einer fehlerhaften Beurteilung der Klagebefugnis durch ein Finanzgericht vor dem Bundesfinanzhof überprüfen lassen.

Für den Betroffenen wird der Rechtsschutz nach Art. 19 Abs. 4 GG durch eine Revision gerade nicht eingeschränkt. Vielmehr erweist sich die Revision in vielen Streitfällen als Rettungsanker[779]. Denn durch sie werden Verfahrensfehler erst aufgedeckt oder korrigiert. Im geltenden Verfahrensrecht der Personengesellschaft und ihrer Gesellschafter ist das Revisionsverfahren daher nicht hinwegzudenken. Ohne den stützenden Eckpfeiler des Revisionsverfahrens würden viele Verfahrensfehler niemals auffallen. Insbesondere in den Fällen einer fehlerhaften Beurteilung der Klagebefugnis würde damit der Rechtsschutz der Betroffenen vereitelt.

VII. Ergebnis

Die Vorschriften der § 352 AO und § 48 FGO sind mit Art. 19 Abs. 4 GG vereinbar. Indes ist fraglich, ob beide Normen mit dem Bestimmtheitsgebot in Einklang stehen. Denn beide Vorschriften sind für den Rechtsanwender viel zu komplex. Insbesondere sind die Bezugnahmen auf andere Vorschriften, vornehmlich § 183 AO, viel zu kompliziert. Die Vorschrift des § 60 Abs. 3 FGO wird allein durch das Wechselspiel mit der Klagebefugnis problemanfällig. Denn eine notwendige Beiladung wird nur erfolgen, wenn zunächst die Klagebefugnis festgestellt worden ist.

Praktische Konsequenz der unübersichtlichen Regelungen von § 352 AO und § 48 FGO sind Unklarheiten bei der Klagebefugnis, welche letztendlich den effektiven Rechtsschutz des betroffenen Steuerpflichtigen gefährden[780]. Die Verfahrensfragen sind so schwierig, dass sie oftmals erst im Revisionsverfahren durch den Bundesfinanzhof „durch Zufall" aufgedeckt werden. Unklarheiten bei der Beurteilung der Einspruchs- und Klagebefugnis als wohl wichtigste

779 Die enorme Praxisrelevanz der Revision kommt auch in den mannigfaltigen Beiträgen aus jüngerer Zeit zum Ausdruck. Siehe nur *Rüsken/Bleschick*, DStR Beihefter 2015, 47 ff. sowie *Pickenpack*, Rechtsschutz bei Verletzung von Verfahrensgrundrechten und bei Untätigkeit der Gerichte, 2012, passim.

780 *Brandis*, in Tipke/Kruse, § 48 FGO Tz. 3 (Okt. 2013); *Steinhauff*, in Hübschmann/Hepp/Spitaler, AO/FGO, § 48 FGO Rz. 4 (März 2012).

Sachentscheidungsvoraussetzung gefährden den effektiven Rechtsschutz der betroffenen Steuerpflichtigen. Es besteht insoweit Handlungsbedarf.

Daher sollen im folgenden Teil Lösungsmöglichkeiten aufgezeigt werden, um das formelle und das materielle Recht der Personengesellschaft in Steuerverfahren besser aufeinander abzustimmen.

Vierter Teil

Lösungsansätze zur besseren Abstimmung von materiellem Recht und Steuerverfahrensrecht bei Personengesellschaften

§ 11 Grundlegung: Verhältnis materielles Recht und Verfahrensrecht

Zur Beantwortung der Frage, wie die unzureichende Abstimmung des materiellen Rechts mit dem Verfahrensrecht bei Personengesellschaften im Steuerrecht bestmöglich aufzulösen ist, bedarf es zunächst einer grundlegenden Erörterung, in welchem allgemeinen Verhältnis das materielle Recht und das Verfahrensrecht zueinander stehen. Erst nach dieser Bestandsaufnahme können Überlegungen angestellt werden, inwieweit im Steuerrecht der Widerspruch zwischen formellem und materiellem Recht hinsichtlich der Personengesellschaft aufgelöst werden kann. Ausgangspunkt wird daher zunächst sein, den allgemeinen Stellenwert des Verwaltungsverfahrens herauszuarbeiten, um sodann das Verhältnis von Verfahrensrecht und materiellem Recht im Steuerrecht zu bestimmen.

I. Das Verhältnis von Verfahrensrecht und materiellem Recht im allgemeinen Verwaltungsrecht – zum Stellenwert des Verwaltungsverfahrens

1. Zur traditionellen Vorstellung einer dienenden Funktion

Im deutschen Recht überwiegt traditionell die Vorstellung von einer „dienenden Funktion" des Verwaltungsverfahrens[781]. Eine solche Funktionszuweisung findet sich ebenso in ausländischen Rechtsordnungen[782]. Das Bundesverfassungsgericht umschreibt den dienenden Charakter des Verfahrens wie folgt:

---

781 Eingehend aus jüngerer Zeit *Quabeck*, Dienende Funktion des Verwaltungsverfahrens und Prozeduralisierung, 2010, passim. Verwendet wurde der Begriff der „dienenden Funktion" erstmals – soweit ersichtlich – von *Groschupf*, DVBl. 1962, 627 (630): „Das Verfahrensrecht ist nicht das Recht selbst, es soll nur eine Entscheidung über das materielle Recht ermöglichen, hat also eine dem materiellen Recht gegenüber dienende Funktion".

782 *Schmidt-Aßmann*, in Grundlagen des Verwaltungsrechts, Bd. II², 2012, § 27 Rz. 64; *Ladenburger*, Verfahrensfehlerfolgen im französischen und im deutschen Verwaltungsrecht, 1999, S. 156 ff., 290 ff., 320–325. Zudem *Fehling*, in VVDStRL 70 (2011), S. 278 (286) Fn. 25 der allerdings betont, dass sich im Ausland eher seltener Vergleichbares finden ließe.

> „Mit dieser Wesensbestimmung wird im Allgemeinen zum Ausdruck gebracht, dass das Verwaltungsverfahrensrecht kein „Wert an sich" sei, sondern zum Erlass materiell rechtmäßiger und zweckmäßiger Verwaltungsakte beitragen soll"[783].

2. Qualifikation, Funktion und Wirkung

a) Zur Sichtweise im Schrifttum

Im Schrifttum wird die dienende Funktion dergestalt charakterisiert, dass das Verfahrensrecht den Weg und das materielle Recht das Ziel behördlichen Handelns darstellt[784]. Die Umschreibung, dass das Verwaltungsverfahren der richtigen Anwendung des materiellen Rechts „dienen" soll, kann positiv oder negativ für den Stellenwert des Verfahrensrechts ausgelegt werden[785]. Gleichwohl wird mit dem Begriff der „dienenden Funktion" tendenziell eine Abwertung des

---

783 BVerfG, Beschluss vom 20.2.2002 – 1 BvL 19/97, 1 BvL 20/97, 1 BvL 21/97, 1 BvL 11/98, BVerfGE 105, 48 (60) – zum Sozialrecht.

784 *Jochum*, Verwaltungsverfahrensrecht und Verwaltungsprozeßrecht, 2004, S. 83 mit Verweis auf *Merkl*, Allgemeines Verwaltungsrecht, Berlin 1927, S. 213 ff. Ferner *Schmidt-Aßmann*, Grundlagen des Verwaltungsrechts, Bd. II[2], 2012, § 27 Rz. 64.

785 Ebenso *Quabeck*, Dienende Funktion des Verwaltungsverfahrens und Prozeduralisierung, 2010, S. 8; *Burgi*, DVBl. 2011, 1317; *Haug/Schadtle*, NVwZ 2014, 271 (272). Eingehend dazu *Burgi/Durner*, Modernisierung des Verwaltungsverfahrensrechts, 2011, passim.

Verfahrensrechts gegenüber dem materiellen Recht verbunden[786]. Das Verfahrensrecht wird in Folge dessen als nachrangiges Recht angesehen[787].

b) *Zur Sichtweise des Gesetzgebers*

aa) *Das Musterbeispiel § 46 VwVfG*

Die dienende Funktion des Verwaltungsverfahrens kommt vor allem in der Vorschrift § 46 VwVfG zum Ausdruck[788], welche die deutsche „Verfahrensphilosophie" am deutlichsten zu erkennen gibt[789]. Hiernach soll ein Verfahrensfehler rechtlich folgenlos bleiben, wenn offensichtlich ist, dass die Verletzung die

---

786 Dazu *Schmidt-Aßmann*, Grundlagen des Verwaltungsrechts, Bd. II[2], 2012, § 27 Rz. 64; *ders.*, NVwZ 2007, 40 (41); *Gurlit*, in VVDStRL 70 (2011), S. 227 (238); *Fehling*, in VVDStRL 70 (2011), S. 278 (286) Fn. 27; *Schneider*, Grundlagen des Verwaltungsrechts, Bd. II[2], 2012, § 28 Rz. 1; *Quabeck*, Dienende Funktion des Verwaltungsverfahrens und Prozeduralisierung, 2010, S. 5 f.; *Burgi*, DVBl. 2011, 1317. Zudem *Wolff*, in Festschrift Scholz, 2007, S. 977 (979 ff.); *Hufen*, Fehler im Verwaltungsverfahren[5], 2013, Rz. 924; *Hill*, Das fehlerhafte Verfahren und seine Folgen im Verwaltungsrecht, 1986, S. 221; *Ladenburger*, Verfahrensfehlerfolgen im französischen und im deutschen Verwaltungsrecht, 1999, S. 302 f. Eine abwertende Betrachtung ist z.B. in BVerwG, Urteil vom 29.4.1993 – 7 A 2/92, BVerwGE 92, 258 (261) zu erblicken: „Verfahrensbeteiligungen erfüllen keinen Selbstzweck; sie haben, wie das Verfahren insgesamt, grundsätzlich dienende Funktion gegenüber dem Verfahrensziel". Wohl auch *Seibert*, in Festschrift Zeidler, 1987, S. 469 (471): „[…] das Verwaltungsverfahren nicht Selbstzweck, kein Wert an sich, sondern ausschließlich Mittel zum Zweck, nämlich der Herstellung richtiger Verwaltungsentscheidungen […]".

787 Dazu *Schmidt-Aßmann*, in Grundlagen des Verwaltungsrechts, Bd. II[2], 2012, § 27 Rz. 64; *ders.*, NVwZ 2007, 40 (41); *ders.*, Das allgemeine Verwaltungsrecht als Ordnungsidee[2], 2006, 6. Kap. Rz. 46; *Quabeck*, Dienende Funktion des Verwaltungsverfahrens und Prozeduralisierung, 2010, S. 35; *Burgi*, DVBl. 2011, 1317; *Dolde*, NVwZ 2006, 857 (858); *Schmidt-Preuß*, NVwZ 2005, 489 (490); *Groschupf*, DVBl. 1962, 627 (630); *Möllers*, in Allgemeines Verwaltungsrecht – zur Tragfähigkeit eines Konzepts, S. 489 (496). Zudem *von Mutius*, NJW 1982, 2150 (2156): „Annex- oder Komplementärcharakter"; *Maurer*, Allgemeines Verwaltungsrecht[18], 2011, § 19 Rz. 8: „Insofern hat es – wie jedes andere staatliche Verfahren – nur *Hilfsfunktion*."

788 *Schmidt-Aßmann*, in Grundlagen des Verwaltungsrechts, Bd. II[2], 2012, § 27 Rz. 64; *ders.*, NVwZ 2007, 40 (41); *Burgi*, DVBl. 2011, 1317 (1318, 1319 ff.); *Ossenbühl*, NVwZ 1982, 465 (471); *Gurlit*, in VVDStRL 70 (2011), S. 227 (230); *Ziekow*, NVwZ 2005, 263. Treffend *Quabeck*, Dienende Funktion des Verwaltungsverfahrens und Prozeduralisierung, 2010, S. 73: „prominenteste Erscheinungsform des Konzepts der nur dienenden Funktion des Verfahrens".

789 *Schmidt-Aßmann*, NVwZ 2005, 40 (41).

Entscheidung in der Sache nicht beeinflusst hat. Die Konsequenz ist damit eine Relativierung der Bedeutung des Verfahrensrechts[790]. In einem Gesetzesentwurf zum Verwaltungsverfahrensgesetz, welcher regelrecht das „Negativimage"[791] des Verfahrensrechts provoziert, heißt es ausdrücklich:

> „Andererseits sollen Verfahrens- und Formvorschriften überwiegend das Verfahren nur im Interesse einer richtigen Sachentscheidung in bestimmte Bahnen und Formen zwingen, haben mithin gegenüber dem materiellen Recht *nur* eine dienende Funktion"[792]. [Hervorhebung durch die Verfasserin]

bb) Kritik an der gesetzgeberischen Sichtweise

Die gesetzgeberische Sichtweise vom Stellenwert des Verfahrens sowie die Fehlerfolgenregelung des § 46 VwVfG im Allgemeinen haben im Schrifttum scharfe Kritik erfahren[793]. Auch das jüngere Schrifttum kritisiert das nachrangige Verständnis des Verfahrensrechts[794] und weist vornehmlich auf die „Europäisierung des Öffentlichen Rechts"[795] und damit auch auf die Stärkung des Verfahrensgedankens hin[796].

---

790 *Wahl*, in VVDStRL 41 (1983), S. 151 (176); *Kopp/Ramsauer*, VwVfG[15], 2014, § 46 Rz. 5; *von Mutius*, in Festschrift Menger, 1985, S. 575 (582); *Haug/Schadtle*, NVwZ 2014, 271 (274).

791 Treffende Bezeichnung von *Schmidt-Preuß*, NVwZ 2005, 489 (490).

792 Siehe die Begründung zum Entwurf eines Verwaltungsverfahrensgesetzes, BT-Drucks. 7/910, 65 (zu §§ 41, 42).

793 Siehe nur *Erichsen*, DVBl. 1978, 569 (577): „Selbstmordversuch des Gesetzes" sowie *Rupp*, in Festschrift Bachof, 1984, S. 151 (159): „dem ganzen Verwaltungsverfahrensgesetz seine Relevanz nimmt". Ferner kritisch *Hill*, Das fehlerhafte Verfahren und seine Folgen im Verwaltungsrecht, 1986, S. 202 f.

794 Siehe nur *Schmidt-Aßmann*, NVwZ 2007, 40 (44): „Die Vorstellung einer (nur) dienenden Funktion des Verfahrensrechts wird dem Effizienzgedanken nicht gerecht, weil sie Ressourcen verspielt". Ferner *Quabeck*, Dienende Funktion des Verwaltungsverfahrens und Prozeduralisierung, 2010, S. 284. Insbesondere zum Umweltrecht *Greim*, Rechtsschutz bei Verfahrensfehlern im Umweltrecht, 2013, S. 26 ff.

795 *Quabeck*, Dienende Funktion des Verwaltungsverfahrens und Prozeduralisierung, 2010, S. 2.

796 *Quabeck*, Dienende Funktion des Verwaltungsverfahrens und Prozeduralisierung, 2010, S. 116 ff., 267 ff.; *Schmidt-Aßmann*, NVwZ 2007, 40 (42); betreffend das Umweltrecht *Greim*, Rechtsschutz bei Verfahrensfehlern im Umweltrecht, 2013, S. 29 f.

Zu Recht muss die Bedeutung des Verfahrensrechts gestärkt werden. Obgleich das Verfahrensrecht dem materiellen Recht „dient", indem es dieses verwirklicht[797], besitzt es zugleich einen beachtlichen Eigenwert[798]. Denn die „dienende Funktion" ist nicht die einzige Aufgabe des Verfahrensrechts. Dienende Funktion und Eigenwert sind keine Gegenpole[799], vielmehr bildlich gesprochen die „zwei Seiten einer Medaille"[800].

Darum darf die dienende Funktion des Verfahrensrechts nicht mit einer Geringwertigkeit oder gar mit einer Bedeutungslosigkeit gleichgesetzt werden[801]. Vielmehr soll der Begriff der „dienenden Funktion" in einem positiven Sinne verstanden werden, der es erst ermöglicht, das materielle Recht zu verwirklichen[802]. Sowohl das Verfahrensrecht als auch das materielle Recht sind voneinander abhängig – und das in gleichrangiger Weise. Das materielle Recht ist auf das Verfahrensrecht insofern angewiesen, als dass es durch dieses umgesetzt wird. Darum ist es „verfahrensabhängig"[803]. Auch das Verfahrensrecht braucht das materielle Recht, um darauf seine Vorschriften anzuwenden.

Daher ist zusammenfassend festzustellen, dass dem Verfahrensrecht keine *nur* dienende Funktion zugesprochen werden darf. Es darf nicht als nachrangiges

---

797 *Schmidt-Preuß*, in Festschrift Maurer, 2001, S. 777 (786); *ders.*, NVwZ 2005, 489 (490); *Hill*, Das fehlerhafte Verfahren und seine Folgen im Verwaltungsrecht, 1986, S. 202.

798 *Fehling*, in VVDStRL 70 (2011), S. 278 (287); *Burgi*, DVBl. 2011, 1317 (1318).

799 *Gurlit*, in VVDStRL 70 (2011), S. 227 (234); *Fehling*, in VVDStRL 70 (2011), S. 278 (287); *Quabeck*, Dienende Funktion des Verwaltungsverfahrens und Prozeduralisierung, 2010, S. 12, 284. *Hill*, Das fehlerhafte Verfahren und seine Folgen im Verwaltungsrecht, 1986, S. 203 betont, dass Verfahren und materielles Recht zueinander in einem Verhältnis der Polarität, der gegenseitigen Ergänzung stünden.

800 *Fehling*, in VVDStRL 70 (2011), S. 278 (287).

801 *Wolff*, in Festschrift Scholz, 2007, S. 977 (979); *Fehling*, in VVDStRL 70 (2011), S. 278 (286); *Schmidt-Preuß*, NVwZ 2005, 489 (490); *Maurer*, Allgemeines Verwaltungsrecht[18], 2011, § 19 Rz. 8; *Jochum*, Verwaltungsverfahrensrecht und Verwaltungsprozeßrecht, 2004, S. 83; *Wollenschläger*, Verteilungsverfahren, 2010, S. 694; *Greim*, Rechtsschutz bei Verfahrensfehlern im Umweltrecht, 2013, S. 28.

802 *Quabeck*, Dienende Funktion des Verwaltungsverfahrens und Prozeduralisierung, 2010, S. 11 ff., 285 verweist vornehmlich auf das im anglo-amerikanischen Recht geltende positive Verständnis der dienenden Funktion im Verwaltungsrecht und wendet dieses auch auf das deutsche Verständnis an. Ferner *Hill*, Das fehlerhafte Verfahren und seine Folgen im Verwaltungsrecht, 1986, S. 202.

803 *Hill*, Das fehlerhafte Verfahren und seine Folgen im Verwaltungsrecht, 1986, S. 202; *Wahl*, VVDStRL 41 (1983), S. 151 (153).

Recht degradiert werden. Verfahrensrecht und materielles Recht müssen gleichrangig nebeneinander stehen.

II. Das Verhältnis von Verfahrensrecht und materiellem Recht im Steuerrecht

Während es für das Verhältnis zwischen allgemeinem Verwaltungsverfahrensrecht und materiellem Verwaltungsrecht mannigfaltige Äußerungen im Schrifttum gibt[804], ist für das Steuerrecht zu diesem Problemkreis im Schrifttum kaum etwas ersichtlich[805].

Während im allgemeinen Verwaltungsrecht für das Verhältnis zwischen formellen und materiellen Recht das Verwaltungsverfahrensgesetz eine bedeutsame Rolle einnimmt, existiert für den Bereich des Steuerrechts die Abgabenordnung[806]. Daher ist herauszuarbeiten, welcher Stellenwert der Abgabenordnung im Verhältnis zu den materiellen Steuergesetzen zugesprochen wird.

1. Zur Vorschrift § 127 AO

Im Verwaltungsverfahren offenbart sich das traditionelle Verständnis von einer nur dienenden Funktion des Verwaltungsverfahrens vornehmlich in § 46 VwVfG[807]. Im Steuerrecht existiert eine ähnliche Regelung in § 127 AO[808]. Hiernach soll ein Verfahrensfehler rechtlich folgenlos bleiben, wenn keine andere Entscheidung in der Sache hätte getroffen werden können.

Auch diese steuerrechtliche Unbeachtlichkeitsregelung ist im Schrifttum nicht unumstritten, weil sie die Bedeutung des Verfahrensrechts offensichtlich relativiert[809]. Vor allem wird kritisiert, dass eine solche Fehlerfolgenregelung

---

804 Siehe nur die vorherigen Ausführungen.

805 Dazu die treffende Feststellung von *Seer* zur Eröffnung der Jahrestagung der DStJG in, DStJG 31 (2008), S. 1: „Im Vordergrund standen bisher *materiell-rechtliche* Themen des (...) Steuerrechts. Unter den Generalthemen sucht man jedoch vergebens nach dem Steuer*verfahren*".

806 Indes findet sich in der Abgabenordnung nicht nur reines Verfahrensrecht, sondern gleichermaßen materiell-rechtliche Vorschriften. Kritisch hierzu *Drüen*, in: Zukunftsfragen des deutschen Steuerrechts, 2009, S. 1 (7) Fn. 46 mit Verweis auf *Schön*, StuW 2002, 23 (26): „unglücklichster Aufbau".

807 Dazu oben § 10 I. 2. b).

808 Allerdings in der heutigen Fassung mit textlicher Abweichung. Eine weitere Parallelregelung stellt im Sozialrecht § 42 SGB X dar.

809 *Rozek*, in Hübschmann/Hepp/Spitaler, AO/FGO, § 127 AO Rz. 4 (Nov. 2013); *Seer*, in Tipke/Kruse, AO/FGO, § 127 AO Tz. 1 (Okt. 2015).

die Finanzbehörde in der Praxis dazu verleiten könnte, Verfahrensvorschriften mehr oder weniger zu vernachlässigen bzw. gar auf sie zu verzichten[810]. Daher wird angemahnt, dass die Vorschrift „keinen Freibrief"[811] dafür erteilen möchte, die geltenden Verfahrensvorschriften als unbeachtlich anzusehen[812].

2. Zum Stellenwert des Verfahrensrechts im Schrifttum

Obgleich dem Verfahrensrecht im Rangverhältnis zum materiellen Recht nicht nach aller Ansicht allzu große Bedeutung zukommt[813], fällt auf, dass die steuerrechtliche Kommentarliteratur[814] sowie das überwiegende Schrifttum[815] dem Verfahrensrecht durchweg einen sehr positiven Stellenwert beimessen.

Ausdrücklich wird betont, dass das Verfahrensrecht weder ein Störfaktor sei[816] noch das es als untergeordnetes oder gar minderwertiges Recht anzusehen sei[817].

---

810 Dazu *Tipke*, StuW 2004, 3 (6); *Seer*, in Tipke/Kruse, AO/FGO, § 127 AO Tz. 2 (Okt. 2015); *Rozek*, in Hübschmann/Hepp/Spitaler, AO/FGO, § 127 AO Rz. 4 (Nov. 2013); *Schöbener*, Verw 33 (2000), S. 447 (450 f.); *Bonk*, NVwZ 1997, 320 (326): „laxer Umgang mit Verfahrens- und Formvorschriften".

811 So die Bezeichnung von *Seer*, in Tipke/Kruse, AO/FGO, § 127 AO Tz. 2 (Okt. 2015) und *Rozek*, in Hübschmann/Hepp/Spitaler, AO/FGO, § 127 AO Rz. 4 (Nov. 2013).

812 Dazu *Seer*, in Tipke/Kruse, AO/FGO, § 127 AO Tz. 2 (Okt. 2015); *Rozek*, in Hübschmann/Hepp/Spitaler, AO/FGO, § 127 AO Rz. 4 (Nov. 2013).

813 Abwertend betreffend sog. Zebragesellschaften *Reiß*, in Kirchhof, EStG[8], 2008, § 15 Rn. 467: „Allenfalls hat sich das Verfahrensrecht wegen seiner dienenden Rolle dem materiellen Recht anzupassen, nicht umgekehrt"; *ders.*, Stbg 1999, 356 (362): „Das Verfahrensrecht hat der materiellen Rechtslage Rechnung zu tragen". Ferner *Dürrschmidt/Friedrich-Vache*, DStR 2005, 1515: „Entsprechend dem lediglich „dienenden" Charakter des Verfahrensrechts […]". Auch *Kruse*, StuW 2004, 3 weist darauf hin, dass die Meinungen über Bedeutung und Wert des Verfahrensrechts auseinandergingen.

814 Siehe nur *Seer*, in Tipke/Kruse, AO/FGO, § 127 AO Tz. 1 f. (Okt. 2015); *Rozek*, in Hübschmann/Hepp/Spitaler, AO/FGO, § 127 AO Rz. 4 (Nov. 2013).

815 *Tipke*, StuW 2004, 3 (4, 21 f.); *von Groll*, FR 2007, 540 ff.; *ders.*, Gedächtnisschrift Trzaskalik, 2005, S. 19 (21); *Leyh*, in Festschrift zum 10jährigen Bestehen der Fachhochschule für Finanzen Nordrhein-Westfalen in Nordkirchen, 1986, S. 151 (157). Ferner *Drüen*, in: Zukunftsfragen des deutschen Steuerrechts, 2009, S. 1 (32): „Das Steuerverfahren ist das Rückgrat des rechtsstaatlichen Steuerstaates"; *ders.*, DStJG 31 (2008), S. 167. Ebenfalls eindringlich *Seer*, DStJG 31 (2008), S. 1 (2): „Die Bedeutung des Verfahrens […] ist jedoch nicht zu unterschätzen".

816 *Seer*, in Tipke/Kruse, AO/FGO, § 127 AO Tz. 2 (Okt. 2015).

817 *Tipke*, StuW 2004, 3 (4); *Drüen*, in: Zukunftsfragen des deutschen Steuerrechts, 2009, S. 1 (7): „kein nachrangiger Annex des materiellen Rechts"; *ders.*, DStJG 31 (2008), S. 167; *ders.*, in Festschrift Kruse, 2001, S. 191 (205).

Vielmehr wird propagiert, dass materielles Recht und Verfahrensrecht aufeinander bezogen seien und sich entsprechen müssen[818]. Beide Rechtskomplexe sind notwendig aufeinander angewiesen – das materielle Recht kann nur durch das Verfahrensrecht umgesetzt werden und das Verfahrensrecht muss seine Vorschriften auf das materielle Recht anwenden[819].

Die Vorschrift des § 127 AO soll allein einen „verfahrensrechtlichen Leerlauf"[820] vermeiden, indem ein Verwaltungsakt nicht mehr aufgehoben werden kann, wenn trotz Verletzung von formellen Recht in der Sache zutreffend entschieden worden ist[821].

In Teilen der Literatur wird allerdings auch angemerkt, dass versucht werden müsse, Verfahrensnormen dergestalt zu interpretieren, dass das materielle Recht möglichst weitgehend umgesetzt würde[822]. Das Verfahrensrecht solle dieser Ansicht zufolge nicht losgelöst vom materiellen Recht ausgelegt werden[823]. Aus diesen Äußerungen wird deutlich, dass Teile des Schrifttums dem materiellen Recht einen klaren Vorrang geben wollen, da Bezugspunkt offensichtlich das materielle Recht sein soll[824]. Eine offensichtliche Abwertung des Verfahrensrechts ist hieraus indes nicht abzuleiten.

---

818 *Drüen*, in: Zukunftsfragen des deutschen Steuerrechts, 2009, S. 1 (7): „Konnex von materiellem Steuergesetz und Verfahrensrecht"; *ders.*, DStJG 31 (2008), S. 167; *Seer*, DStJG 31 (2008), S. 1 (2); *Tipke*, StuW 2004, 3 (21). *Von Groll*, FR 2007, 540 (543) spricht davon, dass beide Rechtskomplexe „nur in ihrer vielfältigen Wechselwirkung wirklich zu begreifen und überzeugend zu handhaben sind"; *ders.*, in Festschrift Raupach, 2006, S. 131 (138). Zudem *Leyh*, in Festschrift zum 10jährigen Bestehen der Fachhochschule für Finanzen Nordrhein-Westfalen in Nordkirchen, 1986, S. 151 (157): „Verfahrensrecht [...] mit dem materiellen Recht existentiell verknüpft" sowie „Wechselwirkungen".

819 Ausdrücklich *Tipke*, StuW 2004, 3 (4), der feststellt, dass das Verfahrensrecht die Aufgabe habe, die faktische Umsetzung des materiellen Rechts zu ermöglichen, damit dieses nicht „papierenes Recht" bleibe.

820 *Seer*, in Tipke/Kruse, AO/FGO, § 127 AO Tz. 1 (Okt. 2015). Zudem *Rozek*, in Hübschmann/Hepp/Spitaler, AO/FGO, § 127 AO Rz. 3 (Nov. 2013): „Verfahrensleerlauf".

821 Dazu *Seer*, in Tipke/Kruse, AO/FGO, § 127 AO Tz. 1 (Okt. 2015); *Rozek*, in Hübschmann/Hepp/Spitaler, AO/FGO, § 127 AO Rz. 3 (Nov. 2013).

822 *Steinhauff*, in Hübschmann/Hepp/Spitaler, AO/FGO, § 48 FGO Rz. 62 (März 2012).

823 *Steinhauff*, in Hübschmann/Hepp/Spitaler, AO/FGO, § 48 FGO Rz. 62 (März 2012).

824 Dazu *Steinhauff*, in Hübschmann/Hepp/Spitaler, AO/FGO, § 48 FGO Rz. 18 Fn. 2 (März 2012) mit der Aussage: „[...] den völlig zutr. Grundsatz bekräftigt, das Verfahrensrecht habe der materiellen Rechtslage Rechnung zu tragen".

Im Verfahrensrecht selber nimmt das Feststellungsverfahren im Hinblick auf das Festsetzungsverfahren eine dienende Rolle ein[825]. Freilich ist hierin keine Abwertung des Feststellungsverfahrens an sich zu sehen.

3. Zum Stellenwert des Verfahrensrechts in der Rechtsprechung

Gleichermaßen hat das Bundesverfassungsgericht die Verknüpfung von materiellem Recht und steuerlichem Verfahrensrecht und damit auch die Bedeutung des Verfahrens in den Entscheidungen zur „Zinsbesteuerung"[826] und zur „Spekulationsgewinnbesteuerung"[827] hervorgehoben[828]:

> „*Zusammen mit dem materiellen Recht* steht das Verfahrensrecht im Dienst der gleichmäßigen Erfassung der wirtschaftlichen Leistungsfähigkeit des Steuerpflichtigen"[829]. [Hervorhebung durch die Verfasserin]

4. Zwischenergebnis

Die dienende Funktion des Verwaltungsverfahrens wird im steuerrechtlichen Schrifttum sowie in der Rechtsprechung des Bundesverfassungsgerichts zu Recht im positiven Sinne ausgelegt. Das Verfahren genießt damit im Steuerrecht einen Stellenwert, der seiner herausragenden Bedeutung gerecht wird.

III. Ergebnis

Durch die vorherigen Erörterungen zum Stellungwert des Verfahrens steht fest, dass das Verfahrensrecht neben dem materiellen Recht insgesamt stärker herangezogen werden muss. Materielles Recht und formelles Recht sind gleichrangiges Recht. Dem materiellen Recht kommt kein Vorrang zu.

---

825 Siehe Begründung zu § 162 EAO BT-Drucks VI/1982, 157. Ferner BFH, Urteil vom 13.7.1999 – VIII R 76/97, BStBl. II 1999, 747 (749); BFH, Urteil vom 31.10.2000 – VIII R 14/00, BStBl. II 2001, 156 (158); BFH, Urteil vom 12.6.2002 – XI R 26/01, BStBl. II 2002, 681 (682). Zudem *Kunz*, in Beermann/Gosch, AO/FGO, § 179 AO Rz. 3 (Aug. 2003); *Söhn*, in Hübschmann/Hepp/Spitaler, AO/FGO, § 179 AO Rz. 50 (Nov. 2010); *Brandis*, in Tipke/Kruse, AO/FGO, § 181 AO Tz. 19 (Aug. 2014); *Ratschow*, in Klein, AO[12], 2014, § 179 Rz. 2.

826 BVerfG, Urteil vom 27.6.1991 – 2 BvR 1493/89, BVerfGE 84, 239.

827 BVerfG, Urteil vom 9.3.2004 – 2 BvL 17/02, BVerfGE 110, 94 (115).

828 Siehe betreffend die Zinsbesteuerung *Tipke*, StuW 2004, 3 (21).

829 BVerfG, Urteil vom 9.3.2004 – 2 BvL 17/02, BVerfGE 110, 94 (115).

Für die Personengesellschaft in Steuerverfahren wurde bereits attestiert, dass formelles und materielles Recht nicht optimal aufeinander abgestimmt sind[830]. Beide Rechtsgebiete harmonisieren nicht. Daher besteht eine Passungenauigkeit.

Fraglich wird damit sein, welcher Rechtskomplex sich anzupassen hat. Sowohl das Verfahrensrecht als auch das materielle Recht können abgeändert werden, um sich dem jeweils anderen Rechtskomplex anzugleichen. Beide Rechtskomplexe können daher als Maßstab herangezogen werden. Im Folgenden wird aufgezeigt, ob überhaupt noch Widersprüche bestehen, wenn vornehmlich das materielle Recht der Personengesellschaften zurückgeschnitten wird. Abhilfemöglichkeiten können sowohl durch eine Auslegung als auch durch eine gesetzliche Regelung geschaffen werden.

830 Dazu oben § 8.

§ 12 Möglichkeiten und Grenzen interpretativer Abstimmung

I. Allgemeine Auslegung von Steuergesetzen

Weder in der Abgabenordnung noch in den Einzelsteuergesetzen finden sich gegenwärtig Vorgaben nach welcher Methode die Steuergesetze auszulegen sind[831]. Der deutsche Steuergesetzgeber hat bewusst keine eigenständigen Auslegungsregeln kodifiziert[832]. Die Reichsabgabenordnung aus dem Jahr 1919, welche durch *Enno Becker* geschaffen wurde, enthielt indes in § 4 eine Regelung betreffend die Auslegung von Steuergesetzen[833]. Auch der Entwurf eines Bundessteuergesetzbuches aus dem Jahr 2011, welcher durch *Paul Kirchhof* geschaffen wurde, enthält in § 10 eine Regelung betreffend die Auslegung von Steuergesetzen[834]. Mangels Auslegungsvorschriften im gegenwärtigen Steuerrecht muss auf die allgemeine juristische Methodenlehre zurückgegriffen werden[835].

---

831 *Englisch*, in Tipke/Lang, Steuerrecht[22], 2015, § 5 Rz. 55; *Gersch*, in Klein, AO[12], 2014, § 4 AO Rz. 23; *Drüen*, in Tipke/Kruse, AO/FGO, § 4 AO Tz. 200 (Mai 2015).

832 *Koenig*, in Koenig, AO[3], 2014, § 4 AO Rz. 85; *Drüen*, in Tipke/Kruse, AO/FGO, § 4 AO Tz. 200 (Mai 2015). Siehe nur die Gesetzesbegründung zu dem Entwurf einer Abgabenordnung BT-Drucks. 7/4292, 15 zu § 4: „Der Ausschuß hält den im Entwurf vorgesehenen Absatz 2, der einige wichtige Auslegungsregeln zusammenfaßt, für entbehrlich und hat ihn deshalb gestrichen. Das bedeutet jedoch nicht, daß diese Auslegungsregeln zukünftig nicht mehr gelten sollen. Der Ausschuß ist vielmehr der Auffassung, daß es sich hier um allgemein geltende Auslegungsregeln handelt, die im Steuerrecht ebensowenig der Kodifikation bedürfen wie im übrigen Recht".

833 *Tipke*, Die Steuerrechtsordnung, Bd. III[2], 2012, S. 1597 mit Abdruck der Vorschrift des § 4 RAO 1919: „Bei der Auslegung der Steuergesetze sind ihr Zweck, ihre wirtschaftliche Bedeutung und die Entwicklung der Verhältnisse zu berücksichtigen". Dazu näher *Cordes*, Untersuchungen über Grundlagen, 1971, S. 46 ff.

834 *Kirchhof*, Bundessteuergesetzbuch, 2011, S. 185. Die Vorschrift des § 10 Bundessteuergesetzbuch lautet: „Das Bundessteuergesetzbuch ist so auszulegen, dass alle Steuerpflichtigen nach dem Belastungsgrund der Steuer gleichheitsgerecht besteuert werden. Der vom Steuerpflichtigen verwirklichte Sachverhalt ist in einer vom Maßstab des Steuergesetzes geprägten Beurteilung zu ermitteln (steuerjuristische Betrachtungsweise)".

835 *Englisch*, in Tipke/Lang, Steuerrecht[22], 2015, § 5 Rz. 55; *Neumann*, in Beermann/Gosch, AO/FGO, § 4 AO Rz. 30 (Feb. 1997); *Crezelius*, FR 2008, 889 (894); *Bodden*, FR 2014, 1053 (1056).

1. Traditionelle Methoden zur Gesetzesauslegung

Friedrich Carl von Savigny hat den klassischen aus vier Elementen bestehenden Auslegungskanon entwickelt[836]. *Savigny* differenzierte zwischen der grammatischen, der logischen, der historischen und der systematischen Auslegung[837]. Seine Einteilung wurde durch die Zweckauslegung (teleologische Auslegung) ergänzt, welche auf *von Jhering* zurückgeht[838].

Derweilen werden die logische und die systematische Auslegung meist zusammengefasst[839], so dass die steuerrechtliche Rechtsprechung und Literatur die grammatikalische, die systematische, die teleologische sowie die historische Auslegung unterscheidet[840].

Die traditionellen Auslegungskriterien[841] schließen sich nicht gegenseitig aus, sondern ergänzen sich[842]. Eine Rangfolge der verschiedenen Auslegungskriterien besteht daher nicht[843].

---

836 *Fikentscher*, Methoden des Rechts, Bd. IV, 1977, S. 356; *Tipke*, Die Steuerrechtsordnung, Bd. III², 2012, S. 1598; *Englisch*, in Tipke/Lang, Steuerrecht²², 2015, § 5 Rz. 55.

837 *Von Savigny*, System des heutigen Römischen Rechts, Bd. I, 1840, § 33 S. 213.

838 *Fikentscher*, Methoden des Rechts, Bd. IV, 1977, S. 356; *Drüen*, in Tipke/Kruse, AO/FGO, § 4 AO Tz. 251 (Mai 2015).

839 *Fikentscher*, Methoden des Rechts, Bd. IV, 1977, S. 356; *Drüen*, in Tipke/Kruse, AO/FGO, § 4 AO Tz. 269 (Mai 2015) stellt zu Recht fest, dass es nur eine terminologische Frage sei, ob man zwischen logischen und systematischen Kriterien trenne oder die Kriterien zusammenfasse. Beides gehe ineinander über. Die von *von Savigny* vorgenommene Differenzierung zwischen logischer und systematischer Auslegung ist daher in der Rechtspraxis nicht mehr von allzu großer Bedeutung.

840 Siehe aus der Rechtsprechung jüngst BFH, Urteil vom 25.9.2013 – XI R 41/12, BStBl. II 2014, 135 (138); BFH, Urteil vom 21.10.2010 – IV R 23/08, BStBl. II 2011, 277 (280); BFH, Urteil vom 1.12.1998 – VII R 21/97, BFHE 187, 177 (181). Zudem aus der Literatur *Gersch*, in Klein, AO¹², 2014, § 4 AO Rz. 31; *Koenig*, in Koenig, AO³, 2014, § 4 AO Rz. 94. Zu einer Analyse der Methode der Rechtsprechung *Crezelius*, Steuerrechtliche Rechtsanwendung, 1983, S. 106 ff.

841 Als weitere Auslegungskriterien können genannt werden: Argumente aus der Natur der Sache, das innere System der Steuergesetze, Verkehrssitte, Ergebnisbetrachtung sowie künftige gesetzliche Regelungen. Näher dazu *Drüen*, in Tipke/Kruse, AO/FGO, § 4 AO Tz. 252, 287 ff. (Mai 2015).

842 BVerfG, Urteil vom 17.5.1960 – 2 BvL 11/59, 2 BvL 11/60, BVerfGE 11, 126 (130); BFH, Urteil vom 9.5.1967 – VII 174/65, BStBl. III 1967, 438 (439); BFH, Urteil vom 15.6.1973 – III R 118/70, BStBl. II 1973, 810 (811); *Drüen*, in Festschrift Kruse, 2001, S. 191 (208); *Koenig*, in Koenig, AO³, 2014, § 4 AO Rz. 94.

843 BFH, Urteil vom 21.10.2010 – IV R 23/08, BStBl. II 2011, 277 (280): „[…] darf sich der Richter dieser verschiedenen Auslegungsmethoden gleichzeitig und nebeneinander

Gleichwohl beginnt der Rechtsanwender üblicherweise bei der Auslegung mit der grammatikalischen Methode[844]. Ausgangspunkt zur Ermittlung des Regelungsgehalts einer Norm ist dabei stets der Wortsinn des Gesetzestextes[845]. Darunter ist die Bedeutung eines Ausdrucks oder einer Wortverbindung im allgemeinen Sprachgebrauch zu verstehen[846].

Die systematische Auslegung fragt indes danach, in welchem Zusammenhang die Rechtsnorm oder der jeweilige Begriff im Normgefüge steht[847]. Im Rahmen dieser Auslegungsmethode ist auf das äußere System des Gesetzes abzustellen[848].

Mit Hilfe der teleologischen Auslegung wird bei mehreren möglichen Auslegungen des Gesetzeswortlauts derjenigen Auslegung der Vorzug gegeben, die dem im Wortlaut des Gesetzes in seinem Sinnzusammenhang ausgedrückten

---

bedienen". Zudem *Drüen*, in Tipke/Kruse, AO/FGO, § 4 AO Tz. 255 (Mai 2015); *Gersch*, in Klein, AO[12], 2014, § 4 AO Rz. 26. Näher zur Reihen- und Rangfolge der Auslegungsmethoden *Tipke*, Die Steuerrechtsordnung, Bd. III[2], 2012, S. 1623 f. sowie *Crezelius*, Steuerrechtliche Rechtsanwendung, 1983, S. 136 ff.

844 Dazu *Tipke*, Die Steuerrechtsordnung, Bd. III[2], 2012, S. 1606 f. Ferner *Koenig*, in Koenig, AO[3], 2014, § 4 AO Rz. 95: „Sie ist Ausgangspunkt jeder Auslegung"; *Neumann*, in Beermann/Gosch, AO/FGO, § 4 AO Rz. 31 (Febr. 1997).

845 *Drüen*, in Tipke/Kruse, AO/FGO, § 4 AO Tz. 260 (Mai 2015). Zum Ganzen näher *Larenz*, Methodenlehre der Rechtswissenschaft[6], 1991, S. 320 ff. Geht die Auslegung über den möglichen Wortsinn hinaus, so handelt es sich um eine Rechtsfortbildung. Dazu näher *R. P. Schenke*, Beihefter zu DStR 2011/31, 54 ff. sowie *Geserich*, Beihefter zu DStR 2011/31, 59 ff.

846 *Larenz*, Methodenlehre der Rechtswissenschaft[6], 1991, S. 320; *Drüen*, in Tipke/Kruse, AO/FGO, § 4 AO Tz. 260 (Mai 2015).

847 BFH, Urteil vom 4.12.2014 – IV R 53/11, BFH/NV 2015, 412 (413); BFH, Urteil vom 15.4.2010 – IV R 5/08, BStBl. II 2010, 912 (916); BFH, Beschluss vom 4.12.2006 – GrS 1/05, BStBl. II 2007, 508 (515). Ferner *Drüen*, in Tipke/Kruse, AO/FGO, § 4 AO Tz. 268 (Mai 2015); *Tipke*, Die Steuerrechtsordnung, Bd. III[2], 2012, S. 1612 f.: „Verwendungszusammenhang".

848 *Tipke*, Die Steuerrechtsordnung, Bd. III[2], 2012, S. 1612 f.; *Drüen*, in Tipke/Kruse, AO/FGO, § 4 AO Tz. 272 (Mai 2015). Das äußere System des Gesetzes ist stets von dem inneren System abzugrenzen. Näher zu der Terminologie äußeres und inneres System *Tipke*, Die Steuerrechtsordnung, Bd. I[2], 2000, S. 61 ff., 67 ff.

Gesetzeszweck entspricht[849]. Der Zweck einer Steuernorm muss damit ermittelt werden[850].

Ergänzend versucht die historische Auslegung den vom Steuergesetzgeber verfolgten Zweck aus seiner Entstehungsgeschichte heraus zu ermitteln[851]. Hierbei können beispielsweise die Gesetzesbegründung sowie Stellungnahmen im Gesetzgebungsverfahren zur Motivergründung herangezogen werden[852].

2. Verfassungskonforme Auslegung

Die sog. verfassungskonforme Auslegung unterscheidet sich insofern von den üblichen Auslegungsmethoden, als dass sie über die Gültigkeit oder die Nichtigkeit einer Rechtsnorm entscheiden kann[853]. Denn entweder besteht für den Rechtsanwender die vorrangige Möglichkeit eine Norm im Einklang mit dem Grundgesetz auszulegen oder er hat diese im Wege des Normenkontrollverfahrens nach Art. 100 Abs. 1 GG dem Bundesverfassungsgericht vorzulegen. Das richterliche Instrument der verfassungskonformen Auslegung wird daher auch als eine „Reparatur des mißglückten Gesetzes“ bezeichnet[854].

Eine verfassungskonforme Auslegung kommt dann zur Anwendung, wenn unter Berücksichtigung der herkömmlichen Auslegungsmethoden (Wortlaut, Entstehungsgeschichte, Gesamtzusammenhang und Zweck) mehrere Deutungen möglich sind, die teils zu einem verfassungswidrigen, teils zu einem

---

849 BFH, Urteil vom 28.4.1970 – II 56/65, BStBl. II 1970, 597 (598); BFH, Urteil vom 7.5.1987 – IV R 150/84, BStBl. II 1987, 670 (671); BFH, Beschluss vom 28.10.1997 – VII R 4-7/97, BStBl. II 1998, 35. Zudem *Drüen*, in Tipke/Kruse, AO/FGO, § 4 AO Tz. 274 (Mai 2015).

850 Dazu *Tipke*, Die Steuerrechtsordnung, Bd. III², 2012, S. 1614 ff. Hierbei ist die Auslegung nicht am allgemeinen Gesetzeszweck, sondern am konkreten Normzweck auszurichten. Siehe hierzu näher *Schön*, DStJG 33 (2010), S. 29 (48) sowie *R. P. Schenke*, StuW 2008, 206 (209).

851 *Neumann*, in Beermann/Gosch, AO/FGO, § 4 AO Rz. 31 (Febr. 1997); *Tipke*, Die Steuerrechtsordnung, Bd. III², 2012, S. 1613; *Koenig*, in Koenig, AO³, 2014, § 4 AO Rz. 97.

852 *Neumann*, in Beermann/Gosch, AO/FGO, § 4 AO Rz. 31 (Febr. 1997).

853 *Birk*, StuW 1990, 300 bemerkt zu Recht, dass durch eine verfassungskonforme Auslegung die Alternative des „alles oder nichts“ vermieden wird.

854 *Birk*, StuW 1990, 300. *Ders.* umschreibt die verfassungskonforme Auslegung folgendermaßen: „Die verfassungskonforme Auslegung bewahrt den Geltungsanspruch der Norm, stellt aber die Sprache des Gesetzes in einen Verständniszusammenhang mit der Verfassung, indem Regelungsanordnung und Maßstab so aufeinander bezogen werden, daß eine prinzipiengeleitete Aussage entsteht“.

verfassungsgemäßen Ergebnis führen[855]. Dann ist derjenigen Auslegung der Vorzug zu geben, die mit dem Grundgesetz in Einklang steht[856].

Faktisch fungiert der Rechtsanwender damit oftmals durch die verfassungskonforme Auslegung als Korrektiv gegenüber dem Gesetzgeber[857]. Denn wäre das Gesetz eindeutig, bedürfte es keiner Auslegung[858].

Die im Steuerrecht bedeutsame „Rechtsschutz gewährende Auslegung"[859] hat letztendlich auch ihre Wurzeln in der verfassungskonformen Auslegung. Denn verfahrensrechtliche Erklärungen sollen durch das Gericht stets so ausgelegt werden, dass dem Betroffenen möglichst umfassend Rechtsschutz nach Art. 19 Abs. 4 GG gewährt werden kann[860].

Das Bundesverfassungsgericht führt hierzu aus:

> „Die Gewährleistung eines effektiven Rechtsschutzes durch Art. 19 Abs. 4 GG gebietet eine Auslegung und Anwendung der die Einlegung von Rechtsbehelfen regelnden

---

855 Ständige Rspr. BVerfG, Beschluss vom 16.12.2014 – 1 BvR 2142/11, NVwZ 2015, 510 (515); BVerfG, Beschluss vom 15.10.1996 – 1 BvL 44/92, BVerfGE 95, 64 (93); BVerfG, Beschluss vom 30.3.1993 – 1 BvR 1045/89, BVerfGE 88, 145 (166); BVerfG, Urteil vom 24.4.1985 – 2 BvF 2/83, BVerfGE 69, 1 (55); BVerfG, Beschluss vom 9.8.1978 – 2 BvR 831/76, BVerfGE 49, 148 (157).

856 Dazu *Larenz*, Methodenlehre der Rechtswissenschaft[6], 1991, S. 339 f., 344; *Voßkuhle*, AöR, 125 (2000), S. 177 (180 f.).

857 *Voßkuhle*, AöR, 125 (2000), S. 182.

858 Kritisch bemerkt *Pestalozza*, Verfassungsprozeßrecht[3], 1991, § 20 Rn. 9 Fn. 17: „Solange sie eingesetzt wird, wird der Gesetzgeber nie lernen (wollen oder müssen), gute Gesetze zu machen, die von vornherein hinreichenden Bedacht auf übergeordnetes Recht nehmen". Zur mangelnden Disziplinierung des Gesetzgebers näher *Voßkuhle*, AöR, 125 (2000), S. 189 f.

859 Zur Rechtsschutz gewährenden Auslegung: BFH, Beschluss vom 17.1.2002 – VI B 114/01, BStBl. II 2002, 306 (308); BFH, Urteil vom 27.5.2004 – IV R 48/02, BStBl. II 2004, 964 (966); BFH, Beschluss vom 8.6.2004 – XI B 46/02, BFH/NV 2004, 1417 (1418); BFH, Beschluss vom 19.7.2005 – XI B 206/04, BFH/NV 2006, 68 (69); BFH Urteil vom 29.11.2007 – IV R 81/05, BStBl. II 2008, 561 (562); BFH, Urteil vom 29.4.2008 – VIII R 75/05, BStBl. II 2008, 817 (818); BFH, Urteil vom 23.4.2009 – IV R 24/08, BFH/NV 2009, 1427; BFH, Urteil vom 19.5.2009 – VIII R 60/06, BFH/NV 2009, 1974; BFH, Urteil vom 3.2.2010 – IV R 45/07, BStBl. II 2010, 689 (690); BFH, Urteil vom 19.5.2011 – III R 74/10, BFH/NV 2011, 1705 (1706); BFH, Urteil vom 22.9.2011 – IV R 8/09, BStBl. II 2012, 183 (185); BFH, Urteil vom 19.12.2012 – IV R 41/09, BStBl. II 2013, 313 (314); BFH, Beschluss vom 30.5.2014 – I B 118/13, BFH/NV 2014, 1556 (1557); BFH, Beschluss vom 17.9.2014 – VI B 75/14, NV; BFH, Urteil vom 18.9.2014 – VI R 80/13, DStR 2014, 2343.

860 *Tipke*, Die Steuerrechtsordnung, Bd. III[2], 2012, S. 1504.

Vorschriften, die die Beschreitung des eröffneten Rechtswegs nicht in unzumutbarer, aus Sachgründen nicht mehr zu rechtfertigender Weise erschweren“[861].

Auch der Große Senat des Bundesfinanzhofs betont:

„Im Zweifel verdient diejenige Interpretation eines Gesetzes den Vorzug, die dem Bürger den Zugang zu den Gerichten eröffnet“[862].

Im Rahmen der Vorschriften des Gerichtsverfahrens sind häufig Form- und Fristenprobleme durch Auslegung zu beheben[863]. Allerdings bedürfen auch Einspruchs- und Klageschriften vermehrt einer Auslegung hinsichtlich der Rechtsbehelfsbefugnis[864]. Insgesamt sollten Einspruch und Klage nicht „an Formalien scheitern“[865]. Ein Verstoß gegen das Gebot der Rechtsschutz gewährenden Auslegung durch ein Finanzgericht kann zu einem Verfahrensfehler führen, welcher durch eine Revision nach § 115 Abs. 2 Nr. 3 FGO gerügt werden kann[866].

Der Rechtsanwender darf jedoch insgesamt bei der verfassungskonformen Auslegung nicht vergessen, dass es sich immer nur um „Auslegung“ handelt[867]. Darum ist eine verfassungskonforme Auslegung dann nicht mehr möglich, wenn sie dem Wortlaut und dem klar erkennbaren Willen des Gesetzes zuwiderläuft[868]. Denn die vorgegebenen Grenzen müssen zwingend durch den Rechtsanwender beachtet werden.

---

861 BVerfG, Beschluss vom 31.7.2001 – 1 BvR 1061/00, DVBl. 2001, 1747.

862 BFH, Großer Senat, Beschluss vom 3.9.2001 – GrS 3/98, BStBl. II 2001, 802 (808).

863 Eingehend zu diesen formellen Stolpersteinen *Tipke*, Die Steuerrechtsordnung, Bd. III[2], 2012, S. 1504 ff.

864 Dazu unten § 12 III.

865 *Brandis*, in Tipke/Kruse, AO/FGO, § 48 FGO Tz. 8 (Okt. 2013). Ferner *Drüen*, in Tipke/Kruse, AO/FGO, § 4 AO Tz. 284 (Mai 2015); *ders.*, AO-StB 2002, 242 (245): „Im Prozessrecht gilt die rechtsschutzfreundliche Auslegungsmaxime zum Abbau von Prozessbarrieren“. Zudem *Dumke*, in Schwarz/Pahlke, FGO, § 48 FGO Rz. 9a (Mai 2012).

866 Jüngst BFH, Beschluss vom 30.5.2014 – I B 118/13, BFH/NV 2014, 1556 (1557); ferner die Anmerkung hierzu *Freiherr von Twickel*, AO-StB 2014, 294. Im Streitfall führte ein Verstoß gegen das Gebot der rechtsschutzwahrenden Auslegung eines Klageantrags zu einem Verfahrensmangel und damit zu einer Revision nach § 115 Abs. 2 Nr. 3 FGO. Denn das FG hatte das Klagebegehren nur teilweise erkannt und insoweit nicht ausgelegt (Nichtigkeitsfeststellung und Aufhebung eines Körperschaftsteuerbescheides).

867 *Larenz*, Methodenlehre der Rechtswissenschaft[6], 1991, S. 340.

868 Ständige Rspr. BVerfG, Urteil vom 17.12.2014 – 1 BvL 21/12, BStBl. II 2015, 50 (61); BVerfG, Beschluss vom 16.12.2014 – 1 BvR 2142/11, NVwZ 2015, 510 (515); BVerfG,

II. Auslegung der materiell-rechtlichen Vorschriften für Personengesellschaften

Eine gesetzliche Grundlage für die einkommensteuerrechtliche Teilrechtsfähigkeit der Personengesellschaft hat sowohl die Rechtsprechung als auch das herrschende Schrifttum bis heute in die Gegenwart nicht geliefert[869].

1. Das materielle Recht als Auslegungsmaßstab

Gleichwohl wird vielfach bei der Auslegung des Verfahrensrechts mit der im materiellen Recht vorherrschenden partiellen Steuerrechtsfähigkeit der Personengesellschaft argumentiert[870]. Denn als Maßstab wird das materielle Recht herangezogen.

Ausdrücklich heißt es von Teilen des Schrifttums, dass sich die im Ertragsteuerrecht anerkannte steuerliche Rechtsfähigkeit der Personengesellschaft auch im Rahmen der verfahrensrechtlichen Beurteilung auswirken müsse[871].

Diese Sichtweise kommt insbesondere im Einspruchs- und Klageverfahren bei der Prozessstandschaft zum Ausdruck[872]. Denn die herrschende Ansicht im Schrifttum und auch die Rechtsprechung stellen für die Einspruchs- und Klagebefugnis (§ 352 AO und § 48 FGO) auf eine gesetzliche Prozessstandschaft der Gesellschaft ab[873]. Als Begründung wird vor allem der Gleichklang mit der im materiellen Recht zugewiesenen partiellen Steuerrechtsfähigkeit der Personengesellschaft angeführt[874]. Darum lehnen diese Teile im Schrifttum eine gesetzliche Prozessstandschaft der Gesellschafter ab, weil dies nicht mit der partiellen Steuerrechtsfähigkeit im materiellen Recht korrespondiert[875].

Obgleich Teilen im Schrifttum durchaus bewusst ist, dass die Annahme einer gesetzliche Prozessstandschaft der Gesellschaft nicht mit den Regelungen über

---

Beschluss vom 19.1.1999 – 1 BvR 2161/94, BVerfGE 99, 341 (358); BVerfG, Beschluss vom 26.4.1994 – 1 BvR 1299/89 und 1 BvL 6/90, BVerfGE 90, 263 (275).

869 Dazu oben § 4.

870 Siehe nur oben § 7 II. 5.

871 *Leyh*, in Festschrift zum 10jährigen Bestehen der Fachhochschule für Finanzen Nordrhein-Westfalen in Nordkirchen, 1986, S. 151 (157); *Steinhauff*, in Hübschmann/Hepp/Spitaler, AO/FGO, § 48 FGO Rz. 62 (März 2012).

872 Dazu bereits oben § 7 II. 5.

873 Dazu bereits ausführlich oben § 7 II. 5.

874 Dazu bereits ausführlich oben § 7 II. 5.

875 Dazu bereits ausführlich oben § 7 II. 5.

das einheitliche Feststellungsverfahren nach den §§ 179 ff. AO abgestimmt ist[876], wird gleichwohl daran festgehalten. Dies wird damit begründet, dass versucht werden müsse, eine Verfahrensnorm so zu interpretieren, dass das materielle Recht möglichst weitgehend umgesetzt werde[877].

Damit wird ein Widerspruch zwischen Verfahrensrecht und materiellem Recht bewusst in Kauf genommen.

Ein Gleichlauf von formellem und materiellem Recht wäre nur gegeben, wenn man der Personengesellschaft auch konsequenterweise zuerkennen würde, ihre *eigenen* Rechte nach § 40 Abs. 2 FGO einzuklagen[878]. Diese Sichtweise wird im Schrifttum indes strikt abgelehnt[879].

Andere Stimmen im Schrifttum fordern die materielle Teilrechtsfähigkeit mit der verfahrensrechtlichen Lage dergestalt zusammenzuführen, dass sich das Verfahrensrecht der materiell-rechtlichen Lage anzupassen habe[880]. Darum soll die Erklärungspflicht nach § 181 Abs. 2 AO im Wege einer teleologischen Reduktion dahingehend ausgelegt werden, dass diese vorrangig die Personengesellschaft, vertreten durch ihre geschäftsführenden Gesellschafter nach § 181 Abs. 2 Nr. 4 AO beträfe[881]. Zudem soll die Vorschrift des § 179 Abs. 2 AO dahingehend teleologisch ausgelegt werden, dass sich ein Feststellungsbescheid auch gegen die Gesellschaft als Inhaltsadressat zu richten habe[882].

2. Zurückschneiden des materiellen Rechts - Die Aufgabe der Vorstellung von einer partiellen Steuerrechtsfähigkeit der Personengesellschaft

Die von der Rechtsprechung angenommene partielle Steuerrechtsfähigkeit der Personengesellschaft im einheitlichen und gesonderten Feststellungsverfahren

876 *Steinhauff*, in Hübschmann/Hepp/Spitaler, AO/FGO, § 48 FGO Rz. 62 (März 2012).

877 *Steinhauff*, in Hübschmann/Hepp/Spitaler, AO/FGO, § 48 FGO Rz. 62 (März 2012).

878 Hierzu *Pinkernell*, Einkünftezurechnung bei Personengesellschaften, 2001, S. 73.

879 Siehe nur *Steinhauff*, in Hübschmann/Hepp/Spitaler, AO/FGO, § 48 FGO Rz. 21, 23 (März 2012).

880 *Herrmann*, DStZ 1998, 87 (91).

881 *Herrmann*, DStZ 1998, 87 (91).

882 *Herrmann*, DStZ 1998, 87 (91); *Steinhauff*, in Hübschmann/Hepp/Spitaler, AO/FGO, § 48 FGO Rz. 18 (März 2012); *ders.*, DStR 2005, 2027 (2031); wohl auch *von Groll*, in Gräber, FGO[7], 2010, § 48 FGO Rz. 12. A.A. ausdrücklich *Söhn*, in Hübschmann/Hepp/Spitaler, AO/FGO, § 179 AO Rz. 151 (Nov. 2010): „Dem ist nicht zuzustimmen“; *von Beckerath*, in Beermann/Gosch, AO/FGO, § 48 FGO Rz. 35, 89 (März 2012).

hat keine Grundlage im Gesetz[883]. Daher ist auch eine Orientierung an dieser These durch die Literatur verfehlt. Insbesondere der Vorschlag einer Adressierung des einheitlichen und gesonderten Feststellungsbescheids an die Gesellschaft verkennt, dass nicht die Gesellschaft, sondern die Gesellschafter die Besteuerungssubjekte im Rahmen des Einkommensteuergesetzes sind[884].

Im Schrifttum wird zu Recht angeführt, dass die begrenzte Steuerrechtssubjektivität der Personengesellschaft „nur geeignet ist, Verwirrung zu stiften“[885]. Darum sollte die Vorstellung einer partiellen Steuerrechtsfähigkeit der Personengesellschaft aufgegeben werden[886].

Wenn das materielle Recht insofern zurückgeschnitten wird, bestehen keine Gründe mehr das Verfahrensrecht anhand der im materiellen Recht vorherrschenden partiellen Steuerrechtsfähigkeit auszulegen. Vielmehr sollte der Transparenzgedanke gestärkt werden, indem vermehrt die Gesellschafter in den Blick genommen werden.

Denn ohne Heranziehung der partiellen Steuerrechtsfähigkeit der Personengesellschaft kann im Verfahren zur einheitlichen und gesonderten Feststellung hinsichtlich der Erklärungspflicht, der Adressatenstellung und auch der Bekanntgabe ohne Verwirrung allein auf die Gesellschafter abgestellt werden. Im Gleichklang damit kann im Rahmen der Einspruchs- und Klagebefugnis auf die gesetzliche Prozessstandschaft der Gesellschafter und nicht – wie es zurzeit herrschende Ansicht ist – auf die gesetzliche Prozessstandschaft der Gesellschaft abgestellt werden.

883 Dazu bereits oben § 4.

884 Ebenso *Söhn*, in Hübschmann/Hepp/Spitaler, AO/FGO, § 179 AO Rz. 151 (Nov. 2010).

885 *Reiß*, in Kirchhof/Söhn/Mellinghoff, EStG/KStG/GewStG, § 15 EStG Rdnr. E 38 (Sept. 1995); *Pinkernell*, Einkünftezurechnung bei Personengesellschaften, 2001, S. 78. *Von Groll*, Gedächtnisschrift Trzaskalik, 2005, S. 19 (29) spricht treffend von einer „nicht enden wollende Debatte über die Rechtssubjektivität der Personengesellschaft im Einkommensteuerrecht“.

886 Ebenso *Pinkernell*, Einkünftezurechnung bei Personengesellschaften, 2001, S. 78 ff, 128; *Reiß*, in Kirchhof/Söhn/Mellinghoff, EStG/KStG/GewStG, § 15 EStG Rdnr. E 38 (Sept. 1995); *ders.*, Stbg 1999, 356 (364); *Kuck*, Steuerrechtssubjektivität mitunternehmerischer Innengesellschaften, 2009, S. 48. Dazu auch *Schön*, StuW 1996, 275 (282).

III. Auslegung der verfahrensrechtlichen Vorschriften für Personengesellschaften

Durch die Aufgabe der Vorstellung von einer partiellen Steuerrechtsfähigkeit der Personengesellschaft werden nicht alle für die Personengesellschaft bestehenden Probleme gelöst. Zwar wird hierdurch vermehrt auf den Gedanken der Vielheit der Gesellschafter abgestellt, so dass formelles und materielles Recht besser aufeinander abgestimmt werden. Gleichwohl verbleiben insbesondere Schwierigkeiten bei der praxisrelevanten Einspruchs- und Klagebefugnis.

Insgesamt sind steuerliche Verfahrensvorschriften sowohl einer Analogie[887] als auch einer Auslegung mittels teleologischer Kriterien zugänglich[888]. Darum können Unklarheiten in Verfahrensnormen sowie prozessuale Mängel möglicherweise durch eine Auslegung behoben werden.

1. Auslegung der Verfahrensnormen

Problematisch ist, dass sowohl die Einspruchs- als auch die Klagebefugnis (§ 352 AO und § 48 FGO) viel zu kompliziert ausgestaltet sind[889]. Fraglich ist allerdings, ob dieser Umstand durch eine Auslegung beseitigt werden kann. Denn im Kern geht es um Probleme der Normenbestimmtheit und Normenklarheit[890].

Insbesondere bereiten die Verweisungen in § 352 Abs. 2 AO und § 48 Abs. 2 FGO auf die Vorschrift des § 183 AO den Rechtsanwendern Schwierigkeiten. Denn es wird nur auf § 183 Abs. 1 AO verwiesen, so dass die Reichweite des Verweises unklar ist. Zudem ist der allgemeine Zusammenhang zwischen beiden Normen fraglich. Dies führt in der Praxis oftmals zu einer fehlerhaften Beurteilung der Klagebefugnis[891].

Eine Auslegung kann dieses Problem allerdings nicht beheben. Denn weder die Wortlautauslegung, noch die systematische, die teleologische oder die historische Auslegung helfen hier weiter. Vom Wortlaut her wird nur auf § 183 Abs. 1 AO Bezug genommen und ein Zweck der Bezugnahme auf einen Empfangsbevollmächtigten im Rahmen der Rechtsbehelfsbefugnis ist nicht ersichtlich.

---

887 FG Münster, Urteil vom 4.4.1989 – XII 1660/88 E, EFG 1989, 513 (515); *Neumann*, in Beermann/Gosch, AO/FGO, § 4 AO Rz. 42 (Febr. 1997).

888 *Drüen*, in Tipke/Kruse, AO/FGO, § 4 AO Tz. 284 (Mai 2015); *Gast*, in Felix, Vom Rechtsschutz im Steuerrecht, 1960, S. 181 (196 f.); *Birk*, StuW 1990, 300 (305).

889 Dazu ausführlich oben § 9 IV.

890 Dazu bereits unter § 10.

891 Siehe nur § 7 II. sowie § 9 IV.

2. Auslegung der Einspruchs- und Klageschriften

Die Vorschriften über die Einspruchs- und Klagebefugnis betreffend den einheitlichen und gesonderten Feststellungsbescheid (§ 352 AO und § 48 FGO) müssen in einer möglichst für den Steuerpflichtigen Rechtsschutz wahrenden Weise ausgelegt werden – Grundsatz der Rechtsschutz gewährenden Auslegung[892].

a) *Zur Auslegung der Klagebefugnis bei ausländischen Personengesellschaften*

Ausländische Personengesellschaften samt ausländischen Geschäftsführern werfen in letzter Zeit besondere verfahrensrechtliche Probleme auf[893]. Nach dem Wortlaut des § 48 Abs. 1 Nr. 1 Alternative 1 FGO fällt auch der ausländische Geschäftsführer unter die Vorschrift. Denn es wird nur ein zur Vertretung berufener Geschäftsführer gefordert. Ob dieser inländisch oder ausländisch ist, ist für die Norm unerheblich.

Allerdings ist der ausländische Geschäftsführer im Inland nicht steuerpflichtig und daher kein Feststellungsbeteiligter[894]. Darum kann er kein Inhaltsadressat des Feststellungsbescheides sein. Rechtsbehelfsbefugnis und Adressatenstellung klaffen mithin auseinander[895].

Mangels der Eigenschaft als Feststellungsbeteiligter wird ein ausländischer Geschäftsführer oftmals in der Praxis kein Interesse daran haben, Einspruch einzulegen und Klage zu erheben für die inländischen Gesellschafter[896]. Inländische Gesellschafter haben sodann nur die Möglichkeit, nach ausländischem Zivilrecht den Geschäftsführer zum Handeln in Form von Einspruchseinlegung und Klageerhebung zu zwingen[897].

---

892 *Von Beckerath*, in Beermann/Gosch, AO/FGO, § 48 FGO Rz. 98 (März 2012); *Steinhauff*, in Hübschmann/Hepp/Spitaler, AO/FGO, § 48 FGO Rz. 44 (März 2012); *ders.*, JurisPR SteuerR 42/2008 Anm. 2 unter D.5; *Brandis*, in Tipke/Kruse, AO/FGO, § 48 FGO Tz. 8 (Okt. 2013); *ders.*, in Tipke/Kruse, AO/FGO, § 352 AO (Okt. 2010). Zudem *M. Söffing*, Die GmbH & Co. KG[2], 2013, S. 789 Rz. 4026 betreffend die GmbH & Co. KG; *Streck/Mack/Kamps*, Der Steuerstreit[3], 2012, S. 88, Rz. 470.

893 Dazu bereits oben § 5 III. 2. sowie § 7 II. 4.

894 Dazu bereits oben § 5 III. 2. sowie § 7 II. 4.

895 Dazu bereits oben § 5 III. 2. sowie § 7 II. 4.

896 Dazu oben § 7 II. 4.

897 Dazu oben § 7 II. 4.

Um den inländischen Gesellschaftern gleichwohl zu einer eigenständigen Rechtsbehelfsbefugnis zu verhelfen, kann die Klagebefugnis entsprechend ausgelegt werden.

Die Vorschrift § 48 Abs. 1 Nr. 1 Alternative 1 FGO, welche einen zur Vertretung berufenen Geschäftsführer verlangt, kann teleologisch reduziert werden. Das Auslegungsergebnis besteht dann darin, dass kein Geschäftsführer „vorhanden" ist. Damit wird dem einzelnen Gesellschafter zu seinem Klagerecht nach § 48 Abs. 1 Nr. 2 FGO verholfen.

Daher wollen Teile im Schrifttum bei endgültiger Weigerung des ausländischen Geschäftsführers zur Rechtsbehelfseinlegung für die inländischen Gesellschafter diesen so behandeln, als sei er nicht vorhanden[898]. In Folge dessen können die Gesellschafter unmittelbar nach § 48 Abs. 1 Nr. 2 FGO selbst Klage erheben.

Andere Teile im Schrifttum wollen § 48 Abs. 1 Nr. 1 Alternative 1 FGO erst dann teleologisch reduzieren, wenn es sich um eine ausländische Publikumsgesellschaft handelt[899]. Besteht das Auslegungsergebnis darin, dass kein Geschäftsführer „vorhanden" ist, wird den Gesellschaftern ein unmittelbares Klagerecht nach § 48 Abs. 1 Nr. 2 FGO zugesprochen. Auch durch diese Auslegung kann den inländischen Gesellschaftern zu einem eigenen Klagerecht nach § 48 Abs. 1 Nr. 2 FGO verholfen werden.

b) *Zur Auslegung der Klagebefugnis bei vollbeendeten Personengesellschaften*

Mit der Vollbeendigung einer Personengesellschaft erlischt deren Befugnis, in Prozessstandschaft für ihre Gesellschafter nach § 352 Abs. 1 Nr. 1 Alternative 1 AO und § 48 Abs. 1 Nr. 1 Alternative 1 FGO Rechtsbehelfe gegen Gewinnfeststellungsbescheide einzulegen[900]. Vielmehr können die Gewinnfeststellungsbescheide nur noch von den ehemaligen Gesellschaftern einer Personengesellschaft

---

898 *Wassermeyer/Schönfeld*, in Flick/Wassermeyer/Baumhoff/Schönfeld, Außensteuerrecht Kommentar, § 20 AStG Rz. 128 (Juli 2011). Der BFH verfährt gleichermaßen bei inländischen Publikumsgesellschaften, bei denen es an Personen fehlt, die in der Lage sind, kurzfristig für die Gesellschaft zu handeln. In solchen Fällen wird § 48 Abs. 1 Nr. 1 Alternative 1 FGO teleologisch reduziert. Siehe hierzu oben § 7 II. 4.

899 *Stahl*, ISR 2013, 210 (215); *ders.*, ISR 2014, 40 (41). Siehe hierzu näher oben § 7 II. 4.

900 Statt vieler jüngst BFH, Urteil vom 11.4.2013 – IV R 20/10, BStBl. II 2013, 705 (707). Näher dazu oben § 7 II. 7.

angefochten werden, deren Mitgliedschaft die Zeit berührt, die den jeweiligen Feststellungsbescheid betrifft[901].

Legt eine vollbeendete Personengesellschaft gleichwohl einen Rechtsbehelf (Einspruch und Klage) ein, kann das Gericht im Wege einer „Rechtsschutz gewährenden Auslegung" prüfen, ob dieser Rechtsbehelf als solcher der früheren Gesellschafter ausgelegt werden kann[902]. Damit kann den ehemaligen Gesellschaftern, welche nunmehr die einzigen Klagebefugten sind, durch Auslegung zu ihrer Klagebefugnis verholfen werden[903].

Der Bundesfinanzhof geht im Zweifel im Rahmen seiner Auslegung davon aus, dass ein Steuerpflichtiger denjenigen Rechtsbehelf hat einlegen wollen, der seinem materiell-rechtlichen Begehren am ehesten zum Erfolg verhilft[904].

Für eine Rechtsschutz gewährende Auslegung, welche den ehemaligen Gesellschaftern zu einer Klagebefugnis verhelfen kann, kann vornehmlich der Inhalt der Prozessvollmacht[905] oder der Wortlaut der Klageschrift herangezogen werden[906].

Darum hat das Gericht beispielsweise eine Klage, welche im Namen einer vollbeendeten GbR erhoben worden ist, als zulässige Klageerhebung für die ehemaligen Gesellschafter ausgelegt[907]. In diesem Fall wurde bereits im Rubrum der Einspruchsentscheidung die vollbeendete GbR fehlerhaft aufgeführt, was

---

901 BFH, Urteil vom 11.4.2013 – IV R 20/10, BStBl. II 2013, 705 (707).

902 Statt vieler BFH, Urteil vom 22.9.2011 – IV R 8/09, BStBl. II 2012, 183 (185); BFH, Beschluss vom 5.4.2005 – VIII B 185/04, BFH/NV 2005, 1492 (1494); BFH, Urteil vom 1.7.2004 – IV R 4/03, BFH/NV 2005, 162 (163). Näher zu dieser Problematik *Steinhauff*, in Hübschmann/Hepp/Spitaler, AO/FGO, § 48 FGO Rz. 45, 124 (März 2012); *ders.*, AO-StB 2013, 269 (270); *ders.*, jurisPR-SteuerR 36/2013 Anm. 4 unter C. V; *Brandis*, in Tipke/Kruse, AO/FGO, § 48 FGO Tz. 15 (Okt. 2013).

903 Dazu auch *Steinhauff*, in Hübschmann/Hepp/Spitaler, AO/FGO, § 48 FGO Rz. 45 (März 2012).

904 BFH, Beschluss vom 1.7.2003 – IX B 208/02, BFH/NV 2003, 1534; BFH, Urteil vom 27.5.2004 – IV R 48/02, BStBl. II 2004, 964 (966); BFH, Urteil vom 1.7.2004 – IV R 4/03, BFH/NV 2005, 162 (163); BFH, Urteil vom 5.4.2005 – VIII B 185/04, BFH/NV 2005, 1492 (1494); BFH, Beschluss vom 22.3.2011 – IX B 151/10, BFH/NV 2011, 1164; BFH, Urteil vom 22.9.2011 – IV R 8/09, BStBl. II 2012, 183 (185). Zudem *Steinhauff*, AO-StB 2013, 269 (270); *ders.*, in Hübschmann/Hepp/Spitaler, AO/FGO, § 48 FGO Rz. 44 (März 2012).

905 BFH, Beschluss vom 8.10.1998 – VIII B 61/98, BFH/NV 1999, 291 (292). Zudem *Steinhauff*, in Hübschmann/Hepp/Spitaler, AO/FGO, § 48 FGO Rz. 45 (März 2012).

906 BFH, Urteil vom 22.1.2015 – IV R 62/11, überlassen durch juris.

907 BFH, Beschluss vom 6.5.1998 – IV B 108/97, BFH/NV 1999, 146. (148).

sodann zu einer ebenfalls fehlerhaften Klägerbezeichnung geführt hatte[908]. Die Einspruchsentscheidung bezog sich hingegen offensichtlich auf die ehemaligen Gesellschafter, welche von dem Gewinnfeststellungsbescheid betroffen waren[909].

Im Gegensatz hierzu konnte das Gericht in einem anderen Streitfall eine Klage nicht als Klage der ehemaligen Gesellschafter auslegen, weil die Einspruchsentscheidung bereits nicht an die vollbeendete Personengesellschaft, sondern an die formgewechselte GmbH als Rechtsnachfolgerin gerichtet war[910]. In einem weiteren Streitfall scheiterte eine Rechtsschutz gewährende Auslegung ebenfalls am eindeutigen Wortlaut der Klageschrift und auch an der Vollmacht[911]. Denn beide Schriftstücke wiesen allein auf die Gesellschaft hin[912].

IV. Ergebnis

Durch eine Auslegung der materiell-rechtlichen Normen und des Verfahrensrechts der Personengesellschaft und ihrer Gesellschafter können einige der Abstimmungsschwierigkeiten behoben werden. Freilich ist dieses Ergebnis nicht optimal. Daher werden im Folgenden zusätzlich gesetzliche Lösungen in den Blick genommen.

---

908 BFH, Beschluss vom 6.5.1998 – IV B 108/97, BFH/NV 1999, 146 (148).

909 BFH, Beschluss vom 6.5.1998 – IV B 108/97, BFH/NV 1999, 146 (148).

910 BFH, Urteil vom 11.4.2013 – IV R 20/10, BStBl. II 2013, 705 (707). Dazu näher oben § 7 II. 7.

911 BFH, Urteil vom 22.1.2015 – IV R 62/11, überlassen durch juris.

912 BFH, Urteil vom 22.1.2015 – IV R 62/11, überlassen durch juris.

§ 13 Notwendigkeit und Möglichkeiten einer gesetzlichen Neuregelung

Das Verhältnis zwischen formellem und materiellem Recht der Personengesellschaft in Steuerverfahren ist nicht optimal aufeinander abgestimmt. Problematisch ist stets, dass es keine Besteuerung der Personengesellschaft gibt. Allein die einzelnen Gesellschafter sind die Steuersubjekte im Rahmen des Einkommensteuerrechts. Sowohl durch eine zukünftige gesetzliche Angleichung im Verfahrensrecht als auch im materiellen Recht können Unstimmigkeiten zwischem formellem und materiellem Recht möglicherweise vermieden werden. Im Folgenden wird zunächst eine gesetzliche Lösung im materiellen Recht vorgeschlagen. Sodann wird untersucht, ob es gesetzlicher Lösungen im formellen Recht bedarf.

I. Gesetzliche Lösungen im materiellen Recht

Änderungen im materiellen Recht der Personengesellschaft gehen einher mit einer allgemeinen Reform des Unternehmenssteuerrechts[913]. Reformvorschläge für die Unternehmensbesteuerung haben eine lange Tradition[914]. Bereits seit dem 33. Juristentag im Jahr 1924 werden stetig Reformvorschläge für die Unternehmensbesteuerung diskutiert[915]. Ein Ende scheint mangels aktueller Initiativen der Politik und angesichts der mannigfaltigen Äußerungen im Schrifttum

---

913 Bereits unter § 2 II. wurde dargelegt, dass die Ursachen für die mangelnde Abstimmung des formellen und materiellen Rechts der Personengesellschaft nicht nur in dem Spannungsverhältnis Einheit und Vielheit der Gesellschafter zu sehen sind, sondern letztendlich ihre Hauptursache in der dualistischen Unternehmensbesteuerung wurzelt.

914 Dazu näher die Darstellung bei *Tipke*, Die Steuerrechtsordnung, Bd. II, 1993, S. 1025 ff. und *ders.*, Die Steuerrechtsordnung, Bd. II^{2}, 2003, S. 1190 ff.

915 Siehe nur *Drüen*, GmbHR 2008, 393 mit Verweis auf *Becker/Lion*, Ist es erwünscht, das Einkommen aus Gewerbebetrieb nach gleichmäßigen Grundsätzen zu besteuern, ohne Rücksicht auf die Rechtsform, in der das Gewerbe betrieben wird? Welche Wege rechtlicher Ausgestaltung bieten sich für eine solche Besteuerung?, Gutachten zum 33. Juristentag, 1925, S. 13, 40: „Die Einkommen- und die Körperschaftsteuer ist so zu gestalten, dass die Gewerbetreibenden nicht genötigt werden, der Einkommen- oder Körperschaftsteuer wegen bestimmte Rechtsformen zu wählen oder von einer Rechtsform zur anderen überzugehen".

nicht in Sicht zu sein[916]. Im Folgenden werden vier ausgewählte Reformmodelle erörtert, welche kritisch hinterfragt werden sollen[917]. Allen vier Vorschlägen ist gemeinsam, dass sie über kurz oder lang das geltende Transparenzprinzip der Personengesellschaften im Steuerrecht abschaffen möchten[918].

1. Freiwillige Einbeziehung der Personengesellschaft in das System der Körperschaftsteuer

Teile im Schrifttum wollen der Personengesellschaft ein Wahlrecht (Option) einräumen, ob sie einer transparenten Besteuerung nach dem Einkommensteuerrecht oder einer Besteuerung nach dem Körperschaftsteuerrecht unterliegen möchten[919]. Überlegungen den Dualismus von Einkommen- und Körperschaftsteuer im Wege einer Optionslösung abzumildern haben in Deutschland eine lange Tradition[920].

Der Gesetzesentwurf der Unternehmensteuerreform 2000 sah für Personenunternehmen eine Option für die Körperschaftsteuer vor[921]. Nach der Regelung

---

916 Aus jüngerer Zeit *Hennrichs* und *Hey*, in Tipke/Lang, Steuerrecht[22], 2015, § 10 Rz. 1 ff. und § 13 Rz. 168 ff. Ferner *Lang*, in Festschrift Herzig, 2010, S. 323 ff.; *Dötsch*, in Dötsch/Herlinghaus/Hüttemann/Lüdicke/Schön, Die Personengesellschaft im Steuerrecht, 2011, S. 7 (9 ff.). Näher zu Aspekten einer Reform im Einkommensteuerrecht *Drüen*, in DStJG 37 (2014), S. 9 ff.

917 Eine umfassende Darstellung aller Reformvorschläge würde den Rahmen dieser Arbeit sprengen und erfolgt daher nicht. Darüber hinaus wäre dies auch nicht zielführend, weil nicht jeder Vorschlag geeignet scheint, das Verhältnis zwischen formellem und materiellem Recht der Personengesellschaft besser aufeinander abzustimmen.

918 Es gibt allerdings auch Stimmen in der Literatur die die transparente Besteuerung von Personengesellschaften beibehalten möchten. Siehe nur aus jüngerer Zeit *Schmitt*, FR 2010, 750 (752).

919 Aus jüngerer Zeit *Schön*, in Dötsch/Herlinghaus/Hüttemann/Lüdicke/Schön, Die Personengesellschaft im Steuerrecht, 2011, S. 139 (148); *Prinz*, FR 2010, 736 ff. Ferner *Hüttemann*, DStJG 25 (2002), S. 123 (140 f.); *Bippus*, DStR 1998, 749 (755 ff.). Zur Literatur betreffend die Unternehmenssteuerreform 2000 siehe im Folgenden. Zum umgekehrten Modell einer optionalen transparenten Besteuerung der GmbH siehe jüngst *Fechner/Bäuml*, FR 2010, 744 (748 ff.).

920 *Drüen*, GmbHR 2008, 393 (394), der auf Reformüberlegungen von *Becker* und *Lion* bereits aus dem Jahr 1924 verweist.

921 Entwurf eines Gesetzes zur Senkung der Steuersätze und zur Reform der Unternehmensbesteuerung (Steuersenkungsgesetz – StSenkG) vom 15.2.2000, BT-Drucks. 14/2683, 77 f. Einen Überblick über die Optionsregelung der Unternehmenssteuerreform 2000 geben *Rödder/Schumacher*, DStR 2000, 353 ff. sowie *Kußmaul/Schäfer*, BB 2000, 901 ff.

des § 4a KStG-E sollten Personenunternehmen unter bestimmten Voraussetzungen die Möglichkeit erhalten, sich ohne einen gesellschaftsrechtlichen Formwechsel wie Körperschaften besteuern zu lassen. Das Konzept beruhte im Kern auf den Empfehlungen der sog. Brühler Kommission[922].

Das Optionsmodell für Personenunternehmen wurde allerdings – aufgrund seiner Schwächen und der dadurch bedingten Kritik aus dem Schrifttum[923] – im Steuersenkungsgesetz 2001 nicht realisiert[924]. Ertragsteuerrechtliche Kritikpunkte dieses Modells waren insbesondere die Gewinnrealisierung bei Sonderbetriebsvermögen in Form einer fiktiven Entnahme[925], die steuerliche Haftung der Gesellschafter für die Körperschaftsteuer[926] sowie verdeckte Gewinnausschüttungen[927] infolge der steuerlichen Anerkennung von Leistungsbeziehungen zwischen Gesellschaft und Gesellschafter[928].

Freilich wird sich eine Personengesellschaft nur dann für eine Option zur Körperschaftbesteuerung entscheiden, wenn dies nicht mit steuerlichen Nachteilen für sie verbunden ist[929]. Ansonsten würde keine Personengesellschaft in der Steuerpraxis das Angebot einer Option annehmen[930].

Im Ausgangspunkt ist festzuhalten, dass jedes steuerliche Lösungsmodell, das ein Wahlrecht beinhaltet, stets Vor- und Nachteile hat. Zunächst hat der Steuerpflichtige samt Berater die freie Wahl zwischen zwei verschiedenen Möglichkeiten. Ihm werden zusätzliche Freiheiten zugestanden[931]. Dies zieht allerdings

---

922 Abgedruckt in BB 1999, 1188 ff. Dazu kritisch *Hey*, BB 1999, 1192 ff., die die Kommission jedoch treffend als Gefangene der politischen Vorgaben charakterisiert. Allgemeine Kritik an den Empfehlungen *Reiß*, DStR 1999, 2011 ff. Zur Diskussion um die Option für Personenunternehmen siehe auch *Völker*, JbFSt. 2000/2001, S. 326 ff.

923 Statt vieler *Lang*, GmbHR 2000, 453 (459 ff.); *Haritz/Wisniewski*, GmbHR 2000, 161 (163 ff.); *Schön*, StuW 2000, 151 (156 ff.); *Schiffers*, GmbHR 2000, 253 ff.; *Pezzer*, StuW 2000, 144 (148 f.); *Scheipers/Bergemann*, DStR 2000, 709 ff.; *Mentel/Schulz*, DStR 2000, 489 ff.

924 Steuersenkungsgesetz vom 23.10.2000, BGBl. I S. 1433.

925 Siehe § 4a Abs. 3 Satz 7 KStG-E, BT-Drucks. 14/2683, 78.

926 Siehe § 1 Abs. 1a Satz 2 KStG-E, BT-Drucks. 14/2683, 77.

927 Siehe § 4a Abs. 2 KStG-E, BT-Drucks. 14/2683, 77.

928 Dazu *Schön*, StuW 2000, 151 (156 ff.); *Pezzer*, StuW 2000, 144 (148 f.); *Hüttemann*, DStJG 25 (2002), S. 123 (140).

929 *Schön*, StuW 2000, 151 (156).

930 Dazu *Hey*, in Lang/Eilfort, Strukturreform der deutschen Ertragsteuern, 2013, S. 279.

931 Ebenso *Hennrichs*, FR 2010, 721 (728); *Prinz*, FR 2010, 736 (743).

sofort ein Folgeproblem nach sich: Der steuerliche Rechtsanwender muss sich zwischen beiden Wahlmöglichkeiten entscheiden – er hat die „Qual der Wahl“[932].

Die Konsequenz aus dieser „Qual der Wahl“ ist zumeist enormer steuerrechtlicher Beratungsbedarf, um herauszufinden welche Wahl die steuerlich sinnvollere ist[933]. Steht nun für eine Personengesellschaft die Frage im Raum, ob eine Besteuerung nach dem Körperschaftsteuerrecht zweckmäßiger ist, müssen zwei hochkomplexe Rechtsmaterien im konkreten Einzelfall durch einen Belastungsvergleich gegeneinander abgewogen werden. Vor einer Optionsausübung würden daher stets hohe Informationskosten infolge der Inanspruchnahme von Experten verursacht[934]. Zudem muss bereits vor einer Optionsausübung im Hinblick auf eine mögliche Rückoption die zukünftige steuerrechtliche Situation samt zusätzlichen Steuerlasten in Folge einer Rückoption bedacht werden[935].

Die Entscheidung für eine Optionsausübung hängt allerdings nicht allein von steuerlichen Gesichtspunkten ab. Vielmehr müssen sich die Gesellschafter einer Personengesellschaft mit ihren Mitgesellschaftern auch gemeinschaftlich für eine Option entscheiden. Eine solche Einigung kann Schwierigkeiten bereiten und Streit unter den Gesellschaftern auslösen[936]. Denn jeder Gesellschafter wird einer anderen Einkommensteuerbelastung ausgesetzt sein und daher andere Ziele verfolgen[937].

Darum würde die Einführung eines Optionsrechts das geltende Steuerrecht der Unternehmen noch komplexer machen[938]. Diese Verkomplizierung der Steuerrechtsordnung[939] steht bereits in Widerspruch zu den allgemeinen politischen Bestrebungen, das geltende Steuerrecht zu vereinfachen[940].

---

932 Ebenso treffend *Tipke*, Die Steuerrechtsordnung, Bd. II[2], 2003, S. 1202.

933 *Tipke*, Die Steuerrechtsordnung, Bd. II[2], 2003, S. 1202; *Sieker*, DStJG 25 (2002), S. 145 (171).

934 *Hey*, DStJG 24 (2001), S. 155 (216); *Sieker*, DStJG 25 (2002), S. 145 (171); *Hennrichs*, StuW 2002, 201 (210).

935 *Haritz/Wisniewski*, GmbHR 2000, 161 (164); *Schiffers*, GmbHR 2000, 253 (258).

936 Dazu *Hennrichs*, StuW 2002, 201 (210); *Lang*, BB 2006, 1769 (1772); *Herzig*, in Festschrift Solms, 2005, S. 115 (116).

937 *Reiß*, DStR 1999, 2011 (2012).

938 Ebenso *Desens*, in Herrmann/Heuer/Raupach, EStG/KStG, Einf. KSt. Anm. 185 (Aug. 2014); *Lang*, BB 2006, 1769 (1771); *Herzig*, in Festschrift Solms, 2005, S. 115 (116); *Hey*, in Festschrift Raupach, 2006, S. 479 (492).

939 *Hennrichs*, in Tipke/Lang, Steuerrecht[22], 2015, § 10 Rz. 8; *Herzig*, in Festschrift Solms, 2005, S. 115 (116).

940 Bereits betreffend den Entwurf des Steuersenkungsgesetzes 2001 *Kußmaul/Schäfer*, BB 2000, 901 (904).

Das Optionsmodell der Unternehmensteuerreform 2000 sah lediglich eine optionale Einbeziehung der Personengesellschaft in die Körperschaftsteuer vor. Ein umgekehrtes Optionsrecht in die transparente Besteuerung war hingegen nicht vorgesehen. Dies hatte zur Konsequenz, dass nur den Personengesellschaften ein rechtsformneutrales Wahlrecht hinsichtlich ihrer Besteuerung zugestanden wurde. Die Besteuerung der Kapitalgesellschaften war weiterhin rechtsformabhängig ausgestaltet. Umfassende Rechtsformneutralität wird damit durch ein einseitiges Optionsmodell nicht gewährt.

Gegen ein Optionsmodell spricht zudem, dass es die bestehende mangelnde Abstimmung zwischem formellem und materiellem Recht allein in den Einzelfällen auflöst, in denen sich für eine Option entschieden wird. Denn ein Konzept, das nicht verpflichtend, sondern nur freiwillig ausgestaltet ist, ist nicht geeignet, ein grundlegendes steuerliches Problem umfassend zu lösen.

Ein Optionsmodell kann allein eine Korrektur im konkreten Einzelfall leisten[941]. Der Widerstreit zwischen Transparenz- und Trennungsprinzip wird nur bei einer Optionsausübung überwunden. Entscheidet sich die Personengesellschaft hingegen gegen eine Option, bleibt es bei ihrer transparenten Besteuerung. Weder das Transparenzprinzip noch das Trennungsprinzip werden damit durch ein Optionsmodell konsequent verwirklicht[942]. Darüber hinaus kann auch das Spannungsverhältnis zwischen Einheit und Vielheit der Besteuerung von Personengesellschaften nicht durch eine optionale Lösung überwunden werden[943].

Das Hauptproblem eines Optionsmodells ist wohl darin zu sehen, dass die Regeln der Körperschaftbesteuerung recht pauschal auf die Personengesellschaften übertragen werden, ohne auf ihre Besonderheiten einzugehen[944]. Im Schrifttum wird in diesem Zusammenhang zu Recht herausgestellt, dass den Personenunternehmen das Körperschaftsteuerrecht „per Fiktion übergestülpt wird“[945].

941 *Hüttemann*, DStJG 25 (2002), S. 123 (141).

942 Ebenso *Lang*, in Festschrift Herzig, 2010, S. 323 (329).

943 Ebenso *Hennrichs*, FR 2010, 721 (728).

944 Ebenso *Hey*, DStJG 24 (2001), S. 155 (216).

945 *Desens*, in Herrmann/Heuer/Raupach, EStG/KStG, Einf. KSt Anm. 185 (Aug. 2014); *Lang*, StbJb. 1993/1994, S. 9 (14).

2. Verpflichtende Einbeziehung der Personengesellschaft in das System der Körperschaftsteuer

Ein weiterer Vorschlag ist darin zu sehen, die Personengesellschaft verpflichtend in das bereits bestehende System der Körperschaftsteuer zu integrieren[946]. Die Personengesellschaft wird dadurch steuerlich mit einer Kapitalgesellschaft gleichgestellt und als Körperschaftsteuersubjekt behandelt[947]. Die Ebenen der Personengesellschaft und der Gesellschafter würden infolge des Trennungsprinzips konsequent getrennt besteuert, so dass sich keine Zurechnungsprobleme mehr stellen können. Das Konzept einer Einbeziehung der Personengesellschaft in das geltende Körperschaftsteuersystem hätte den Vorteil, dass kein radikaler Umbruch im Unternehmensteuerrecht erfolgen muss, sondern allein ein Ausbau des gegenwärtigen Steuersystems. Eine solche Nachbesserung im Steuerrecht wird auf mehr Akzeptanz in der Steuerpolitik stoßen als ein komplett neues Steuersystem[948].

3. Verpflichtende Einbeziehung der Personengesellschaft in eine allgemeine Unternehmensteuer

Die Kommission „Steuergesetzbuch" der Stiftung Marktwirtschaft hat im Jahr 2013 ein Gesamtkonzept für die Neuordnung der Ertragsteuern entwickelt[949]. Im Rahmen dessen hat die Kommission einen Vorschlag für eine verpflichtende Einbeziehung von Personenunternehmen (Personengesellschaften und Einzelunternehmer) in eine allgemeine Unternehmensteuer erarbeitet[950].

Künftig soll die Besteuerung nicht mehr an die Rechtsform, sondern an das Unternehmen geknüpft werden. Hierdurch wird Rechtsformneutralität geschaffen. Im Ausgangspunkt soll die Körperschaftsteuer ausgebaut werden. Daher wird das Trennungsprinzip beibehalten und nunmehr auf alle Unternehmen

---

946 *Hennrichs*, FR 2010, 721 (727); *ders.*, StuW 2002, 201 (214); *Lang*, in Festschrift Herzig, 2010, S. 323 (329); *Müller-Gatermann*, Stbg 2007, 145 (155 ff.); wohl auch *Rätke*, in Herrmann/Heuer/Raupach, EStG/KStG, § 15 EStG Anm. 99 (März 2013).

947 Siehe *Rätke*, in Herrmann/Heuer/Raupach, EStG/KStG, § 15 EStG Anm. 88, 99 (März 2013).

948 Dazu sogleich die beiden folgenden Modelle.

949 Eingehend zum Konzept *Lang/Eilfort*, Strukturreform der deutschen Ertragsteuern, 2013, passim.

950 *Hey*, in Lang/Eilfort, Strukturreform der deutschen Ertragsteuern, 2013, S. 227 ff. Dazu im Überblick *Desens*, in Herrmann/Heuer/Raupach, EStG/KStG, Einf. KSt. Anm. 191 (Aug. 2014).

ausgedehnt - Kapitalgesellschaften, Personengesellschaften und Einzelunternehmen. Steuersubjekt ist nun der Unternehmensträger, so dass bei Personengesellschaften nicht mehr Steuersubjekt (Gesellschafter) und Unternehmensträger auseinanderklaffen.

Das Gesamtkonzept der Stiftung Marktwirtschaft hat im Gegensatz zu den Konzepten, die die Personengesellschaft allein in das Recht der Körperschaften integrieren wollen die Besonderheit, dass es keine bestehende Steuer ausbauen möchte, sondern eine völlig neue Steuer – eine sog. allgemeine Unternehmensteuer – schafft. Zumeist wird in der (Steuer-) Praxis ein Konzept auf mehr Akzeptanz stoßen, wenn es ein bestehendes System lediglich ausbessert. Die Entwicklung eines völlig neuen Konzeptes, welches sogar eine neue Steuerart einführen möchte, wird in aller Regel auf Unbehagen stoßen, weil es „neu" ist. Daher sind die Chancen für die Einführung einer allgemeinen Unternehmensteuer in das Steuersystem Deutschlands als recht gering einzustufen[951].

Neben allgemeinen Umsetzungsschwierigkeiten einer umfassenden Steuerreform in Deutschland sind auch Wettbewerbs-Aspekte im internationalen Steuerrecht zu bedenken[952]. Zudem ist anzumerken, dass sich das Modell einer allgemeinen Unternehmensteuer auch international nicht durchgesetzt hat[953]. Der ganz überwiegende Teil der EU-Mitgliedstaaten besteuert die Personengesellschaft entweder nach dem Trennungsprinzip im Körperschaftsteuerrecht[954] oder nach dem Transparenzprinzip im Einkommensteuerrecht[955].

Das Konzept der Stiftung Marktwirtschaft bezieht in seine Überlegungen neben einer allgemeinen Unternehmensteuer zusätzlich die Gewerbesteuer mit ein[956]. Hiernach soll eine kommunale Unternehmensteuer geschaffen werden, welche auf die allgemeine Unternehmensteuer abgestimmt werden soll. Großer

---

951 Ebenso *Lang*, in Festschrift Herzig, 2010, S. 323 (330 f.).

952 Ebenso *Hey/Bauersfeld*, IStR 2005, 649 m.w.N.

953 Hierzu *Lang*, in Festschrift Herzig, 2010, S. 323 (325) mit Blick auf das Besteuerungsregime in Brasilien, welches eine allgemeine Unternehmensteuer vorsieht. Dazu *Schultes-Schnitzlein*, Rechtsformneutralität der Unternehmensbesteuerung in Deutschland und Brasilien, 2006.

954 Siehe hierzu die Übersicht „Tabelle 2" bei *Spengel/Schaden/Wehrße*, StuW 2010, 44 (46 f.). In den meisten der aufgeführten Länder werden Personengesellschaften bereits im Zivilrecht als juristische Person eingeordnet. Dazu *Spengel/Schaden/Wehrße*, StuW 2010, 44 (46).

955 Siehe hierzu die Übersicht „Tabelle 3" bei *Spengel/Schaden/Wehrße*, StuW 2010, 44 (47 f.).

956 Zu den Kommunalfinanzen *Mössner*, in Lang/Eilfort, Strukturreform der deutschen Ertragsteuern, 2013, S. 417 ff.

„Knackpunkt" an einem solchen Gesamtkonzept für die Ertragsteuern ist jedoch immer die Akzeptanz der Gewerbesteuerreform[957]. Denn jede Kommune wird um ihre Steuereinnahmen fürchten[958].

4. Zur Personengesellschaft als steuerjuristische Person

Paul Kirchhof hat im Jahr 2011 ein „Bundessteuergesetzbuch" veröffentlicht, welches eine umfassende Reform des deutschen Steuerrechts vorsieht[959]. Das „Bundessteuergesetzbuch" gliedert sich entsprechend dem Bürgerlichen Gesetzbuch (BGB) in fünf Teile: Allgemeiner Teil, Einkommensteuer, Erbschaft- und Schenkungsteuer, Umsatzsteuer sowie Verbrauchsteuer[960].

Das Konzept sieht eine völlig neuartige Besteuerung von Unternehmen vor[961]. Hierbei soll die Körperschaftsteuer in die Einkommensteuer integriert werden, wodurch die Trennung zwischen beiden Steuerarten aufgegeben wird[962]. Sowohl Personengesellschaften als auch Körperschaften unterliegen fortan dem Einkommensteuerrecht. Infolge der gleichen Besteuerung von Personen- und Kapitalgesellschaften soll Rechtsformneutralität geschaffen werden[963].

Das „Bundesteuergesetzbuch" hat in seinem Allgemeinen Teil neben der natürlichen Person die sog. steuerjuristische Person eingeführt. Steuerjuristische Personen sind nach § 12 Abs. 1 Satz 2 BStGB-E Personenvereinigungen und Zweckvermögen des privaten Rechts. Damit umfasst die steuerjuristische Person neben den bisherigen Körperschaftsteuerrechtssubjekten auch die Personengesellschaften[964]. Die juristische Person erlangt im „Bundesteuergesetzbuch" keine Bedeutung mehr. Für das Einkommensteuerrecht bestimmt § 42 BStGB-E, dass sowohl natürliche als auch steuerjuristische Personen der Einkommensteuerpflicht unterliegen.

Unternehmensgewinne werden durch dieses Steuerkonzept abschließend bei der Personengesellschaft als steuerjuristische Person besteuert. Während im

---

957 *Desens*, in Herrmann/Heuer/Raupach, EStG/KStG, Einf. KSt Anm. 191 (Aug. 2014).

958 Ebenso *Lang*, in Festschrift Herzig, 2010, S. 323 (326).

959 *Kirchhof*, Bundessteuergesetzbuch, 2011.

960 Im Folgenden wird nur auf die für diese Arbeit relevanten Aspekte des Bundesteuergesetzbuches eingegangen.

961 Einen guten Überblick gibt *Desens*, in Herrmann/Heuer/Raupach, EStG/KStG, Einf. KSt Anm. 191 (Aug. 2014).

962 *Kirchhof*, Bundessteuergesetzbuch, 2011, S. 15 f. Hierzu auch *Spengel*, Ubg 2012, 256 (258 ff.).

963 *Kirchhof*, Bundessteuergesetzbuch, 2011, S. 365.

964 *Kirchhof*, Bundessteuergesetzbuch, 2011, S. 15 f.

geltenden Ertragsteuerrecht zwischen dem Steuersubjekt natürliche Person und dem partiellen Steuersubjekt Personengesellschaft hin- und her geschwankt wird, stellt das „Bundessteuergesetzbuch" nur noch auf die Personengesellschaft als steuerjuristische Person ab. Hierdurch entfallen Unstimmigkeiten zwischen formellem und materiellem Recht.

Das Modell der sog. steuerjuristischen Person, welche Kapitalgesellschaften und Personengesellschaften umfasst, ist revolutionär[965]. Im deutschen Zivilrecht wird (noch) zwischen der Kapitalgesellschaft als juristische Person und der Personengesellschaft unterschieden[966]. Allerdings ist auch dort festzustellen, dass die Abgrenzung zwischen Personengesellschaften und Körperschaften immer mehr schwindet[967].

Zivilrecht und Steuerrecht sind jedoch unabhängig voneinander zu betrachten, so dass eine eigene steuerrechtliche Kreation eines Rechtssubjektes völlig legitim ist[968]. Die Einführung einer steuerjuristischen Person ist im Grundsatz geeignet, die mangelnde Abstimmung von formellem und materiellem Recht einer Personengesellschaft zu beseitigen. Denn infolge der Einordnung als steuerjuristische Person muss nicht mehr zwischen den Ebenen Gesellschaft als partielles Steuersubjekt und transparenter Besteuerung der Gesellschafter geschwankt werden.

Freilich ist das Modell der sog. steuerjuristischen Person nur ein Teilstück im Gesamtkonzept „Bundessteuergesetzbuch". Die Umsetzung des Gesamtkonzeptes „Bundessteuergesetzbuch" ist indes für das deutsche Steuerrecht recht unwahrscheinlich, weil dieses Konzept ein absolutes Novum darstellt[969]. Für seine Umsetzung wäre also ein tiefgreifender Umbruch im geltenden Steuerrecht erforderlich. Dieser wird wohl in Kürze kaum erfolgen[970].

---

965 Zur steuerjuristischen Person jüngst *Palm*, in Leitgedanken des Rechts, Bd. II, 2013, S. 1697 ff. sowie *Gosch*, in Leitgedanken des Rechts, Bd. II, 2013, S. 1937 (1939 f.).

966 In ausländischen Rechtsordnungen werden Personengesellschaften zum Teil bereits im Zivilrecht als juristische Person eingestuft.

967 Zur schwindenden Abgrenzung im Privatrecht *Beuthien*, JZ 2011, 124 (126 f.).

968 Hoffnungsvoll für die Einführung einer steuerjuristischen Person *Palm*, in Leitgedanken des Rechts, Bd. II, 2013, S. 1697 (1707).

969 Ebenso *Desens*, in Herrmann/Heuer/Raupach, EStG/KStG, Einf. KSt Anm. 190 (Aug. 2014).

970 *Desens*, in Herrmann/Heuer/Raupach, EStG/KStG, Einf. KSt Anm. 190 (Aug. 2014) verweist zu Recht darauf, dass ein Umbruch im geltenden Steuerrecht wohl nur infolge eines Krieges oder eines revolutionären Umsturzs wahrscheinlich sei.

5. Zwischenergebnis

Die Politik hat bislang keine der Reformvorschläge aufgegriffen und umgesetzt. Die Hoffnung auf eine zukünftige materiell-rechtliche Neuregelung durch den deutschen Steuergesetzgeber ist daher als recht gering einzustufen[971]. Gleichwohl zeigen die in der Literatur bereits bestehenden Reformvorschläge, dass Handlungsbedarf besteht.

II. Gesetzliche Lösungen im Verfahrensrecht

Gesetzliche Lösungen im Verfahrensrecht für die Personengesellschaft und ihre Gesellschafter werden im Schrifttum – soweit ersichtlich – nicht vorgebracht. Dies hat auch seinen Grund. Denn die bestehenden Regelungen zur einheitlichen und gesonderten Feststellung sind in der Praxis notwendig, um die Besteuerung der Gesellschafter nach dem Transparenzprinzip für die Finanzbehörden zu vereinfachen. Wenn der Personengesellschaft im Einkommensteuerrecht künftig keine partielle Steuerrechtsfähigkeit mehr zugesprochen wird, gibt es nur ein Rechtssubjekt – die Gesellschafter. Auf diese bezieht sich auch das Feststellungsverfahren, so dass es im Rahmen des Feststellungsverfahrens keiner gesetzlichen Änderungen bedarf.

Allerdings ist die Einspruchs- und Klagebefugnis nach den Vorschriften der § 352 AO und § 48 FGO äußerst kompliziert ausgestaltet. Fraglich ist jedoch, ob eine gesetzliche Vereinfachung überhaupt möglich ist, wenn die Regelungen bestehen bleiben. Denn das gesamte Feststellungsverfahren ist komplex, so dass die besondere Klagebefugnis für die einheitliche und gesonderte Feststellung durchaus sinnvoll ist, damit nicht alle Gesellschafter gleichzeitig einen Rechtsbehelf einlegen.

Unter Zugrundelegung der Annahme, dass das Transparenzprinzip künftig bestehen bleibt, sollten zum einen die zurzeit besonders fehleranfälligen Fälle der vollbeendeten Personengesellschaften in § 352 AO und § 48 FGO gesetzlich geregelt werden. Zum anderen sollte für die Fälle von ausländischen Personengesellschaften samt ausländischem Geschäftsführer eine gesetzliche Lösung in § 352 AO und § 48 FGO eingeführt werden, die bei Komplikationen mit dem Geschäftsführer, dem betroffenen inländischen Gesellschafter eine Rechtsbehelfsbefugnis einräumt.

---

971 Ebenso hoffnungslos *Kroppen*, in DStJG 37 (2014), S. 259 (260): „Leider wird jedoch keiner dieser Reformvorschläge in der nächsten Legislaturperiode eine Chance auf vollständige oder teilweise Umsetzung haben".

III. Ergebnis

Im künftigen materiellen Recht wäre es die beste Lösung die Personengesellschaft gleichermaßen wie die Kapitalgesellschaft dem Trennungsprinzip zu unterwerfen. Gesellschaft und Gesellschafter wären sodann zwei eigenständige Rechtssubjekte, so dass es keiner einheitlichen und gesonderten Feststellung samt besonderer Rechtsbehelfsbefugnis, welche naturgemäß komplex ist, mehr bedürfte. Freilich ist die Einführung einer gesetzlichen Neuregelung im materiellen Recht wenig wahrscheinlich. Eine gesetzliche Lösung im Verfahrensrecht hilft indes kaum weiter. Denn bleibt das Konzept der Personengesellschaft samt Transparenzprinzip und einheitlicher und gesonderter Feststellung weiterhin bestehen, müssen auch die Regelungen § 352 AO und § 48 FGO notwendigerweise erhalten bleiben.

Fünfter Teil

Schluss

§ 14 Wesentliche Ergebnisse und Ausblick

Diese Arbeit hat sich bis § 8 zum (Zwischen-) Ziel gesetzt, das Verhältnis zwischen dem Verfahrensrecht und dem materiellen Recht der Personengesellschaft und ihrer Gesellschafter im Einkommensteuerrecht aufzuzeigen, um sich die Mängel des gegenwärtigen Rechts bewusst zu machen.

Der zweite Teil der Arbeit stellt zunächst chronologisch in § 2 die Entwicklung der Rechtsprechung zum Wechselspiel von Einheits- und Vielheitsbetrachtung dar. § 3 führt im Allgemeinen in die Rechtsfähigkeit und im Besonderen in die Steuerrechtsfähigkeit der Personengesellschaft ein. Es wird in § 4 herausgearbeitet, dass die Rechtsprechung die Personengesellschaft im Einkommensteuerrecht als partielles Steuerrechtssubjekt einordnet, obgleich sich hierfür keine gesetzliche Grundlage findet. Denn im Einkommensteuerrecht werden nach § 1 Abs. 1 EStG lediglich der natürlichen Person steuerrechtliche Pflichten auferlegt sowie steuerrechtliche Rechte zugestanden. Die Personengesellschaft ist indes kein Steuerrechtssubjekt.

Ein Schwerpunkt der Arbeit liegt im dritten Teil darin, die verfahrensrechtliche Seite einer Personengesellschaft und ihrer Gesellschafter im Einkommensteuerrecht zu beleuchten. Zur Abgabe einer gesonderten Feststellungserklärung ist nach § 181 Abs. 2 Satz 2 Nr. 1 AO im Grundsatz jeder Feststellungsbeteiligte verpflichtet. Die Erklärungspflicht ist damit personell sehr weit gefasst. Die Feststellungsbescheide sind an die Gesellschafter als Inhaltsadressaten zu richten – hingegen nicht an die Personengesellschaft als solche. Dies gilt gleichermaßen für inländische und ausländische Personengesellschaften. Im Außenprüfungsverfahren wird eine gewerbliche Personengesellschaft indes als Prüfungssubjekt und Inhaltsadressatin einer Prüfungsanordnung eingeordnet. In § 7 wird die praxisrelevante Einspruchs- und Klagebefugnis nach den Vorschriften der § 352 AO und § 48 FGO sowie die damit verknüpfte Hinzuziehung und Beiladung nach den Vorschriften der § 360 AO und § 60 FGO in den Blick genommen.

Neben dem ernüchternden Befund der mangelnden Abstimmung von Verfahrensrecht und materiellem Recht der Personengesellschaft und ihrer Gesellschafter im Einkommensteuerrecht in § 8 zeigt § 9 das Positiv-Beispiel der Gewerbesteuer auf. Dort ist die Personengesellschaft das Steuerrechtssubjekt. Verfahrensrecht und materielles Recht sind daher aufeinander abgestimmt.

Das gefundene Spannungsverhältnis „Einheit der Gesellschaft" und „Vielheit der Gesellschafter" im Einkommensteuerrecht wird in § 10 einer verfassungsrechtlichen Prüfung unterworfen. Prüfmaßstab ist insbesondere die

Rechtsschutzgarantie aus Art. 19 Abs. 4 GG. Die einschränkenden Regelungen zur Rechtsbehelfsbefugnis verstoßen nicht gegen Art. 19 Abs. 4 GG.

Indes ist festzustellen, dass die Rechtsbehelfsbefugnis dem Vorwurf mangelnder Klarheit und Bestimmtheit ausgesetzt ist. Denn sowohl die Bezugnahmen auf § 183 AO als auch die zu treffenden Feststellungen, ob ein Geschäftsführer (noch) vorhanden ist, machen die Vorschriften schwer erfassbar. Die Konsequenz ist oftmals eine fehlerhafte Beurteilung der Rechtsbehelfsbefugnis durch die Finanzbehörden und die Finanzgerichte.

Diese Verfahrensfehler werden zumeist erst im Revisionsverfahren durch den Bundesfinanzhof „entdeckt". Dieser Zustand ist wenig erfreulich. Denn das Revisionsverfahren stellt die letzte Möglichkeit für den Steuerpflichtigen dar, um seine Verfahrensfehler richtig zu stellen. Das Revisionsverfahren erweist sich damit als Rettungsanker für den Steuerpflichtigen. Wünschenswert ist allerdings, dass Verfahrensfehler früher auffallen bzw. gar nicht erst entstehen. Der Zustand der aufkommenden verfahrensrechtlich geprägten Streitfälle verdeutlicht, dass das formelle Recht oft aufgrund schwieriger materiell-rechtlicher Fragen in den Hintergrund rückt.

Um das Verhältnis zwischen formellen Recht und materiellen Recht der Personengesellschaft und ihrer Gesellschafter im Einkommensteuerrecht besser aufeinander abzustimmen, werden im vierten Teil der Arbeit Lösungsvorschläge erarbeitet.

Als Grundlegung werden zunächst in § 11 der Stellenwert des Verfahrensrechts im Allgemeinen und der Stellenwert des Verfahrensrechts im Steuerrecht analysiert. Obgleich die Vorschriften § 46 VwVfG und § 127 AO den dienenden Charakter des Verfahrensrechts belegen, ist festzustellen, dass dem Verfahrensrecht in jüngerer Zeit im Schrifttum ein positiver Stellenwert beigemessen wird. Denn Verfahrensrecht und materielles Recht sind als gleichwertiges Recht anzusehen. Das Verfahrensrecht ist kein nachrangiger Annex.

Die im Anschluss aufgezeigten Vorschläge können sowohl durch Lösungen im Wege der Auslegung (§ 12) als auch durch Lösungen im Wege der gesetzlichen Kodifikation (§ 13) überzeugen.

Im Rahmen der Auslegung kommt insbesondere der Rechtsschutz gewährenden Auslegung enorme Bedeutung zu. Eine Rechtsschutz gewährende Auslegung verhilft sowohl dem nicht rechtsbehelfsbefugten Gesellschafter einer ausländischen Personengesellschaft als auch dem Gesellschafter einer vollbeendeten Personengesellschaft zur Erlangung effektiven Rechtsschutzes. Allerdings können nicht alle Probleme durch eine Auslegung gelöst werden. Darum werden insbesondere materiell-rechtliche Lösungen in den Blick genommen. Die

Personengesellschaft sollte künftig dem Trennungsprinzip unterworfen werden. Als Folgewirkung lösen sich die Probleme hinsichtlich der fehleranfälligen Einspruchs- und Klagebefugnis auf. Denn das Trennungsprinzip bedarf keines einheitlichen und gesonderten Feststellungsverfahrens samt § 352 AO und § 48 FGO mehr.

Indes nützen diese Vorschläge dem Steuerpflichtigen erst dann, wenn sie durch die Rechtsprechung bzw. den Gesetzgeber umgesetzt werden. Darum verbleibt als Fazit dieser Arbeit das dringende Reformbedürfnis zur besseren Abstimmung von Verfahrensrecht und materiellem Recht der Personengesellschaft und ihrer Gesellschafter im Einkommensteuerrecht. Indem die Konsequenzen der mangelnden Abstimmung zwischen materiellem und formellem Recht aufgezeigt wurden, leistet diese Arbeit einen Beitrag dazu, sich die Dringlichkeit dieser seit Jahrzehnten bestehenden Problematik vor Augen zu führen. Denn insbesondere die Streitfälle aus jüngerer Zeit verdeutlichen die Gefährdung des Rechtsschutzes für die betroffenen Gesellschafter.

Während dem materiellen Recht der Personengesellschaft und ihrer Gesellschafter im Ertragsteuerrecht stets viel Aufmerksamkeit geschenkt wird, wird das formelle Recht oftmals nur stiefmütterlich behandelt. Diesen Zustand gilt es künftig zu ändern. Denn materielles Recht und formelles Recht haben denselben Stellenwert.

Literaturverzeichnis

Bauhaus, Krimhild: Anmerkung zum Urteil des FG Hannover vom 22.5.2014, 10 K 245/13, AO-StB 2014, 268–269.

Bartone, Roberto: Gedanken zu den Grundsätzen der Normenklarheit und der Normenbestimmtheit als Ausprägung des Rechtsstaatsprinzips, in: Rensen, Hartmut / Brink, Stefan (Hrsg.), Linien der Rechtsprechung des Bundesverfassungsgerichts – erörtert von den wissenschaftlichen Mitarbeitern, Berlin 2009, S. 305–328.

Baumbach, Adolf (Begr.) / Hopt, Klaus J. (Hrsg.): Handelsgesetzbuch, 36. Auflage, München 2014, (zitiert: *Bearbeiter*, in Baumbach/Hopt, HGB^{36}, 2014, § … Rz. …).

Becker, Enno: Die Grundlagen der Einkommensteuer, Herne / Berlin 1940 (zitiert: *Becker*, Die Grundlagen der Einkommensteuer, 1940, S.).

von Beckerath, Hans-Jochem: Die einheitliche Feststellung von Einkünften im Veranlagungs- und Einspruchsverfahren, DStR 1983, 475–484.

Beermann, Albert (Begr.) / *Gosch, Dietmar* (Hrsg.): Abgabenordnung/Finanzgerichtsordnung mit Nebengesetzen/EuGH-Verfahrensrecht, Bonn (Loseblatt), 121. Ergänzungslieferung, Dezember 2015, (zitiert: *Bearbeiter*, in Beermann/Gosch, AO/FGO, § … Rz. … [Stand]).

Benda, Ernst: Die Wahrung verfassungsrechtlicher Grundsätze im Steuerrecht, DStZ 1984, 159–164.

Benne, Dietmar: Einkommensteuerliche und steuerverfahrensrechtliche Probleme bei Insolvenzen im Zusammenhang mit Personengesellschaften, BB 2001, 1977–1988.

Best, Michael: Einkünftequalifikation und Gewinnermittlung bei Personengesellschaften. Ein Beitrag zur Personengesellschaft als partielles Steuerrechtssubjekt, DStR 1991, 1545–1576.

Beuthien, Volker: Zur Funktion und Verantwortung juristischer Personen im Privatrecht, JZ 2011, 124–130.

Bier, Bernd-Peter: Die Gewerbesteuer aus Sicht der Unternehmen, in: Wieland, Joachim (Hrsg.), Kommunalsteuern und -abgaben, DStJG Band 35, Köln 2012, S. 219–247, (zitiert: *Bier*, in DStJG 35 [2012], S.).

Bilsdorfer, Peter: Rechtsbehelfe von Personengesellschaften im Steuerprozess, Klagebefugnis, Beteiligten- und Prozessfähigkeit, NWB 2005, 8859–8866.

Bippus, Birgit Elsa: Raus aus der Mitunternehmerschaft, rein in die Körperschaftsteuer – Überlegungen zur steuerrechtlichen Konzeption der Personengesellschaften, DStR 1998, 749–759.

Birk, Dieter: Verfassungskonforme Auslegung im Steuerrecht, StuW 1990, 300–307.

Birk, Dieter / Desens, Marc / Tappe, Henning: Steuerrecht, 18. Auflage, Heidelberg / München / Landsberg (u.a.) 2015, (zitiert: *Birk/Desens/Tappe*, Steuerrecht[18], 2015, S.).

Blümich, Walter (Hrsg.): Einkommensteuergesetz, Körperschaftsteuergesetz, Gewerbesteuergesetz, Nebengesetze, München (Loseblatt), 130. Ergänzungslieferung, Oktober 2015, (zitiert: *Bearbeiter*, in Blümich, EStG/KStG/GewStG, § … Rz. … [Stand]).

Bodden, Guido: Die einkommensteuerrechtliche Subjektfähigkeit der Personengesellschaft, DStZ 1996, 73–85.

– Einkünftequalifikation bei Mitunternehmern, Dissertation, Universität zu Köln, Aachen 2001, (zitiert: *Bodden*, Einkünftequalifikation bei Mitunternehmern, 2001, S.).

– Einkünftequalifikation bei Mitunternehmern. 4 Thesen zur Neuorientierung bei der Besteuerung von Personengesellschaften, FR 2002, 559–568.

– Der Steuerstreit im Einkommensteuerrecht. Methodische Leitlinien für die steuerrechtliche Argumentation, FR 2014, 1053–1064.

Boin, Kai T.: Die Rechtsfähigkeit der BGB-Gesellschaft – eine never ending Story? Anmerkungen und Beratungshinweise zu BGH vom 29.01.2001, II ZR 331/00, GmbHR 2001, 513–515.

Bonk, Heinz Joachim: Strukturelle Änderungen des Verwaltungsverfahrens durch das Genehmigungsbeschleunigungsgesetz, NVwZ 1997, 320–330.

Bordewin, Arno: Die Einheit der Personengesellschaft im Härtetest des § 6b EStG, in: Raupach, Arndt / Uelner, Adalbert (Hrsg.), Festschrift für Ludwig Schmidt zum 65. Geburtstag, München 1993, S. 421–437, (zitiert: *Bordewin*, in Festschrift L. Schmidt, 1993, S.).

Boruttau, Ernst Paul: Grunderwerbsteuergesetz, 17. Auflage, München 2011, (zitiert: *Bearbeiter*, in Boruttau, GrEStG[17], 2011, § … Rz. …).

Böttcher, Conrad: Zum Wirtschafts- und Steuerrecht der Familienunternehmen. Rückschau auf Erfahrungen zwischen dem 4. und 5. Fachkongreß, Oktober 1952 bis Oktober 1953, in: Spitaler, Armin (Hrsg.), Steuerberater-Jahrbuch 1953/54, zugleich ein Bericht über den V. Fachkongreß der Steuerberater der Bundesrepublik Deutschland, Köln 19. bis 21. Oktober 1953, Köln 1954, S. 239–288, (zitiert: *Böttcher*, in StbJb. 1953/54, S.).

Braun, Leander: Die Personenhandelsgesellschaft im Gewerbesteuerrecht, Unternehmereigenschaft und Berechtigung zum Gewerbeverlustabzug, BB 1993, 1055.

Brühler Empfehlungen zur Reform der Unternehmensbesteuerung, Kommission zur Reform der Unternehmensbesteuerung eingesetzt vom Bundesminister der Finanzen, BB 1999, 1188–1192.

Bunjes, Johann / Geist, Reinhold (Begr.): Umsatzsteuergesetz Kommentar, 14. Auflage, München 2015, (zitiert: *Bearbeiter*, in Bunjes, UStG[14], 2015, § … Rz. …).

Burgi, Martin: Die dienende Funktion des Verwaltungsverfahrens: Zweckbestimmung und Fehlerfolgenrecht in der Reform, DVBl. 2011, 1317–1376.

Burgi, Martin / Durner, Wolfgang: Modernisierung des Verwaltungsverfahrensrechts durch Reform des Verwaltungsverfahrensgesetzes: Transparenz, Bürgerfreundlichkeit und Perspektiven der Bürgerbeteiligung insbesondere in Verfahren der Eröffnungskontrolle, Baden-Baden 2011, (zitiert: *Burgi/Durner*, Modernisierung des Verwaltungsverfahrensrechts, 2011, S.).

Cordes, Helmut: Untersuchungen über Grundlagen und Entstehung der Reichsabgabenordnung vom 23. Dezember 1919, Dissertation, Universität zu Köln, Hamburg 1971, (zitiert: *Cordes*, Untersuchungen über Grundlagen, 1971, S.).

Crezelius, Georg: Steuerrechtliche Rechtsanwendung und allgemeine Rechtsordnung, Habilitationsschrift, Universität Bielefeld, Herne / Berlin, 1983, (zitiert: *Crezelius*, Steuerrechtliche Rechtsanwendung, 1983, S.).

– Die doppelstöckige Personengesellschaft im Einkommensteuerrecht, JZ 1991, 546–550.

– Analogieanweisungen im Steuerrecht, FR 2008, 889–897.

Demuth, Björn / Klingbeil, Tobias: Bilanzierungspflicht von vermögensverwaltenden Personenhandelsgesellschaften?!, DStR 2009, 2537–2539.

Dißars, Ulf-Christian: Einspruchs- und Klagebefugnis bei einheitlicher und gesonderter Feststellung, NWB 2011, 1715–1721.

Dißars, Björn-Axel / Dißars, Ulf-Christian: Einspruchsbefugnis bei einheitlicher Feststellung. Der neue § 352 der Abgabenordnung, BB 1996, 773–778.

Dolde, Klaus-Peter: Verwaltungsverfahren und Deregulierung, NVwZ 2006, 857–865.

Döllerer, Georg: Das Bilanzrecht in der neueren Rechtsprechung des Bundesfinanzhofs, in: Jahrbuch der Fachanwälte für Steuerrecht 1974/75, Herne / Berlin 1974, S. 142–158, (zitiert: *Döllerer*, in JbFSt. 1974/75, S.).

– Die Steuerbilanz der Personenhandelsgesellschaft als konsolidierte Bilanz einer wirtschaftlichen Einheit, DStZ 1974, 211–220.

– Neuere Entwicklungen im Steuerrecht der Personengesellschaft, DStZ 1976, 435–441.

– Zur Realteilung bei Personenhandelsgesellschaften – Anmerkungen zu dem BFH-Urteil vom 19.01.1982, VIII R 21/77, DStZ 1982, 267–272.

Dötsch, Franz: Mitunternehmer und Mitunternehmerschaften, in: Dötsch, Franz / Herlinghaus, Andreas / Hüttemann, Rainer / Lüdicke, Jürgen / Schön, Wolfgang (Hrsg.), Die Personengesellschaft im Steuerrecht, Gedächtnissymposium für Brigitte Knobbe-Keuk, Köln 2011, S. 7–38, (zitiert: *Dötsch*, in Dötsch/Herlinghaus/Hüttemann/Lüdicke/Schön, Die Personengesellschaft im Steuerrecht, 2011, S.).

Dreier, Horst (Hrsg.): Grundgesetz, Kommentar, 1. Band, 3. Auflage, Tübingen 2013, (zitiert: *Bearbeiter*, in Dreier, GG^3, Bd. 1, 2013, Art. … Rz. …).

Drüen, Klaus-Dieter: Zur Rechtsnatur des Steuerrechts und ihrem Einfluß auf die Rechtsanwendung, in: Drenseck, Walter (Hrsg.), Festschrift für Heinrich Wilhelm Kruse zum 70. Geburtstag, Köln 2001, S. 191–212, (zitiert: *Drüen*, in Festschrift Kruse, 2001, S.).

– Die Verfahrensrüge der Überraschungsentscheidung. Maßnahmen zum Schutz des Prozessgrundrechts auf rechtliches Gehör (Teil 2), AO-StB 2002, 242–245.

– Die vermögensverwaltende Personenhandelsgesellschaft – Ein Beispiel für das Zusammenspiel von Handels- und Steuerrecht, SteuerStud 2004, 8–13.

– Rechtsformneutralität der Unternehmensbesteuerung als verfassungsrechtlicher Imperativ?, GmbHR 2008, 393–403.

– Inanspruchnahme Dritter für den Steuervollzug, in: Widmann, Werner (Hrsg.), Steuervollzug im Rechtsstaat, DStJG Band 31, Köln 2008, S. 167–201, (zitiert: *Drüen*, in DStJG 31 [2008], S.).

– Zukunft des Steuerverfahrens, in: *Schön, Wolfgang / Beck, Karin E.M.* (Hrsg.), Zukunftsfragen des deutschen Steuerrechts, Berlin / Heidelberg 2009, S. 1–38, (zitiert: *Drüen*, in Zukunftsfragen des deutschen Steuerrechts, 2009, S.).

– Kommunale Informationsrechte im staatlichen Besteuerungsverfahren, DÖV 2012, 493–499.

– Prinzipien und konzeptionelle Leitlinien einer Einkommensteuerreform, in: Jachmann, Monika (Hrsg.), Erneuerung des Steuerrechts, DStJG Band 37, Köln 2014, S. 9–63, (zitiert: *Drüen*, in DStJG 37 [2014], S.).

Dürrschmidt, Daniel / Friedrich-Vache: Materiell- und verfahrensrechtliche Aspekte der Einkünfteermittlung bei der Zebragesellschaft, DStR 2005, 1515–1520.

Ehlers, Dirk / Pünder, Hermann (Hrsg.): Allgemeines Verwaltungsrecht, 15. Auflage, Berlin 2016, (zitiert: *Autor*, in Ehlers/Pünder, Allgemeines Verwaltungsrecht[15], 2016, § … Rz. …).

Engel, Michaela: Vermögensverwaltende Personengesellschaften im Ertragsteuerrecht: ein systematischer Leitfaden für die steuerrechtliche Praxis, 2. Auflage, Herne 2015, (zitiert: *Engel*, Vermögensverwaltende Personengesellschaften im Ertragsteuerrecht[2], 2015, S.).

Erichsen, Hans-Uwe: Das Bundesverwaltungsgericht und die Verwaltungsrechtswissenschaft, DVBl. 1978, 569–577.

Ernst, Eberhard: Zur verfassungsrechtlichen Problematik des einheitlichen Feststellungsverfahrens, StuW 1958, 510–528.

Fabricius, Fritz: Relativität der Rechtsfähigkeit, Ein Beitrag zur Theorie und Praxis des privaten Personenrechts, Habilitationsschrift, Universität Münster, München / Berlin 1963, (zitiert: *Fabricius*, Relativität der Rechtsfähigkeit, 1963, S.).

Fechner, Ullrich / Bäuml, Swen O.: Fortentwicklung des Rechts der Besteuerung von Personenunternehmen, FR 2010, 744–750.

Fehling, Michael: Eigenwert des Verfahrens im Verwaltungsrecht, in VVDStRL, Heft 70, Der Schutzauftrag des Rechts, Berlin / Boston 2011, S. 278–337, (zitiert: *Fehling*, in VVDStRL 70 [2011], S.).

Fetzer, Thomas: Steuerrecht und Normenklarheit, in: Baumeister, Peter / Roth, Wolfgang / Ruthig, Josef (Hrsg.), Staat, Verwaltung und Rechtsschutz, Festschrift für Wolf-Rüdiger Schenke zum 70. Geburtstag, Berlin 2011, S. 129–145, (zitiert: *Fetzer*, in Festschrift W.-R. Schenke, 2011, S.).

Fikentscher, Wolfgang: Methoden des Rechts in vergleichender Darstellung, 4. Band, Dogmatischer Teil, Tübingen 1977, (zitiert: *Fikentscher*, Methoden des Rechts, Bd. IV, 1977, S.).

Fink, Hansludwig: Ist die Bilanzbündeltheorie noch haltbar?, in: Spitaler, Armin (Hrsg.), Steuerberater-Jahrbuch 1955/56, zugleich ein Bericht über den VII. Fachkongreß der Steuerberater der Bundesrepublik Deutschland, Köln 10. bis 12. Oktober 1955, Köln 1956, S. 525–562, (zitiert: *Fink*, in StbJb. 1955/56, S.).

Fischer, Peter: Auch der Mitunternehmer ist ein Unternehmer des Betriebs. Ein Beitrag zur subjektiven Zurechnung des einkommensteuerbaren Handlungs- und Erfolgstatbestands, in: Budde, Wolfgang Dieter / Moxter, Adolf / Offerhaus, Klaus (Hrsg.), Handelsbilanzen und Steuerbilanzen, Festschrift zum 70. Geburtstag von Prof. Dr. h.c. Heinrich Beisse, Düsseldorf 1997, S. 189–205, (zitiert: *Fischer*, in Festschrift Beisse, 1997, S.).

Flick, Hans (Begr.) / Wassermeyer, Franz / Baumhoff, Hubertus / Schönfeld, Jens (Hrsg.): Außensteuerrecht Kommentar, Köln (Loseblatt), 77. Ergänzungslieferung, Dezember 2015, (zitiert: *Bearbeiter*, in Flick/Wassermeyer/Baumhoff/Schönfeld, Außensteuerrecht Kommentar, § … Rz. … [Stand]).

Früchtl, Bernd / Prokscha, Armin: Vermögensverwaltende Personengesellschaften im Gesellschafts-, Handels- und Steuerrecht, DStZ 2010, 595–603.

Gast, Brigitte: Steuerliche Verfahrensnormen als Zweckmässigkeitsvorschriften, in: Felix, Günther (Hrsg.), Vom Rechtsschutz im Steuerrecht, Düsseldorf 1960, S. 181–197, (zitiert: *Gast*, in Vom Rechtsschutz im Steuerrecht, 1960, S.).

Geck, Reinhard: Die vermögensverwaltende Personengesellschaft im Ertrag- und Erbschaftsteuerrecht, KÖSDI 2010, 16842–16853.

Geschwendtner, Hubert: Die Personengesellschaft als Steuerrechtssubjekt im Einkommensteuerrecht nach der Rechtsprechung des Großen Senats des BFH, in: Kirchhof, Paul / Offerhaus, Klaus / Schöberle, Horst (Hrsg.), Festschrift für Franz Klein, Köln 1994, S. 751–779, (zitiert: *Geschwendtner*, in Festschrift Klein, 1994, S.).

– Die atypisch stille Gesellschaft als beschränkt rechtsfähiges Steuerrechtssubjekt im Einkommensteuerrecht – Zugleich eine Besprechung des BFH-Urteils vom 26. November 1996 VIII R 42/91, DStZ 1998, 335–344.

Geserich, Stephan: Auslegung und Rechtsfortbildung, Beihefter zu DStR 2011, 59–66.

Glanegger, Peter (Begr.) / Güroff, Georg: Gewerbesteuergesetz, Kommentar, 8. Auflage, München 2014, (zitiert: *Bearbeiter*, in Glanegger/Güroff, GewStG[8], 2014, § … Rz. …).

Gosch, Dietmar: Steuerlicher Zugriff auf Gesellschafter von Personen- und Kapitalgesellschaften, DStZ 1996, 417–425.

– „Zoff im BFH“: Die vorläufig vorweggenommene Divergenzanrufung, DStR 2010, 1173–1176.

– § 178 Körperschaftsteuer, in: Kube, Hanno / Mellinghoff, Rudolf / Morgenthaler, Gerd / Palm, Ulrich / Puhl, Thomas / Seiler, Christian (Hrsg.), Leitgedanken des Rechts, Paul Kirchhof zum 70. Geburtstag, Band II, Staat und Bürger, Heidelberg / München (u.a.) 2013, S. 1937–1950, (zitiert: *Gosch*, in Leitgedanken des Rechts, Bd. II, 2013, S.).

– Inhaltsadressat von Feststellungsbescheiden, BFH/PR 2014, 148–150.

Gradl, Sybille / Wiese, Gabriele: Personengesellschaften – Adressierung der Verwaltungsakte und Klagebefugnis in ausgewählten Situationen, DStZ 2004, 754–759.

Gräber, Fritz: (Begr.), Finanzgerichtsordnung mit Nebengesetzen, Kommentar, 7. Auflage, München 2010, (zitiert: *Bearbeiter*, in Gräber, FGO[7], 2010, § … Rz. …).

– (Begr.), Finanzgerichtsordnung mit Nebengesetzen, Kommentar, 8. Auflage, München 2015, (zitiert: *Bearbeiter*, in Gräber, FGO[8], 2015, § … Rz. …).

Greim, Jeanine: Rechtsschutz bei Verfahrensfehlern im Umweltrecht. Eine Abhandlung am Beispiel des Umwelt-Rechtsbehelfsgesetzes, Dissertation, Universität Regensburg, Berlin 2013, (zitiert: *Greim*, Rechtsschutz bei Verfahrensfehlern im Umweltrecht, 2013, S.).

Groh, Manfred: Nach der Aufgabe der Geprägetheorie – Zum Beschluß des Großen Senats vom 25.6.1984 GrS 4/82, DB 1984 S. 2383, DB 1984, 2373–2379.

– Sondervergütungen in der doppelstöckigen Personengesellschaft – Anmerkungen zum BFH-Beschluß vom 25.2.1991, GrS 7/89, DB 1991 S. 889, DB 1991, 879–884.

– Trennungs- und Transparenzprinzip im Steuerrecht der Personengesellschaften, ZIP 1998, 89–95.

von Groll, Rüdiger: Das Handeln der Finanzverwaltung als Gegenstand des Rechtsschutzbegehrens, in: Trzaskalik, Christoph (Hrsg.), Der Rechtsschutz in Steuersachen, DStJG Band 18, Köln 1995, S. 47–75, (zitiert: *von Groll*, in DStJG 18 [1995], S.).

– Die Mißachtung der Abgabenordnung, ein Beitrag zur Verunsicherung im Steuerrecht – dargestellt am Beispiel der Tatbestandsverwirklichung, in: Tipke, Klaus / Söhn, Hartmut (Hrsg.), Gedächtnisschrift für Christoph Trzaskalik, Köln 2005, S. 19–30, (zitiert: *von Groll*, in Gedächtnisschrift Trzaskalik, 2005, S.).

– Zur Bedeutung des § 2 EStG für die Systematik des Steuerrechts, in: Kirchhof, Paul / Schmidt, Karsten / Schön, Wolfgang / Vogel, Klaus (Hrsg.), Festschrift für Arndt Raupach zum 70. Geburtstag. Steuer- und Gesellschaftsrecht zwischen Unternehmerfreiheit und Gemeinwohl, Köln 2006, S. 131–141, (zitiert: *von Groll*, in Festschrift Raupach, 2006, S.).

– Zu den abgabenrechtlichen Besonderheiten der Wechselwirkung zwischen materiellem Recht und Verfahrensrecht, FR 2007, 540–543.

Groschupf, Otto: Wie entscheidet das Verwaltungsgericht, wenn das Verwaltungsverfahren fehlerhaft war?, DVBl. 1962, 627–634.

Gurlit, Elke: Der Eigenwert des Verfahrens im Verwaltungsrecht, in VVDStRL, Heft 70, Der Schutzauftrag des Rechts, Berlin / Boston 2011, S. 227–277, (zitiert: *Gurlit*, in VVDStRL 70 [2011], S.).

Haas, Josef Franz: Ist die Bilanzbündeltheorie tatsächlich überholt?, DStR 1997, 1706–1712.

Hallerbach, Dorothee: Die Personengesellschaft im Einkommensteuerrecht. Zivilrechtliche Einordnung und einkommensteuerrechtliche Folgen, Dissertation, Universität Augsburg, München 1999, (zitiert: *Hallerbach*, Die Personengesellschaft im Einkommensteuerrecht, 1999, S.).

Haritz, Detlef / Wisniewski, Thomas: Das Ende des Umwandlungsmodells. Erste Anmerkungen zu umwandlungssteuerlichen Aspekten der geplanten Unternehmenssteuerreform, GmbHR 2000, 161–165.

Haug, Volker / Schadtle, Kai: Der Eigenwert der Öffentlichkeitsbeteiligung im Planungsrecht. Zugleich ein Beitrag zur Dogmatik des § 46 VwVfG, NVwZ 2014, 271–275.

Heidner, Hans-Herrmann: Die Beteiligungsfähigkeit von vermögenslosen Gesellschaften im Besteuerungsverfahren, DB 1991, 569–571.

– Probleme der liquidierten Gesellschaft im Verfahren, DStR 1992, 201–208.

Heinemann, Ernst Peter: Rechtsmittelverfahren gegen einheitliche Feststellungsbescheide, BB 1964, 254–255.

Heinke, Hans-Michael: Der Einspruchsbevollmächtigte, DStZ 1997, 558–563.

Heißenberg, Lutz: Rechtsbehelfsbefugnisse bei Gesellschaften und Gemeinschaften, KÖSDI 1990, 8037–8045.

– Ausgeschiedene Personengesellschafter im Steuerverfahrensrecht, KÖSDI 1996, 10901–10905.

Henckel, Wolfram: Prozessrecht und Materielles Recht, Göttingen 1970, (zitiert: *Henckel*, Prozessrecht und Materielles Recht, 1970, S.).

Hennrichs, Joachim: Dualismus der Unternehmensbesteuerung, StuW 2002, 201–216.

– Besteuerung von Personengesellschaften – Transparenz- oder Trennungsprinzip?, FR 2010, 721–731.

Hennrichs, Joachim / Lehmann, Ulrike: Rechtsformneutralität der Unternehmensbesteuerung. Kritische Anmerkung zum Beschluss des BVerfG vom 21.6.2006, 2 BvL 2/99, StuW 2007, 16–21.

Herrmann, Hans Joachim: Die Personengesellschaft als Rechtssubjekt im Zivil- und Steuerrecht, DStZ 1998, 87–92.

Herrmann, Carl / Heuer, Gerhard / Raupach, Arndt (Hrsg.): Einkommensteuergesetz und Körperschaftsteuergesetz, Köln (Loseblatt), 272. Ergänzungslieferung, Januar 2016, (zitiert: *Bearbeiter*, in Herrmann/Heuer/Raupach, EStG/KStG, § … Anm. … [Stand]).

Herzig, Norbert: Die einheitliche Unternehmensteuer. Ein Reformkonzept zur Erlangung internationaler Wettbewerbsfähigkeit, in: Kirchhof, Paul / Lambsdorff, Otto Graf / Pinkwart, Andreas (Hrsg.), Perspektiven eines modernen

Steuerrechts, Festschrift für Hermann Otto Solms, Berlin 2005, S. 115–122, (zitiert: *Herzig*, in Festschrift Solms, 2005, S.).

Herzig, Norbert / Kessler, Wolfgang: Die begrenzte Steuerrechtsfähigkeit von Personenmehrheiten nach dem Beschluß des Großen Senats des BFH vom 25.6.1984 (Teil I), DB 1985, 2476–2482.

– Die begrenzte Steuerrechtsfähigkeit von Personenmehrheiten nach dem Beschluß des Großen Senats des BFH vom 25.6.1984 (Teil II), DB 1985, 2528–2531.

Herzog, Roman: Gesetzgebung und Einzelfallgerechtigkeit, NJW 1999, 25–28.

Hey, Johanna: Besteuerung von Unternehmensgewinnen und Rechtsformneutralität, in: Ebling, Iris (Hrsg.), Besteuerung von Einkommen, DStJG Band 24, Köln 2001, S. 155–223, (zitiert: *Hey*, in DStJG 24 [2001], S.).

– Steuerplanungssicherheit als Rechtsproblem, Habilitationsschrift, Universität zu Köln, Köln 2002, (zitiert: *Hey*, Steuerplanungssicherheit als Rechtsproblem, 2002, S.).

– Unternehmenssteuerreform: Integration von Personenunternehmen in die niedrige Besteuerung thesaurierter Gewinne. Die Reformvorschläge im Vergleich, in: Kirchhof, Paul / Schmidt, Karsten / Schön, Wolfgang / Vogel, Klaus (Hrsg.), Festschrift für Arndt Raupach zum 70. Geburtstag. Steuer- und Gesellschaftsrecht zwischen Unternehmerfreiheit und Gemeinwohl, Köln 2006, S. 479–494, (zitiert: *Hey*, in Festschrift Raupach, 2006, S.).

– Körperschaft- und Gewerbesteuer und objektives Nettoprinzip, DStR 2009, Beihefter 109–117.

– Die Brühler Empfehlungen zur Reform der Unternehmensbesteuerung, BB 1999, 1192–1199.

Hey, Johanna / Bauersfeld, Heide: Die Besteuerung der Personen(handels-)gesellschaften in den Mitgliedstaaten der Europäischen Union, der Schweiz und den USA, IStR 2005, 649–657.

Hill, Hermann: Das fehlerhafte Verfahren und seine Folgen im Verwaltungsrecht, Habilitationsschrift, Universität Kiel, Heidelberg 1986, (zitiert: *Hill*, Das fehlerhafte Verfahren und seine Folgen im Verwaltungsrecht, 1986, S.).

Hoffmann, Wolf-Dieter: Anmerkung zum Urteil des Bundesfinanzhofs vom 23.10.1990, VIII R 142/85, BB 1991, 513–515.

Hößlein, Marco: Judikatives Unrecht: subjektives Recht, Beseitigungsanspruch und Rechtsschutz gegen den Richter, Dissertation, Universität Mannheim, Berlin 2007, (zitiert: *Hößlein*, Judikatives Unrecht, 2007, S.).

Huber, Ulrich: Rechtsfähigkeit, juristische Person und Gesamthand, in: Schneider, Uwe H. / Hommelhoff, Peter / Schmidt, Karsten / Timm, Wolfram / Grunewald, Barbara / Drygala, Tim (Hrsg.), Festschrift für Marcus Lutter zum 70.

Geburtstag. Deutsches und europäisches Gesellschafts-, Konzern- und Kapitalmarktrecht, Köln 2000, S. 107–139, (zitiert: *Huber*, in Festschrift Lutter, 2000, S.).

Hübschmann, Walter / Hepp, Ernst / Spitaler, Armin (Begr.): Kommentar zur Abgabenordnung und Finanzgerichtsordnung, Köln (Loseblatt), 235. Ergänzungslieferung, Dezember 2015, (zitiert: *Bearbeiter*, in Hübschmann/Hepp/Spitaler, AO/FGO, § … Rz. …[Stand]).

Hüttemann, Rainer: Die Besteuerung der Personenunternehmen und ihr Einfluss auf die Rechtsformwahl, in: Seeger, Siegbert F. (Hrsg.), Perspektiven der Unternehmensbesteuerung, DStJG Band 25, Köln 2002, S. 123–144, (zitiert: *Hüttemann*, in DStJG 25 [2002], S.).

– Einkünftermittlung bei Gesellschaften, in: Hey, Johanna (Hrsg.), Einkünfteermittlung, DStJG Band 34, Köln 2011, S. 291–319, (zitiert: *Hüttemann*, in DStJG 34 [2011], S.).

Hufen, Friedhelm / Siegel, Thorsten: Fehler im Verwaltungsverfahren, 5. Auflage, Baden-Baden 2013, (zitiert: *Hufen/Siegel*, Fehler im Verwaltungsverfahren[5], 2013, S.).

Jakob, Wolfgang: Gesellschafterbürgschaften und Nachschußverpflichtungen als Größen des Verlustausgleichspotentials bei Kommanditisten einer vermögensverwaltenden Kommanditgesellschaft oder: Zum steuersystematischen Zusammenspiel von 100%-Erlaß und § 15a-Gesetz, BB 1989, 597–607.

Jakob, Wolfgang / Hörmann, Norbert: Zur Einkünfteerzielungsabsicht bei gemeinsamer wirtschaftlicher Betätigung. Zugleich ein Beitrag zur steuerrechtlichen Dogmatik von Personengesellschaften, FR 1990, 33–39.

Jauernig, Othmar: Materielles Recht und Prozeßrecht, JuS 1971, 329–334.

Jehke, Christian: Bestimmtheit und Klarheit im Steuerrecht, Dissertation, Universität Münster, Berlin 2005, (zitiert: *Jehke*, Bestimmtheit und Klarheit im Steuerrecht, 2005, S.).

Jesse, Lenhard: Einspruch und Klage im Steuerrecht, mit Musterformularen und praktischen Beispielen, 3. Auflage, München 2009, (zitiert: *Jesse*, Einspruch und Klage im Steuerrecht[3], 2009, S.).

Jessen, Uwe: Besteht eine nach dem Privatrecht erloschene Gesellschaft nach dem Steuerrecht noch fort?, NJW 1974, 2274–2275.

Jochum, Heike: Verwaltungsverfahrensrecht und Verwaltungsprozeßrecht: die normative Konnexität von Verwaltungsverfahrens- und Verwaltungsprozeßrecht und die Steuerungsleistung des materiellen Verwaltungsrechts, Habilitationsschrift, Universität Saarbrücken, Tübingen 2004, (zitiert: *Jochum*, Verwaltungsverfahrensrecht und Verwaltungsprozeßrecht, 2004, S.).

Kahl, Wolfgang: Grundrechtsschutz durch Verfahren in Deutschland und in der EU, Verwaltungsarchiv, Band 95, 2004, S. 1–37, (zitiert: *Kahl*, VerwArch 95 [2004], S.).

Kahle, Holger: Die Steuerbilanz der Personengesellschaft, DStZ 2012, 61–72.

Kaiser, Thomas: Der anhängige Steuerstreit in der Insolvenz der Personengesellschaft – Überlegungen insbesondere zum Verständnis von § 48 FGO, NZI 2013, 332–337.

Kamps, Heinz-Willi: Anfechtung von Bescheiden über einheitliche und gesonderte Feststellung von Besteuerungsgrundlagen bei Auflösung oder Ausscheiden aus der Gesellschaft, Stbg 2007, 119.

Kanzler, H.-J.: Ernstliche Zweifel an Gewinnrealisierung bei Übertragung eines Wirtschaftsguts zwischen Schwesterpersonengesellschaften, FR 2010, 761–763.

Kemcke, Tom / Schäffer, Thomas: Die vermögensverwaltende Personengesellschaft im Ertragsteuerrecht, in Haase, Florian / Dorn, Katrin (Hrsg.), Vermögensverwaltende Personengesellschaften, München 2013, S. 45–128, (zitiert: *Kemcke/Schäffer*, in Haase/Dorn, Vermögensverwaltende Personengesellschaften, 2013, S.).

Kempermann, Michael: Adressierung und Bekanntgabe von Steuerbescheiden, DStR 1979, 63–68.

– Einheit der Gesellschaft – Vielheit der Gesellschafter – Die Personengesellschaft in einkommen-, gewerbe- und umsatzsteuerlicher Sicht, DStZ 1995, 225–230.

Keß, Thomas: Kein Verfassungsgebot rechtsformneutraler Besteuerung? Gedanken zu der Entscheidung des BVerfG v. 21.6.2006 - 2 BvL 2/99, FR 2006, 766, FR 2006, 869–871.

Keuk, Brigitte: Die Besteuerung des Gewinns der Personengesellschaft und der Sondervergütungen der Gesellschaft, StuW 1974, 1–49.

Kirchhof, Paul: (Hrsg.), Einkommensteuergesetz, Kompaktkommentar, 8. Auflage, Köln 2008, (zitiert: *Bearbeiter*, in Kirchhof, EStG^{8}, 2008, § … Rz. …).

– Bundessteuergesetzbuch, Ein Reformentwurf zur Erneuerung des Steuerrechts, Heidelberg 2011, (zitiert: *Kirchhof*, Bundessteuergesetzbuch, 2011, S.).

– (Hrsg.), Einkommensteuergesetz, Kompaktkommentar, 15. Auflage, Köln 2016, (zitiert: *Bearbeiter*, in Kirchhof, EStG^{15}, 2016, § … Rz. …).

Kirchhof, Paul / Söhn, Hartmut / Mellinghoff, Rudolf (Hrsg.): Kommentar zum Einkommensteuergesetz, Heidelberg (Loseblatt), 266. Ergänzungslieferung, März 2016, (zitiert: *Bearbeiter*, in Kirchhof/Söhn/Mellinghoff, EStG/KStG/GewStG, § … Rdnr. …[Stand]).

Kischel, Uwe: Die Begründung: zur Erläuterung staatlicher Entscheidungen gegenüber dem Bürger, Habilitationsschrift, Universität Mannheim, Tübingen 2003, (zitiert: *Kischel,* Die Begründung, 2003, S.).

Klein, Franz (Begr.): Abgabenordnung – einschließlich Steuerstrafrecht, 12. Auflage, München 2014, (zitiert: *Bearbeiter,* in Klein, AO[12], 2014, § … Rz. …).

Klein, Friedrich: Tragweite der Generalklausel im Art. 19 Abs. 4 des Bonner Grundgesetzes, in VVDStRL Heft 8 (1950), S. 67–164, (zitiert: *Klein,* in VVDStRL 8 [1950], S.).

Knobbe-Keuk, Brigitte: Aktuelle Rechts- und Steuerprobleme der mittelständischen Unternehmen, in: Herzig, Norbert / Curtius-Hartung, R. / Niemann, Ursula (Hrsg.), Steuerberater-Jahrbuch 1991/1992, zugleich ein Bericht über den 43. Fachkongreß der Steuerberater, Köln, 8. und 9. Oktober 1991, Köln 1992, S. 215–245, (zitiert: *Knobbe-Keuk,* in StbJb. 1991/92, S.).

– Bilanz- und Unternehmenssteuerrecht, 9. Auflage, Köln 1993, (zitiert: *Knobbe-Keuk,* Bilanz- und Unternehmenssteuerrecht[9], 1993, S.).

Kobor, Hagen: Hinzuziehung zum Einspruchsverfahren und Beiladung zum Klageverfahren, SteuK 2013, 49–53.

Koenig, Ulrich (Hrsg.): Abgabenordnung, Kommentar, 3. Auflage, München 2014, (zitiert: *Bearbeiter,* in Koenig, AO[3], 2014, § … Rz. …).

Kopp, Ferdinand (Begr.) / *Schenke, Wolf-Rüdiger* (Bearb.): Verwaltungsgerichtsordnung, Kommentar, 21. Auflage, München 2015, (zitiert: *Bearbeiter,* in Kopp/Schenke, VwGO[21], 2015, § …Rz. …).

Kraft, Cornelia: Entwicklungstendenzen in der Besteuerungskonzeption für Personengesellschaften, DStR 1995, 921–926.

Kraneis, Karl-Kristian: Die Grenzen der Bilanzbündeltheorie, Dissertation, Universität zu Köln, Düsseldorf 1963, (zitiert: *Kraneis,* Die Grenzen der Bilanzbündeltheorie, 1963, S.).

Kroppen, Heinz-Klaus: Internationale Aspekte einer Reform der Unternehmensbesteuerung, in: Jachmann, Monika (Hrsg.), Erneuerung des Steuerrechts, DStJG Band 37, Köln 2014, S. 259–279, (zitiert: *Kroppen,* in DStJG 37 [2014], S.).

Kruse, Heinrich Wilhelm: Über Feststellungs- und Steuerbescheide an Gesamthandsgemeinschaften, DStR 1974, 395–400.

– Rechtfertigung des Themas, Grund und Ziel der Tagung, in: Kruse, Heinrich Wilhelm (Hrsg.), Die Grundprobleme der Personengesellschaft im Steuerrecht, DStJG Band 2, Köln 1979, S. 1–4, (zitiert: *Kruse,* in DStJG 2 [1979], S.).

Krüger, Frank: Die vermögensverwaltende Personengesellschaft im Ertragssteuerrecht, Dissertation, Universität Osnabrück, Frankfurt am Main 1995, (zitiert: *Krüger,* Die vermögensverwaltende Personengesellschaft im Ertragssteuerrecht, 1995, S.).

Kuck, Tobias: Steuerrechtssubjektivität mitunternehmerischer Innengesellschaften. Am Beispiel und unter besonderer Berücksichtigung der stillen Gesellschaft, Dissertation, Universität zu Freiburg im Breisgau, Berlin 2009, (zitiert: *Kuck*, Steuerrechtssubjektivität mitunternehmerischer Innengesellschaften, 2009, S.).

Kühn, Rolf (Begr.) / *von Wedelstädt, Alexander* (Hrsg.): Abgabenordnung und Finanzgerichtsordnung, Kommentar, 21. Auflage, Stuttgart 2015 (zitiert: *Bearbeiter*, in Kühn/von Wedelstädt, AO/FGO[21], 2015, § … Rz. …).

Kühnen, Sabine: Anmerkung zum Urteil des FG Köln vom 20.1.2010, 7 K 9391/07, EFG 2010, 898–899.

Kußmaul, Heinz / Schäfer, Rene: Die Option eines Personenunternehmens für die Körperschaftsteuer, BB 2000, 901–904.

Ladenburger, Clemens: Verfahrensfehlerfolgen im französischen und im deutschen Verwaltungsrecht. Die Auswirkungen von Fehlern des Verwaltungsverfahrens auf die Sachentscheidung, Berlin / Heidelberg / New York (u.a.) 1999, (zitiert: *Ladenburger*, Clemens, Verfahrensfehlerfolgen im französischen und im deutschen Verwaltungsrecht, 1999, S.).

Lang, Joachim: Reform der Unternehmensbesteuerung, StuW 1989, 3–17.

- Zur Subjektfähigkeit von Personengesellschaften im Einkommensteuerrecht, in: Raupach, Arndt / Uelner, Adalbert (Hrsg.), Festschrift für Ludwig Schmidt zum 65. Geburtstag, München 1993, S. 291–306, (zitiert: *Lang*, in Festschrift L. Schmidt, 1993, S.).
- Das Standortsicherungsgesetz auf dem Prüfstand, in Herzig, Norbert / Günkel, Manfred / Niemann, Ursula (Hrsg.), Steuerberater-Jahrbuch 1993/94. Zugleich ein Bericht über den 45. Fachkongress der Steuerberater. Köln, 19. und 20. Oktober 1993, Köln 1994, S. 9–30, (zitiert: *Lang*, in StbJb. 1993/94, S.).
- Die Unternehmenssteuerreform – eine Reform pro GmbH, GmbHR 2000, 453–462.
- BB-Forum: Unternehmenssteuerreform im Staatenwettbewerb, BB 2006, 1769–1773.
- Besteuerung von Einkommen – Aufgabe, Wirkungen und europäische Herausforderungen, NJW 2006, 2209–2213.
- Auf der Suche nach rechtsformneutraler Besteuerung der Unternehmen, in: Kessler, Wolfgang / Förster, Guido / Watrin, Christoph (Hrsg.), Unternehmensbesteuerung, Festschrift für Norbert Herzig zum 65. Geburtstag, München 2010, S. 323–333, (zitiert: *Lang*, in Festschrift Herzig, 2010, S.).

Lang, Joachim / Eilfort, Michael (Hrsg.): Strukturreform der deutschen Ertragsteuern. Bericht über die Arbeit und Entwürfe der Kommission „Steuergesetzbuch“ der Stiftung Marktwirtschaft, München 2013, (zitiert: *Autor*, in Lang/Eilfort, Strukturreform der deutschen Ertragsteuern, 2013, S.).

Lange, Joachim (Begr.): Personengesellschaften im Steuerrecht, 9. Auflage, Herne 2015, (zitiert: *Bearbeiter*, in: Personengesellschaften im Steuerrecht[9], 2015, S.).

Larenz, Karl: Methodenlehre der Rechtswissenschaft, 6. Auflage, Berlin 1992, (zitiert: *Larenz*, Methodenlehre der Rechtswissenschaft[6], 1991, S.).

Laubinger, Hans-Werner: Grundrechtsschutz durch Gestaltung des Verwaltungsverfahrens, Verwaltungsarchiv, Band 73, 1982, S. 60–85, (zitiert: *Laubinger*, VerwArch 73 (982), S.).

Leipold, Carsten: Insolvenz von Beteiligten während eines finanzgerichtlichen Verfahrens unter besonderer Berücksichtigung von Personengesellschaften, DStZ 2012, 103–117.

Lenski, Edgar / Steinberg, Wilhelm: Kommentar zum Gewerbesteuergesetz, Köln (Loseblatt), 114. Ergänzungslieferung, November 2015, (zitiert: *Bearbeiter*, in Lenski/Steinberg, GewStG, § … Rz. … [Stand].

Ley, Ursula: Steuerliche Transparenz von Personengesellschaften, Ubg 2011, 274–281.

Leyh, Detlef: Die Klagebefugnis bei Personengesellschaften, in: Schlutius, Walter (Hrsg.), Gesellschaften und Gesellschafter im Steuerrecht, Festschrift zum 10jährigen Bestehen der Fachhochschule für Finanzen Nordrhein-Westfalen in Nordkirchen, Bonn 1986, S. 151–169, (zitiert: *Leyh*, in Festschrift zum 10jährigen Bestehen der Fachhochschule für Finanzen Nordrhein-Westfalen in Nordkirchen, 1986, S.).

Lohkemper, Wolfgang: Zur Konkursfreiheit der einheitlichen Gewinnfeststellung einer Personengesellschaft, BB 1998, 2030–2032.

Lorenz, Dieter: Der Rechtsschutz des Bürgers und die Rechtsweggarantie, Habilitationsschrift, Universität München, München 1973, (zitiert: *Lorenz*, Der Rechtsschutz des Bürgers und die Rechtsweggarantie, 1973, S.).

– Das Gebot des effektiven Rechtsschutzes des Art. 19 Abs. 4 GG, Jura 1983, 393–400.

Lüsch, Jürgen: Die Gesellschafter einer Personengesellschaft als notwendige Adressaten einer Prüfungsanordnung, DStR 1989, 97–102.

Luxem, Jörg: Anmerkung zum Urteil des BFH vom 11.4.2013, IV R 20/10, GmbH-StB 2013, 338–339.

von Mangoldt, Hermann / Klein, Friedrich / Starck, Christian (Hrsg.): Kommentar zum Grundgesetz, 1. Band, 6. Auflage, München 2010, (zitiert: *Bearbeiter*, in von Mangoldt/Klein/Starck, GG[6], 2010, Art. … Rz. …).

Markefski, Dieter: Ist der unter Berufung auf die sogenannte Bilanzbündeltheorie erweiterte Betriebsvermögensbegriff des BFH bei Personengesellschaften berechtigt?, DStR 1971, 301–312.

Maunz, Theodor / Dürig, Günter (Begr.): Grundgesetz, Kommentar, München (Loseblatt), 75. Ergänzungslieferung, September 2015, (zitiert: *Bearbeiter*, in Maunz/Dürig, GG, Art. … Rz. …[Stand].

Maurer, Manfred: Allgemeines Verwaltungsrecht, 18. Auflage, München 2011, (zitiert: *Maurer*, Allgemeines Verwaltungsrecht[18], 2011, § …Rz. …).

Mentel, Thomas / Schulz, Andreas: Diskussionsforum Unternehmenssteuerreform: Option von Personengesellschaften und Einzelunternehmen zur Körperschaftsteuer – steuerliche Auswirkungen und handelsrechtliche Aspekte, DStR 2000, 489–498.

Merkl, Adolf: Allgemeines Verwaltungsrecht, Berlin 1927, (zitiert: *Merkl*, Allgemeines Verwaltungsrecht, 1927, S.).

Meschkowski, Alexander: Zur Rechtsfähigkeit der BGB-Außengesellschaft. Die Verpflichtungs- und Vermögensfähigkeit, Dissertation, Universität Potsdam, Frankfurt am Main 2006, (zitiert: *Meschkowski*, Zur Rechtsfähigkeit der BGB-Außengesellschaft, 2006, S.).

Meßmer, Kurt: Umfang der Rechtsmittelbefugnis im Verfahren der einheitlichen und gesonderten Feststellung von Besteuerungsgrundlagen, StuW 1966, 33–44.

- Die Bilanzbündeltheorie. Eine meisterhafte Schöpfung der Rechtsprechung?, in: Thoma, Gerhard / Zacharias, O. H. / Niemann, Ursula (Hrsg.), Steuerberater-Jahrbuch 1972/73, zugleich Bericht über den XXIV. Fachkongreß der Steuerberater der Bundesrepublik Deutschland, Köln, 13. bis 15. November 1972, Köln 1973, S. 127–206, (zitiert: *Meßmer*, in StbJb. 1972/73, S.).
- „Steuergerechtigkeit“ durch Normenflut, offene und verdeckte Subventionen und Entlastung der Finanzgerichtsbarkeit, BB 1981, Beilage 1, 1–19.
- Die Gesellschafter und der Mitunternehmer des § 15 Absatz 1 Nr. 2 EStG, in: Knobbe-Keuk, Brigitte / Klein, Franz / Moxter, Adolf (Hrsg.), Festschrift für Dr. Dr. h.c. Georg Döllerer, 1988, S. 429–446, (zitiert: *Meßmer*, in Festschrift Döllerer, 1988, S.).
- Rechtssubjekte im Rahmen der Besteuerung gemäß § 15 Abs. 1 Nr. 2 EStG. Zugleich ein Beitrag zur Rechtsfähigkeit im Steuerrecht, FR 1990, 205–212.

Möllers, Christoph: Materielles Recht – Verfahrensrecht – Organisationsrecht. Zu Theorie und Dogmatik dreier Dimensionen des Verwaltungsrechts, in: Trute, Hans-Heinrich/ Groß, Thomas / Röhl, Hans Christian / Möllers, Christoph (Hrsg.), Allgemeines Verwaltungsrecht – zur Tragfähigkeit eines Konzepts,

Tübingen 2008, S. 489–512, (zitiert: *Möllers*, in Allgemeines Verwaltungsrecht – zur Tragfähigkeit eines Konzepts, S.).

Müller-Gatermann, Gert: Unternehmenssteuerreform 2008, Stbg 2007, 145–161.

von Mutius, Albert: Grundrechtsschutz contra Verwaltungseffizienz im Verwaltungsverfahren?, NJW 1982, 2150–2160.

– Gerichtsverfahren und Verwaltungsverfahren, in: Erichsen, Hans-Uwe / Hoppe, Werner / von Mutius, Albert (Hrsg.), System des verwaltungsgerichtlichen Rechtsschutzes, Festschrift für Christian-Friedrich Menger zum 70. Geburtstag, Köln / Berlin / Bonn (u.a.) 1985, S. 575–604, (zitiert: *von Mutius*, in Festschrift Menger, 1985, S.).

Neumann, Steffen: Einkünfteermittlung und Bilanzierung in Personengesellschaften. Einheit der Gesellschaft – Vielheit der Gesellschafter, GmbHR 1997, 621–630.

Niehus, Ulrich / Wilke, Helmuth: Übertragungen von Wirtschaftsgütern zwischen Schwesterpersonengesellschaften, SteuK 2010, 385–387.

Nieland, Michael: Klagebefugnis einer vollbeendeten Personengesellschaft, AO-StB 2005, 6–7.

Oetker, Hartmut: Kommentar zum Handelsgesetzbuch, 4. Auflage, München 2015, (zitiert: *Bearbeiter*, in Oetker, HGB[4], 2015, § … Rz. …).

Ossenbühl, Fritz: Verwaltungsverfahren zwischen Verwaltungseffizienz und Rechtsschutzauftrag, NVwZ 1982, 465–472.

Palandt, Otto (Begr.): Bürgerliches Gesetzbuch, 75. Auflage, München 2016, (zitiert: *Bearbeiter*, in Palandt[75], 2016, § … Rz. …).

Palm, Ulrich: Person im Ertragsteuerrecht, Habilitationsschrift, Universität Heidelberg, Tübingen 2013, (zitiert: *Palm*, Person im Ertragsteuerrecht, 2013, S.).

– § 157 Steuerjuristische Person, in: Kube, Hanno / Mellinghoff, Rudolf / Morgenthaler, Gerd / Palm, Ulrich / Puhl, Thomas / Seiler, Christian (Hrsg.), Leitgedanken des Rechts, Paul Kirchhof zum 70. Geburtstag, Band II, Staat und Bürger, Heidelberg / München (u.a.) 2013, S. 1697–1708, (zitiert: *Palm*, in Leitgedanken des Rechts, Bd. II, 2013, S.).

Papier, Hans-Jürgen: Der Bestimmtheitsgrundsatz, in: Friauf, Karl Heinrich (Hrsg.), Steuerrecht und Verfassungsrecht, DStJG Band 12, Köln 1989, S. 61–78, (zitiert: *Papier*, in DStJG 12 [1989], S.).

– Rechtsschutzgarantie gegen die öffentliche Gewalt, in: Isensee, Josef / Kirchhof, Paul (Hrsg.), Handbuch des Staatsrechts der Bundesrepublik Deutschland, Band VIII, Grundrechte: Wirtschaft, Verfahren, Gleichheit, 3. Auflage, Heidelberg 2010, S. 507–552, (zitiert: *Papier*, in Isensee/Kirchhof, Handbuch des Staatsrechts, Band VIII[3], 2010, § 117 Rz. …).

Papier, Hans-Jürgen / Möller, Johannes: Das Bestimmtheitsgebot und seine Durchsetzung, AöR Band 122, 1997, S. 177–211, (zitiert: *Papier/Möller*, AöR 122 [1997], S.).

Paus, Bernhard: Gewerblicher Grundstückshandel durch Beteiligung an Personengesellschaften. Einschränkung der Einheitstheorie – Anmerkungen zu dem Beschluß des Großen Senats vom 3.7.1995, GrS 1/93, DStZ 1996, 172–176.

Pelka, Jürgen: Rechtsformneutralität im Steuerrecht. Verfassungsmäßigkeit der Steuersatzsenkung für Kapitalgesellschaften, StuW 2000, 389–398.

– Rechtsbehelfs-Wirrwarr im Abgabenrecht. Zur Abschaffung des Widerspruchsverfahrens nach der VwGO, in: Tipke, Klaus (Hrsg.), Gestaltung der Steuerrechtsordnung: Festschrift für Joachim Lang zum 70. Geburtstag, Köln 2011, S. 981–1000, (zitiert: *Pelka*, in Festschrift Lang, 2011, S.).

Pestalozza, Christian: Verfassungsprozeßrecht, 3. Auflage, München 1991, (zitiert: *Pestalozza*, Verfassungsprozeßrecht[3], 1991, S.).

Pezzer, Heinz-Jürgen: Kritik des Halbeinkünfteverfahrens, StuW 2000, 144–150.

Pickenpack, Vanessa: Rechtsschutz bei Verletzung von Verfahrensgrundrechten und bei Untätigkeit der Gerichte, Dissertation, Universität Göttingen, Frankfurt am Main 2012, (zitiert: *Pickenpack*, Rechtsschutz bei Verletzung von Verfahrensgrundrechten und bei Untätigkeit der Gerichte, 2012, S.).

Pinkernell, Reimar: Einkünftezurechnung bei Personengesellschaften, Dissertation, Universität zu Köln, Berlin 2001, (zitiert: *Pinkernell*, Einkünftezurechnung bei Personengesellschaften, 2001, S.).

Pitschas, Rainer: Der Kampf um Art. 19 IV GG, ZRP 1998, 96–103.

Pondelik, Marc: Wegfall der Klagebefugnis einer Personengesellschaft nach Vollbeendigung, SteuK 2013, 372–373.

Prinz, Ulrich: Besteuerung der Personengesellschaften – unpraktikabel und realitätsfremd?, 4 Thesen zu Bestandsaufnahme und Neujustierung der deutschen Personengesellschaftsbesteuerung, FR 2010, 736–744.

Quabeck, Christian: Dienende Funktion des Verwaltungsverfahrens und Prozeduralisierung, Dissertation, Universität Heidelberg, Tübingen 2010, (zitiert: *Quabeck*, Dienende Funktion des Verwaltungsverfahrens und Prozeduralisierung, 2010, S.).

Rau, Günter / Dürrwächter, Erich (Hrsg.): Kommentar zum Umsatzsteuergesetz, Köln (Loseblatt), 165. Ergänzungslieferung, März 2016, (zitiert: *Bearbeiter*, in Rau/Dürrwächter, UStG, § … Rz. …[Stand]).

Raupach, Arndt: Die Personengesellschaft im Einkommensteuerrecht: Einheit der Gesellschaft oder Vielheit von Gesellschaftern, FR 1976, 233–239.

– Gewinnanteil und Sondervergütungen der Gesellschafter von Personengesellschaften. Zur Entscheidung des Großen Senats v. 25.2.1991 GrS 7/89 über die Besteuerung der doppelstöckigen KG, StuW 1991, 278–283.

Redeker, Konrad: Grundgesetzliche Rechte auf Verfahrensteilhabe. Bemerkungen zu einem status activus processualis, NJW 1980, 1593–1656.

Reiß, Wolfram: Ertragsteuerliche Behandlung von Gesamthandsbeteiligungen und Beteiligungserträgen, StuW 1986, 232–255.

– Grundprobleme der Besteuerung von Personengesellschaften, Teil I, Stbg 1999, 356–371.

– § 177 Personengesellschaften, in: Kube, Hanno / Mellinghoff, Rudolf / Morgenthaler, Gerd / Palm, Ulrich / Puhl, Thomas / Seiler, Christian (Hrsg.), Leitgedanken des Rechts. Paul Kirchhof zum 70. Geburtstag, Band II, Staat und Bürger, Heidelberg / München (u.a.) 2013, S. 1925–1936, (zitiert: *Reiß*, in Leitgedanken des Rechts, Bd. II, 2013, S.).

Robisch, Martin: Gewerbesteuerlicher Verlustvortrag. Anmerkungen zum Fehlbetragsbeschluß des Großen Senats vom 3.5.1993, BB 1993, 1499, und den Anschluß-Urteilen des Bundesfinanzhofs, BB 1994, 1683–1685.

Rödder, Thomas / Schumacher, Andreas: Unternehmenssteuerreform 2001 – Eine erste Analyse des Regierungsentwurfs aus Beratersicht, DStR 2000, 353–368.

Roser, Frank: Kritische Bestandsaufnahme der Gewerbesteuer, in: Wieland, Joachim (Hrsg.), Kommunalsteuern und –abgaben, DStJG Band 35, Köln 2012, S. 189–217, (zitiert: *Roser*, in DStJG 35 [2012], S.).

Rönitz, Dieter: Eine weitere Instanz für die Finanzgerichtsbarkeit?, DB 1987, 653–654.

Ruban, Reinhild: Beteiligungsfähigkeit und Klagebefugnis der Gesellschaft bürgerlichen Rechts im Steuerprozeß, in: Knobbe-Keuk, Brigitte / Klein, Franz / Moxter, Adolf (Hrsg.), Festschrift für Dr. Dr. h.c. Georg Döllerer, Düsseldorf 1988, S. 515–536, (zitiert: *Ruban*, in Festschrift Döllerer, 1988, S.).

Rudolf, Michael: Einspruchsbefugnis als verfahrensrechtliche Hürde beim Streit um „Goldfinger Modelle“, Anmerkung zum Urteil des FG Hannover, 10 K 245/13, BB 2014, 2216.

Rüfner, Wolfgang: Der personale Grundzug der Grundrechte und der Grundrechtsschutz juristischer Personen, in: Badura, Peter / Dreier, Horst (Hrsg.), Festschrift 50 Jahre Bundesverfassungsgericht, Zweiter Band, Klärung und Fortbildung des Verfassungsrechts, Tübingen 2001, S. 55–76, (zitiert: *Rüfner*, in Festschrift 50 Jahre Bundesverfassungsgericht, Bd. II, 2001, S.).

Rupp, Hans Heinrich: Bemerkungen zum verfahrensfehlerhaften Verwaltungsakt, in: Püttner, Günter i.V.m. Göldner, Detlef / Kisker, Gunter / Pietzcker, Jost / Rupp, Hans Heinrich / Scheuing, Dieter (Hrsg.), Festschrift für Otto Bachof zum 70. Geburtstag: am 6. März 1984, München 1984, S. 151–168, (zitiert: *Rupp*, in Festschrift Bachof, 1984, S.).

Ruppe, Hans Georg: Der Anspruch auf Normenklarheit im Steuerrecht und seine Durchsetzung im Gesetzgebungs- und Rechtsschutzverfahren, Beihefter zu DStR 2008, 20–25.

Rüsken, Reinhard / Bleschick, Sascha: Revisionszulassung und Revision – Eine Handreichung zu deren Begründung, Beihefter zu DStR 2015, 47–72.

Sachs, Michael (Hrsg.): Grundgesetz, Kommentar, 7. Auflage, München 2014, (zitiert: *Bearbeiter*, in Sachs, GG[7], 2014, Art. …Rz.).

von Savigny, Friedrich Carl: System des heutigen Römischen Rechts, Band I, Berlin 1840, (zitiert: *von Savigny*, System des heutigen Römischen Rechts, Bd. I, 1840, S.).

Scheipers, Thomas / Bergemann, Achim: Diskussionsforum Unternehmenssteuerrecht: Überlegungen zur Vorteilhaftigkeit der Option i S des § 4a KStG-E, DStR 2000, 709–718.

Schenke, Ralf Peter: Kritik der steuerrechtlichen Methodenlehre, StuW 2008, 206–215.

– Die Garantie eines wirksamen Rechtsschutzes in Art. 47 Abs. 1 Grundrechtecharta, in: Baumeister, Peter / Roth, Wolfgang / Ruthig, Josef (Hrsg.), Staat, Verwaltung und Rechtsschutz. Festschrift für Wolf-Rüdiger Schenke zum 70. Geburtstag, Berlin 2011, S. 305–327, (zitiert: *R.-P. Schenke*, in Festschrift Schenke, 2011, S.).

– Auslegung und Rechtsfortbildung – Überlegungen zu Grundfragen der rechtsmethodischen Systembildung am Beispiel der „Auslegung gegen den Wortlaut“, Beihefter zu DStR 2011/31, 54–59.

Schenke, Wolf-Rüdiger: Verfassungsrechtliche Garantie eines Rechtsschutzes gegen Rechtsprechungsakte?, JZ 2005, 116–126.

Schick, Walter: Die Verfahren des Steuerrechts, StuW 1992, 197–232.

Schiffers, Joachim: Entlastung der Personengesellschaften, Rechtsformvergleich und Option zur Körperschaftsteuer nach dem Gesetzentwurf eines „StSenkG“, GmbHR 2000, 253–259.

Schmidt, Karsten: Die BGB-Außengesellschaft: rechts- und parteifähig. Besprechung des Grundlagenurteils II ZR 331/00 vom 29.1.2001, NJW 2001, 993–1003.

– Gesellschaftsrecht, 4. Auflage, Köln 2002, (zitiert: *K. Schmidt*, Gesellschaftsrecht[4], 2002, S.).

– (Hrsg.), Münchener Kommentar zum Handelsgesetzbuch, Band 2, 3. Auflage, München 2010, (zitiert: *Bearbeiter*, in Münchener Kommentar zum HGB³, Bd. 2, 2010, § … Rz. …).

Schmidt-Aßmann, Eberhard: Art. 19 IV GG als Teil des Rechtsstaatsprinzips, NVwZ 1983, 1–6.

– Das allgemeine Verwaltungsrecht als Ordnungsidee. Grundlagen und Aufgaben der verwaltungsrechtlichen Systembildung, 2. Auflage, Berlin / Heidelberg 2006, (zitiert: *Schmidt-Aßmann*, Das allgemeine Verwaltungsrecht als Ordnungsidee², 2006, S.).

– Verwaltungsverfahren und Verwaltungskultur, NVwZ 2007, 40–44.

– Der Verfahrensgedanke im deutschen und europäischen Verwaltungsrecht, in Hoffmann-Riem, Wolfgang / Schmidt-Aßmann, Eberhard / Voßkuhle, Andreas (Hrsg.), Grundlagen des Verwaltungsrechts, Band II, Informationsordnung, Verwaltungsverfahren, Handlungsformen, 2. Auflage, München 2012, § 27 S. 495–555, (zitiert: *Schmidt-Aßmann*, in Hoffmann-Riem/ Schmidt-Aßmann/ Voßkuhle (Hrsg.), Grundlagen des Verwaltungsrechts, Bd. II², 2012, § 27 Rz. …).

– Verwaltungsrechtliche Dogmatik. Eine Zwischenbilanz zu Entwicklung, Reform und künftigen Aufgaben, Tübingen 2013, (zitiert: *Schmidt-Aßmann*, Verwaltungsrechtliche Dogmatik, 2013, S.).

Schmidt-Jortzig, Edzard: Effektiver Rechtsschutz als Kernstück des Rechtsstaatsprinzips nach dem Grundgesetz, NJW 1994, 2569–2573.

Schmidt-Preuß, Matthias: Das Allgemeine des Verwaltungsrechts, in: Geis, Max-Emanuel / Lorenz, Dieter (Hrsg.), Festschrift für Hartmut Maurer zum 70. Geburtstag, Köln 2001, S. 777–801, (zitiert: *Schmidt-Preuß*, in Festschrift Maurer, 2001, S.).

– Gegenwart und Zukunft des Verfahrensrechts, NVwZ 2005, 489–496.

Schmieszek, Hans-Peter: Die Novelle zur Verwaltungsgerichtsordnung – Ein Versuch, mit den Mitteln des Verfahrensrechts die Ressource Mensch besser zu nutzen, NVwZ 1991, 522–526.

Schmitt, Michael: Besteuerung der Personengesellschaften? Plädoyer für die Beibehaltung der transparenten Besteuerung, FR 2010, 750–752.

Schneider, Jens-Peter: Strukturen und Typen von Verwaltungsverfahren, in Hoffmann-Riem, Wolfgang / Schmidt-Aßmann, Eberhard / Voßkuhle, Andreas (Hrsg.), Grundlagen des Verwaltungsrechts, Band II, Informationsordnung, Verwaltungsverfahren, Handlungsformen, 2. Auflage, München 2012, § 28 S. 557–662, (zitiert: *Schneider*, in Hoffmann-Riem/Schmidt-Aßmann/Voßkuhle (Hrsg.), Grundlagen des Verwaltungsrechts, Bd. II², 2012, § 28 Rz. …).

Schöbener, Burkhard: Der Ausschluss des Aufhebungsanspruchs wegen Verfahrensfehlern bei materiell-rechtlich und tatsächlich alternativlosen Verwaltungsakten, Die Verwaltung Band 33, 2000, 447–484, (zitiert: *Schöbener*, Verw. 33 [2000], S.).

Schön, Wolfgang: Zum Stande der Lehre vom Sonderbetriebsvermögen, DStR 1993, 185–194.

– Der Große Senat des Bundesfinanzhofs und die Personengesellschaft, StuW 1996, 275–288.

– Zum Entwurf eines Steuersenkungsgesetzes, StuW 2000, 151–159.

– Legalität, Gestaltungsfreiheit und Belastungsgleichheit als Grundlagen des Steuerrechts, in: Hüttemann, Rainer (Hrsg.), Gestaltungsfreiheit und Gestaltungsmissbrauch im Steuerrecht, DStJG Band 33, Köln 2010, S. 29–63, (zitiert: *Schön*, in DStJG 33 [2010], S.).

– Die Personengesellschaft im Steuerrechtsvergleich, in: Dötsch, Franz / Herlinghaus, Andreas / Hüttemann, Rainer / Lüdicke, Jürgen / Schön, Wolfgang (Hrsg.), Die Personengesellschaft im Steuerrecht, Gedächtnissymposium für Brigitte Knobbe-Keuk, Köln 2011, S. 139–163, (zitiert: *Schön*, in Dötsch/Herlinghaus/Hüttemann/Lüdicke/Schön, Die Personengesellschaft im Steuerrecht, 2011, S.).

Schulte, Wilfried: § 188 Gewerbesteuer, in: Kube, Hanno / Mellinghoff, Rudolf / Morgenthaler, Gerd / Palm, Ulrich / Puhl, Thomas / Seiler, Christian (Hrsg.), Leitgedanken des Rechts, Paul Kirchhof zum 70. Geburtstag, Band II, Staat und Bürger, Heidelberg / München (u.a.) 2013, S. 2057–2068, (zitiert: *Schulte*, in Leitgedanken des Rechts, Bd. II, 2013, S.).

Schultes-Schnitzlein, Stefan Alexander: Rechtsformneutralität der Unternehmensbesteuerung in Deutschland und Brasilien, Dissertation, Universität zu Köln, Köln 2006, (zitiert: *Schultes-Schnitzlein*, Rechtsformneutralität der Unternehmensbesteuerung in Deutschland und Brasilien, 2006, S.).

Schulze-Osterloh, Joachim: Zivilrechtliche Theorien in der neueren Rechtsprechung des Bundesfinanzhofs zum Ertragsteuerrecht, in: Raupach, Arndt / Uelner, Adalbert (Hrsg.), Festschrift für Ludwig Schmidt zum 65. Geburtstag, München 1993, S. 307–314, (zitiert: *Schulze-Osterloh*, in Festschrift L. Schmidt, 1993, S.).

Schwarz, Bernhard / Pahlke, Armin (Hrsg.): Kommentar zur Abgabenordnung, Loseblattsammlung, Freiburg im Breisgau, Stand 168. Lieferung, Januar 2016, (zitiert: *Bearbeiter*, in Schwarz/Pahlke, AO, § … Rz. … [Stand]).

Seer, Roman Matthias: Defizite im finanzgerichtlichen Rechtsschutz – zugleich eine kritische Auseinandersetzung mit dem 2. FGO-Änderungsgesetz vom 19.12.2000, StuW 2001, 3–18.

– Die Entwicklung der GmbH-Besteuerung. Analysen und Perspektiven, Köln 2005, (zitiert: *Seer*, Die Entwicklung der GmbH-Besteuerung, 2005, S.).

– Steuervollzug im Rechtsstaat – Eröffnung der Jahrestagung und Rechtfertigung des Themas, in: Widmann, Werner (Hrsg.), Steuervollzug im Rechtsstaat, DStJG Band 31, Köln 2008, S. 1–6, (zitiert: *Seer*, in DStJG 31 [Köln], S.).

Sieker, Susanne: Möglichkeiten rechtsformneutraler Besteuerung von Einkommen, in: Seeger, Siegbert F. (Hrsg.), Perspektiven der Unternehmensbesteuerung, DStJG Band 25, Köln 2002, S. 145–177, (zitiert: *Sieker*, in DStJG 25 [2002], S.).

Söhn, Hartmut: Einheitliche und gesonderte Feststellungen bei „doppelstöckigen Personengesellschaften", StuW 1999, 328–334.

Söffing, Günter: Gedanken zum Fehlbetragsbeschluß des Großen Senats- Anmerkungen zum Beschluß des BFH vom 3.5.1993, GrS 2/93, DB 1994, 747–752.

Söffing, Matthias: Die GmbH & Co. KG, 2. Auflage, Herne 2013, (zitiert: *M. Söffing*, Die GmbH & Co. KG^2, 2013, S.).

Spengel, Christoph: Einkommens- und Unternehmensbesteuerung nach dem Bundessteuergesetzbuch von Paul Kirchhof – Mehr Wunsch als Wirklichkeit, Ubg 2012, 256–262.

Spengel, Christoph / Schaden, Michael / Wehrße, Martin: Besteuerung von Personengesellschaften in den 27 EU-Mitgliedsstaaten und den USA – eine Analyse der nationalen Besteuerungskonzeptionen, StuW 2010, 44–56.

Ständige Deputation des Deutschen Juristentages (Hrsg.): Verhandlungen des 66. Deutschen Juristentages, Band II/1 Sitzungsberichte (Referate und Beschlüsse), München 2006, (zitiert: Verhandlungen des 66. Deutschen Juristentages, Bd. II/1, 2006, Teil Q Rz. …).

Stahl, Christian: Adressat und Rechtsbehelfsbefugnis bei ausländischen Personengesellschaften – Fallstricke für Verwaltung und Steuerpflichtige, ISR 2013, 210–216.

– Klagebefugnis bei Beteiligung an einer ausländischen Personengesellschaft betr. Feststellungsbescheid gem. § 180 Abs. 5 Nr. 1 AO, ISR 2014, 40–42.

– Inhaltsadressat von Feststellungsbescheiden bei inländischen und ausländischen Personengesellschaften, ISR 2014, 81–82.

Steinhauff, Dieter: Grundsätzlich keine Zusammenrechnung der von Schwesterpersonengesellschaften verkauften Grundstücke, Anmerkung zum Urteil des BFH vom 17.12.2008, IV R 85/06, jurisPR-SteuerR 15/2009 Anm. 3.

– Systemwidrige Erstreckung der Ewigkeitstheorie auf Rechtsbehelfsverfahren wegen einheitlicher und gesonderter Feststellungsbescheide. Änderung der BFH-Rspr. zur Prozessführungsbefugnis der Gesellschaft, AO-StB 2010, 182–186.

– Beiladung einer Personengesellschaft in Insolvenz/Konkurs zum Klageverfahren eines Mitunternehmers, Anmerkung zum Urteil des BFH vom 3.9.2009, IV R 17/07, jurisPR-SteuerR 15/2010 Anm. 4.

– Anmerkung zum Urteil des BFH vom 1.7.2010, IV R 34/07, jurisPR-SteuerR 49/2010 Anm. 1.

– Notwendige Beiladung des während des Klage- bzw. Revisionsverfahrens ausgeschiedenen Gesellschafters einer Personengesellschaft, Anmerkung zum Beschluss des BFH vom 1.10.2010, IV R 32/07, jurisPR-SteuerR 6/2011 Anm. 3.

– Wegfall der Klagebefugnis einer Personengesellschaft nach Vollbeendigung, Anmerkung zum Urteil des BFH vom 11.4.2013, IV R 20/10, AO-StB 2013, 269–270.

– Anmerkung zum Urteil des BFH vom 4.12.2012, VIII R 42/09, jurisPR-SteuerR 13/2013 Anm. 2.

– Anmerkung zum Urteil des BFH vom 11.4.2013, IV R 20/10, jurisPR-SteuerR 36/2013 Anm. 4.

– Beiladung bei Vollbeendigung einer zweigliedrigen Personengesellschaft, AO-StB 2014, 10–12.

– Prozessuale Rechtsnachfolge der ehemaligen Gesellschafter einer erst im Klageverfahren voll beendeten PG, AO-StB 2014, 43–44.

– Adressat und Rechtsbehelfsbefugnis bei ausländischen Personengesellschaften, AO-StB 2014, 52–53.

Stern, Klaus (Hrsg.): Das Staatsrecht der Bundesrepublik Deutschland, Band III/1, München 1988, (zitiert: *Stern*, Das Staatsrecht der Bundesrepublik Deutschland, Bd. III/1, 1988, S.).

Streck, Michael / Mack, Alexandra / Kamps, Heinz-Willi: Der Steuerstreit, 3. Auflage, Köln 2012, (zitiert: *Streck/Mack/Kamps*, Der Steuerstreit³, 2012, S.).

Tipke, Klaus: Die Steuerrechtsordnung, 2. Band, Steuerrechtfertigungstheorie, Anwendung auf alle Steuerarten, sachgerechtes Steuersystem, Köln 1993, (zitiert: *Tipke*, Die Steuerrechtsordnung, Bd. II, 1993, S.).

– Die Steuerrechtsordnung, 1. Band, Wissenschaftsorganisatorische, systematische und grundrechtlich-rechtsstaatliche Grundlagen, 2. Auflage, Köln 2000, (zitiert: *Tipke*, Die Steuerrechtsordnung, Bd. I², 2000, S.).

– Die Steuerrechtsordnung, 2. Band, Steuerrechtfertigungstheorie, Anwendung auf alle Steuerarten, sachgerechtes Steuersystem, 2. Auflage, Köln 2003, (zitiert: *Tipke*, Die Steuerrechtsordnung, Bd. II², 2003, S.).

– Zwischen materiellem Steuerrecht und Steuerverfahrensrecht. Für ein geordnetes Verfahren zur Durchsetzung des materiellen Rechts – Gegen rechtsverweigernden, pedantischen Verfahrensformalismus, StuW 2004, 3–23.

– Die Steuerrechtsordnung, 3. Band, Steuerrechtswissenschaft, Steuergesetzgebung, Steuervollzug, Steuerrechtsschutz, Steuerreformbestrebungen, 2. Auflage, Köln 2012, (zitiert: *Tipke*, Die Steuerrechtsordnung, Bd. III², 2012, S.).

Tipke, Klaus / Kruse, Heinrich Wilhelm (Hrsg.): Kommentar zur Abgabenordnung und Finanzgerichtsordnung, Köln (Loseblatt), 143. Ergänzungslieferung, Februar 2016, (zitiert: *Bearbeiter*, in Tipke/Kruse, AO/FGO, § … Tz. … [Stand]).

Tipke, Klaus / Lang, Joachim (Hrsg.): Steuerrecht, 22. Auflage, Köln 2015, (zitiert: *Bearbeiter*, in Tipke/Lang, Steuerrecht²², 2015, § …Rz. …).

Tormöhlen, Helmut: Bekanntgabe von Verwaltungsakten an Personengesellschaften i.L, AO-StB 2013, 212–213.

– Anmerkung zum Urteil des BFH vom 24.7.2013, I R 57/11, AO-StB 2014, 70–72.

Towfigh, Emanuel Vahid: Komplexität und Normenklarheit – Oder: Gesetze sind für Juristen gemacht, Der Staat, Bd. 48, Berlin 2009, 29–73, (zitiert: *Towfigh*, in Der Staat 48 [2009], S.).

Trossen, Nils: Anmerkung zum Urteil des BFH vom 11.4.2013, IV R 20/10, GmbH-StB 2013, 268.

Freiherr von Twickel, Degenhard: Anmerkung zum Beschluss des BFH vom 30.5.2014, I B 118/13, AO-StB 2014, 294–295.

Völker, Dietmar: Voraussetzungen und Rechtsfolgen der Option für Personengesellschaften, insbesondere für kapitalistische Personengesellschaften und Fälle der Grundtypenvermischung: GmbH&Co. KG, GmbH&Still, KGaA, in: Jahrbuch der Fachanwälte für Steuerrecht 2000/2001, Herne / Berlin 2000, S. 326–346, (zitiert: *Völker*, in JbFSt. 2000/01, S.).

Voßkuhle, Andreas: Theorie und Praxis der verfassungskonformen Auslegung von Gesetzen durch Fachgerichte – Kritische Bestandsausnahme und Versuch einer Neubestimmung, AöR, Band 125, 2000, S. 177–201, (zitiert: *Voßkuhle*, AöR 125 [2000], S.).

Wacker, Roland: Vermögensverwaltende Gesamthand und Bruchteilsbetrachtung – eine Zwischenbilanz, DStR 2005, 2014–2019.

Wahl, Rainer: Verwaltungsverfahren zwischen Verwaltungseffizienz und Rechtsschutzauftrag, in VVDStRL, Heft 41, Berlin / New York 1983, S. 151–192, (zitiert: *Wahl*, in VVDStRL 41 [1983], S.).

von Wallis, Hugo: Befugnis zur Klage gegen einheitliche Gewinnfeststellungsbescheide für Offene Handelsgesellschaften, FR 1973, 201–202.

Walz, Rainer: Anmerkung zum Beschluss des BFH vom 25.6.1984, GrS 4/82, JZ 1985, 192–194.

Wassermeyer, Franz / Richter, Stefan / Schnittker, Helder (Hrsg.): Personengesellschaften im Internationalen Steuerrecht, 2. Auflage, Köln 2015, (zitiert: *Bearbeiter*, in Wassermeyer/Richter/Schnittker, Personengesellschaften im Internationalen Steuerrecht², 2015, S.).

Weber, Jörg-Andreas / Aberle, Christian: Zur Notwendigkeit einer einheitlichen Fristberechnung beim Einlegen von Rechtsbehelfen gegen Steuerbescheide, DStR 2008, 1315–1319.

Weber-Grellet, Heinrich: Anmerkung zum Beschluss des BFH vom 3.7.1995, GrS 1/93, DStR 1995, 1341–1342.

von Wedelstädt, Alexander: Einspruchs- und Klagebefugnis bei einheitlichen und gesonderten Feststellungsbescheiden (Teil 1), AO-StB 2006, 230–234.

– Einspruchs- und Klagebefugnis bei einheitlichen und gesonderten Feststellungsbescheiden (Teil 2), AO-StB 2006, 261–264.

– Hinzuziehung und Beiladung. Verfahrensvereinfachung durch Beteiligung an fremden Rechtsbehelfsverfahren (Teil 1), AO-StB 2007, 15–19.

– Hinzuziehung und Beiladung. Verfahrensvereinfachung durch Beteiligung an fremden Rechtsbehelfsverfahren (Teil 2), AO-StB 2007, 46–48.

Wertenbruch, Johannes: Die Haftung von Gesellschaften und Gesellschaftsanteilen in der Zwangsvollstreckung, Habilitationsschrift, Universität Bonn, Köln 2000, (zitiert: *Wertenbruch*, Die Haftung von Gesellschaften und Gesellschaftsanteilen in der Zwangsvollstreckung, 2000, S.).

Weßling, Johannes: Der zur Vertretung berufene Geschäftsführer i.S.d. § 48 Abs. 1 Nr. 1 1. Alt. FGO bei in- und ausländischen Personengesellschaften, BB 2013, 1185–1188.

Woerner, Lothar: Mitunternehmerbegriff und Bilanzbündeltheorie bei der Gewerbesteuer. Probleme und Tendenzen der Rechtsprechung, BB 1974, 592–598.

– Die neuere Rechtsprechung des Bundesfinanzhofs zur Einkommensbesteuerung von Gesellschaftern einer Personengesellschaft, BB 1975, 645–647.

– Das gewerbliche Betriebsvermögen, insbesondere bei Personengesellschaften und ihren Gesellschaftern, BB 1976, 220–223.

Wolf, Manfred: Die Rechtsfähigkeit der Gesamthandsgemeinschaften, in: Heldrich, Andreas / Prölss, Jürgen / Koller, Ingo / Langenbucher, Katja / Grigoleit, Hans Christoph / Hager, Johannes / Hey, Felix Christopher / Neuner, Jörg / Petersen, Jens / Singer, Reinhard (Hrsg.), Festschrift für Claus-Wilhelm Canaris zum 70. Geburtstag, Band I, München 2007, S. 1313–1323, (zitiert: *Wolf*, in Festschrift Canaris, 2007, S.).

Wolff, Heinrich Amadeus: Die dienende Funktion der Verfahrensrechte – eine dogmatische Figur mit Aussagekraft und Entwicklungspotential, in: Pitschas,

Rainer / Uhle, Arndt / Aulehner, Josef (Hrsg.), Wege gelebter Verfassung in Recht und Politik, Festschrift für Rupert Scholz zum 70. Geburtstag, Berlin 2007, S. 977–991, (zitiert: *Wolff*, in Festschrift Scholz, 2007, S.).

Wolff, Hans J. (Begr.) / *Stober, Rolf* / *Winfried, Kluth* (Hrsg.): Verwaltungsrecht I, Ein Studienbuch, 12. Auflage, München 2007, (zitiert: *Wolff/Stober/Kluth*, Verwaltungsrecht, Bd. I^{12}, 2007, § … Rz. …).

Wollenschläger, Ferdinand: Verteilungsverfahren: die staatliche Verteilung knapper Güter: verfassungs- und unionsrechtlicher Rahmen, Verfahren im Fachrecht, bereichsspezifische verwaltungsrechtliche Typen und Systembildung, Habilitationsschrift, Universität München, Tübingen 2010, (zitiert: *Wollenschläger*, Verteilungsverfahren, 2010, S.).

Wüllenkemper, Dirk: Bedeutung der Neuregelung der Klagebefugnis (§ 48 FGO) für die notwendige Beiladung in vor dem 1. Januar 1996 anhängigen Verfahren, DStZ 1997, 133–135.

von Zezschwitz, Friedrich: Die Bilanzbündeltheorie – ein brüchiger Torso (Teil I), FR 1970, 133–140.

– Die Bilanzbündeltheorie – ein brüchiger Torso (Schluß), FR 1970, 158–165.

Ziekow, Jan: Von der Reanimation des Verfahrensrechts, NVwZ 2005, 263–267.

Zöllner, Wolfgang: Materielles Recht und Prozeßrecht, AcP, Band 90, 1990, S. 471–495, (zitiert: *Zöllner*, AcP 90 [1990], S.).

Finanz- und Steuerrecht in Deutschland und Europa

Herausgegeben von Klaus-Dieter Drüen, Hanno Kube
und Rainer Wernsmann

Band 1 Gordon Dreher: Das Alterseinkünftegesetz. Systematische Darstellung und verfassungsrechtliche Zweifelsfragen. 2007.

Band 2 Nils Meyer-Sandberg: Die Duale Einkommensteuer als Modell ungleicher Besteuerung von Arbeit und Kapital. 2008.

Band 3 Alexander Pfab: Die Behandlung von Bildungsaufwendungen im deutschen Einkommensteuerrecht. 2008.

Band 4 Christian Johannes Müller: Einnahmeverzicht im Einkommensteuerrecht – insbesondere durch verbilligte Wohnungsüberlassung an nahe Angehörige. 2009.

Band 5 Melanie Falkner: Die Einkunftserzielungsabsicht als subjektives Besteuerungsmerkmal. Eine Analyse subjektiver Tatbestandsmerkmale im Steuerrecht. Zugleich ein Beitrag zur Liebhaberei im Steuerrecht. 2009.

Band 6 Steffen Ott: Die Vertreterbetriebsstätte nach OECD-MA. 2009.

Band 7 Christoph Wagner: Steuergleichheit unter Standortvorbehalt? Verfassungsrechtliche Grenzen einer ungleichen Einkommensbesteuerung von Kapital und Arbeit. 2010.

Band 8 Andreas Goetze: Die Ersetzung der sieben Einkunftsarten des EStG durch eine einzige. Zur Gleichheit aller Erwerbsgrundlagen in einem vereinfachten Steuerrecht. 2010.

Band 9 Hanno Kube: Der bundesstaatliche Finanzausgleich. Verfassungsrechtlicher Rahmen, aktuelle Ausgestaltung, Entwicklungsperspektiven. 2011.

Band 10 Katharina Brauer: Abgrenzung der Lebensmittellieferung von der Restaurationsdienstleistung im Umsatzsteuerrecht. 2011.

Band 11 Marc Schubert: Die Verfassungswidrigkeit der Erbschaft- und Schenkungsteuer und die verfassungsrechtlichen Anforderungen an eine Neuregelung. 2011.

Band 12 Martin Rehberg: Der Zuzug und Wegzug von Kapitalgesellschaften in gesellschafts- und steuerrechtlicher Hinsicht. 2011.

Band 13 Dirk Wünschig: Perspektiven eines europarechtskonformen Gemeinnützigkeits- und Zuwendungsrechts. Eine Untersuchung nach „Stauffer" und „Persche" bei gleichzeitiger Kritik an der Neufassung des Gemeinnützigkeitsrechts nach dem Jahressteuergesetz 2009. 2011.

Band 14 Sebastian Grimm: Die negative Konkurrentenklage im Steuerrecht. 2011.

Band 15 Arne von Freeden: Minder- und Mehrabführungen nach § 14 Abs. 4, § 27 Abs. 6 KStG. Ausgleichspostenlösung und Einlagelösung. 2011.

Band 16 Anne Keller: Rechtsschutz gegen Maßnahmen der steuerlichen Außenprüfung. 2011.

Band 17 Larissa Maier-Bledjian: Sondervermögen des Bundes. 2011.

Band 18 Philipp Riedl: Die internationale Doppelbesteuerung im EU-Binnenmarkt. 2012.

Band 19 Anna Schwarz: Die Pensionszusage an den Mitunternehmer der Personengesellschaft im Einkommensteuerrecht. 2012.

Band 20 Carsten Höink: Nichtsteuerbare Vermögensübertragungen im Umsatzsteuerrecht. Eine rechtssystematische Analyse der Entwicklung des Rechtsinstituts der Geschäftsveräußerung im Ganzen. 2013.

Band 21 Christian Kniese: Europarechtlicher Rahmen einer steuerlichen Förderung von Forschung und Entwicklung. 2013.

Band 22 Katarina Günther: Vertrauensschutz bei Angaben Dritter im Umsatzsteuerrecht. 2013.

Band 23 Andreas Königer: Ertragsteuerrechtliche Behandlung grenzüberschreitender Spaltungen von Rechtsträgern. Unter besonderer Beachtung der Vorgaben des Unionsrechts. 2014.

Band 24 Matthias Diete: Das obligatorische Schiedsverfahren in der deutschen DBA-Praxis. Erweiterung des zwischenstaatlichen Rechtsschutzes bei Doppelbesteuerungskonflikten. 2014.

Band 25 Friederike Grube: Der Einfluss des unionsrechtlichen Beihilfenverbots auf das deutsche Steuerrecht. Dargestellt an den Beispielen der sogenannten Sanierungsklausel und der Steuervergünstigungen für gemeinnützige Unternehmen. 2014.

Band 26 Tobias Loscher: Präventive Aufsicht der Europäischen Union über den Bundeshaushalt. 2014.

Band 27 Jochen Lutz Tillmanns: Divergenz und Konvergenz von Umsatzsteuer und Einkommensteuer. Zur problematischen Verwendung ertragsteuerlicher Konzepte und Begriffe im Umsatzsteuerrecht. 2015.

Band 28 Cornelia Zirkl: Die Neutralität der Umsatzsteuer als europäisches Besteuerungsprinzip. Inhalt, Herleitung und der Umgang mit Neutralitätsverletzungen. 2015.

Band 29 Matthias Ernst: Die Dienstleistungsbetriebsstätte im Abkommensrecht. Begriffsbestimmung, Abgrenzung und Analyse eines alternativen Betriebsstättentatbestands. 2015.

Band 30 Michael Brandl: Mehrfachansässigkeit im Ertragsteuerrecht. 2016.

Band 31 Stephanie Krebbers-van Heek: Die mitunternehmerische Besteuerung der Komplementäre der Kommanditgesellschaft auf Aktien. 2016.

Band 32 Felix Klemt: Körperschaftsteuerliche Verluste junger innovativer Unternehmen. Rechtliche und wirtschaftliche Analyse, Alternativen de lege ferenda. 2016.

Band 33 Nina Erm: Personengesellschaften in Steuerverfahren. Verfahrensklarheit trotz Einheit und Vielheit. 2016.

www.peterlang.com

www.ingramcontent.com/pod-product-compliance
Ingram Content Group UK Ltd.
Pitfield, Milton Keynes, MK11 3LW, UK
UKHW041823290926
8980IPUK00002B/30

9 783631 679319